2017年第三季度

Quarter Three, 2017

中国货币政策执行报告

CHINA MONETARY POLICY REPORT

中国人民银行货币政策分析小组

Monetary Policy Analysis Group of the People's Bank of China

责任编辑：童祎薇
责任校对：潘　洁
责任印制：程　颖

图书在版编目(CIP)数据

2017年第三季度中国货币政策执行报告(2017 nian Disan Jidu Zhongguo Huobi Zhengce Zhixing Baogao)/中国人民银行货币政策分析小组.—北京：中国金融出版社，2018.3

ISBN 978-7-5049-9490-5

I.①2… II.①中… III.①货币政策—工作报告—中国—2017 IV.①F822.0

中国版本图书馆CIP数据核字(2018)第043539号

出版
发行 中国金融出版社

社址 北京市丰台区益泽路2号
市场开发部 (010)63266347，63805472，63439533 (传真)
网 上 书 店 http://www.chinafph.com
(010)63286832，63365686 (传真)
读者服务部 (010)66070833，62568380
邮编 100071
经销 新华书店
印刷 北京侨友印刷有限公司
装订 平阳装订厂
尺寸 210毫米×285毫米
印张 14
字数 290千
版次 2018年3月第1版
印次 2018年3月第1次印刷
定价 98.00元
ISBN 978-7-5049-9490-5
如出现印装错误本社负责调换 联系电话 (010)63263947

本书执笔人

总　　纂：张晓慧　　李　波

审　　稿：李　斌　　霍颖励　　纪志宏　　陆　磊　　阮健弘　　朱　隽
　　　　　刘向耘　　刘　芳

统　　稿：张　蓓　　郑志丹

执　　笔：

第一部分：邱潮斌　　计　茜　　曾冬青　　尹　航

第二部分：董忆伟　　王文静　　程艳芬　　尚昕昕

第三部分：郑小驹　　毛晓庆

第四部分：姜志霄　　秦　栋　　马志扬　　陶　然　　钟　震

第五部分：张　翔　　王翔宇

附录整理：付竞卉　　林振辉　　段　炼等

提供材料的还有：管　化　　徐　伟　　陈婷婷　　张双长　　罗嗣源
　　　　　　　　穆争社　　王　炳　　李　淼　　王春贤　　张美娟
　　　　　　　　宋东方　　陈　伟　　王　楠　　莫依依　　刘　浏
　　　　　　　　欧阳昌民　刘　婕　　毛奇正　　王一飞

英文总纂：朱　隽　　张正鑫　　艾　明

英文统稿：曹志鸿

英文翻译：曹志鸿　　周　朔　　韩士皓　　腾　锐　　陈　松
　　　　　何君玲　　任　浩　　姜宁馨　　马　辉　　王一飞
　　　　　舒　林　　卢蕾蕾

英文审校：Nancy Hearst（美国哈佛大学费正清东亚研究中心）

Contributors to This Report

CHIEF EDITORS:

ZHANG Xiaohui　LI Bo

READERS:

LI Bin　HUO Yingli　JI Zhihong　LU Lei　RUAN Jianhong　ZHU Jun

LIU Xiangyun　LIU Fang

EDITORS:

ZHANG Bei　ZHENG Zhidan

AUTHORS:

PART ONE: QIU Chaobin　JI Qian　ZENG Dongqing　YIN Hang

PART TWO: DONG Yiwei　WANG Wenjing　CHENG Yanfen　SHANG Xinxin

PART THREE: ZHENG Xiaoju　MAO Xiaoqing

PART FOUR: JIANG Zhixiao　QIN Dong　MA Zhiyang　TAO Ran

ZHONG Zhen

PART FIVE: ZHANG Xiang　WANG Xiangyu

APPENDIX: FU Jinghui　LIN Zhenhui　DUAN Lian et al.

OTHER CONTRIBUTORS: GUAN Hua　XU Wei　CHEN Tingting

ZHANG Shuangchang　LUO Siyuan　MU Zhengshe

WANG Bing　LI Miao　WANG Chunxian

ZHANG Meijuan　SONG Dongfang　CHEN Wei

WANG Nan　MO Yiyi　LIU Liu　OUYANG Changmin

LIU Jie　MAO Qizheng　WANG Yifei

ENGLISH EDITION

CHIEF EDITORS: ZHU Jun　ZHANG Zhengxin　AI Ming

EDITORS: CAO Zhihong

TRANSLATORS: CAO Zhihong　ZHOU Shuo　HAN Shihao　TENG Rui

CHEN Song　HE Junling　REN Hao　JIANG Ningxin　MA Hui

WANG Yifei　SHU Lin　LU Leilei

PROOFREADER:

Nancy Hearst (Fairbank Center for East Asian Research, Harvard University)

内容摘要

2017年第三季度，中国经济保持平稳增长，结构持续优化，质量效益提高，消费需求对经济增长的拉动作用保持强劲，进出口较快增长，投资稳中略缓，就业基本稳定。第三季度，国内生产总值（GDP）同比增长6.8%，居民消费价格（CPI）同比上涨1.6%。

中国人民银行继续实施稳健中性的货币政策，密切关注流动性形势和市场预期变化，加强预调微调和与市场沟通，为稳增长、调结构、促改革、惠民生、去杠杆、抑泡沫、防风险营造了适宜的货币金融环境。综合运用逆回购、中期借贷便利等工具，维护银行体系流动性基本稳定。宣布对普惠金融实施定向降准政策，运用支农支小再贷款、扶贫再贷款和抵押补充贷款等工具并发挥信贷政策的结构引导作用，支持经济结构调整和转型升级，将更多金融资源配置到经济社会发展的重点领域和薄弱环节。进一步完善宏观审慎政策，明确同业存单的期限不超过1年，做好将同业存单纳入宏观审慎评估（MPA）同业负债占比指标的准备工作，并研究探索将绿色信贷纳入MPA评估体系。调整跨境资本流动宏观审慎政策，将远期售汇外汇风险准备金征收比例下调至零，并取消对境外金融机构境内存放准备金的穿透式管理。

总体看，稳健中性的货币政策取得了较好效果。银行体系流动性中性适度，货币信贷和社会融资规模平稳增长，利率水平总体适度，人民币对美元双边汇率弹性进一步增强，双向浮动的特征更加明显，人民币汇率预期总体平稳。2017年9月末，广义货币供应量M2余额同比增长9.2%；人民币贷款余额同比增长13.1%，比年初增加11.2万亿元，同比多增9 980亿元；社会融资规模存量同比增长13.0%，增速比上年同期高0.5个百分点。9月非金融企业及其他部门贷款加权平均利率为5.76%。9月末，CFETS人民币汇率指数为94.34，人民币兑美元汇率中间价为6.6369元，较2016年年末升值4.52%。

党的十九大报告明确指出，中国特色社会主义进入新时代，这是我国发展新的历史方位。我国社会主要矛盾已经转化为人民日益增长的美好生活需要和不平衡不充分的发展之间的矛盾。我国经济已由高速增长阶段转向高质量发展阶段，正处在转变发展方式、优化经济结构、转换增长动力的攻关期，建设现代化经济体系是跨越关口的迫切要求和我国发展的战略目标。要着力构建市场机制有效、微观主体有活力、宏观调控有度的经济体制。下一阶段，中国人民银行要按照党中央和国务院要求，坚决贯彻落实好党的十九大精神和全国金融工作会议部署，坚持稳中求进工作总基调和宏观政策要稳、微观政策要活的总体思路，牢牢把握我国社会主要矛盾和经济发展阶段的变化，紧紧围绕服务实体经济、防控金融风险、深化金融改革三项任务，创新金融调控思路和方式，坚持质量第一，效益优化，实施好稳健中性的货币政策，并加强货币政策与其他相关政策协调配合，加快建设现代化经济体系，为供给侧结构性改革和高质量发展营造中性适度的货币金融环境。健全货币政策和宏观审慎政策双支柱调控框架，深化利率和汇率市场化改革，进一步完善调控模式，综合运用价、量工具加强预调微调，维护银行体系流动性基本稳定，疏通政策传导渠道和机制，推进建设普惠金融体系，围绕服务实体经济全面提升金融服务效率和水平。履行好国务院金融稳定发展委员会办公室职责，加强金融监管协调，牢牢守住不发生系统性金融风险的底线。

Executive Summary

In Q3 of 2017 the Chinese economy continued its stable growth, with its structure continuously optimized, and the quality and efficiency of growth improved. Consumer demand remained a strong driving force behind economic growth, imports and exports saw fairly rapid growth, investment grew moderately but steadily, and employment remained generally stable. In Q3, the Gross Domestic Product (GDP) grew 6.8 percent year on year and the Consumer Price Index (CPI) was up 1.6 percent.

The People's Bank of China (PBC) has continued to implement a sound and neutral monetary policy. It has endeavored to create favorable monetary and financial environments by closely monitoring changes in the liquidity situation and market expectations, strengthening the use of preemptive adjustments, fine-tunings, and communications with the market, which has helped to stabilize growth, adjust the structure, promote reform, improve social welfare, reduce the leverage ratio, contain bubbles, and prevent risks. A mix of monetary-policy instruments, such as the repo and the Medium-term Lending Facility (MLF), were employed to keep liquidity basically stable. Implementation of the targeted required reserve ratio cut on inclusive financing was announced. Instruments such as central-bank lending for the agro-linked sector, small businesses, and poverty alleviation and Pledged Supplementary Lending were employed to guide the credit structure, support structural adjustments, transformation, and upgrading, and allocate more financial resources to priority areas and weak links in the economy. The macro-prudential policy framework was further improved, making it clear that the term for inter-bank certificates of deposit shall not exceed one year. Preparations were made for the inclusion of inter-bank certificates of deposit in the compilation of the inter-bank liability ratio in the macro-prudential assessment (MPA), and efforts were made to explore ways to include green financing in the MPA system. The macro-prudential management policy on cross-border capital flows was adjusted, reducing the risk reserve requirement on forward foreign-exchange sales to zero. Looking-through provisions on the deposit of reserves in the onshore agent banks by overseas financial institutions were discontinued.

In general, the sound and neutral monetary policy has produced fairly good results.

Liquidity in the banking system remained neutral and appropriate; money, credit, and all-system financing aggregates witnessed steady growth; interest rates were at appropriate levels; the flexibility of the RMB exchange rate against the USD was further enhanced, with more notable two-way fluctuations, and expectations for the RMB exchange rate were basically stable. At end-September 2017, outstanding M2 grew 9.2 percent year on year. Outstanding RMB loans were up 13.1 percent year on year, representing an increase of RMB11.2 trillion from the beginning of the year or an acceleration of RMB998 billion from the previous year. The stock of all-system financing aggregates grew 13.0 percent year on year, an acceleration of 0.5 percentage point from that of the corresponding period of 2016. In September, the weighted average interest rate of loans to non-financial enterprises and other sectors was 5.76 percent. At end-September, the CFETS RMB exchange-rate index was 94.34, and the central parity of the RMB against the USD was RMB6.6369, representing an appreciation of 4.52 percent from end-2016.

The report of the 19th National Congress of the Communist Party of China has clearly pointed out that socialism with Chinese characteristics enters a new era, which represents a new historical juncture in Chinese development. The principal contradiction facing Chinese society has evolved. What we now face is the contradiction between unbalanced and inadequate development and the people's ever-growing needs for a better life. The economy has moved from a rapid-growth phase to a stage of high-quality development and it is now at a pivotal stage to transform the growth model, to improve the economic structure, and to foster new drivers for growth. Building a modern economic system is an imperative requirement to achieve a breakthrough and to reach the strategic goals for Chinese development. Efforts will be made to develop an economic system with effective market mechanisms, vibrant entities at the micro level, and appropriate macro-management. Going forward, the PBC will continue to follow the overall arrangements of the Central Committee of the Communist Party of China and the State Council, steadfastly implement the spirit of the 19th CPC National Congress and the arrangements of the National Financial Work Conference, uphold the underlying principle of pursuing progress while maintaining stability and the guideline of steady macro policy and flexible micro policy. The PBC will firmly grasp the principal contradictions in Chinese society and changes occurring during the period of economic development, focusing on the three tasks of serving the real economy, preventing and controlling financial risks, and deepening financial reforms, making innovations with respect to the idea of and mode of financial regulation, continuing to place the highest priority on quality, optimizing efficiency, implementing a sound and neutral monetary policy, strengthening coordination between monetary policy and other related policies, accelerating construction of a modern economic system, building neutral and appropriate monetary and financial environments for supply-side structural reforms and high-quality growth. The PBC will improve the two-pillar framework of the monetary and macro-prudential policies, deepen market-based interest rates and exchange-rate regime reforms, and further improve the mode of regulation. A combination of quantity- and price-based instruments will be adopted to strengthen preemptive adjustments and fine-tunings, to keep liquidity in the banking system basically stable, to straighten out policy-transmission channels and mechanisms, to promote the establishment of an inclusive financing system, and to improve the efficiency and quality of financial services to the real economy. The PBC will fulfill its duties as the Office of the Committee on Financial Stability and Development of the State Council, strengthen financial regulatory coordination, and firmly hold the bottom line of no systemic financial risks.

目　录

图

①数据来源：中国人民银行、国家统计局、商务部、海关总署、国家外汇管理局、世界银行、国际货币基金组织、世界贸易组织、联合国贸易和发展会议等。

②数据来源：相关中央银行、国家统计机构、世界银行、国际货币基金组织等。

Contents

Tables

Figures

1. Source: The People's Bank of China, National Bureau of Statistics, Ministry of Commerce, General Administration of Customs, State Administration of Foreign Exchange, the World Bank, International Monetary Fund, World Trade Organization, and United Nations Conference on Trade and Development, etc..

1. Source : Central banks, national statistical agencies in relevant countries, the World Bank, IMF, etc..

第一部分 货币信贷概况

2017年第三季度，银行体系流动性基本稳定，货币信贷和社会融资规模平稳较快增长，贷款结构继续改善，利率水平基本稳定，人民币汇率弹性增强。

一、货币总量增长总体平稳

9月末，广义货币供应量M2余额为165.6万亿元，同比增长9.2%，增速比6月末低0.2个百分点。狭义货币供应量M1余额为51.8万亿元，同比增长14.0%，增速比6月末低1.0个百分点。流通中货币M0余额为7.0万亿元，同比增长7.2%。前三季度现金净投放1 445亿元，同比少投放407亿元。

M2增速有所走低与金融体系去杠杆、上年基数高等因素有关。金融体系控制内部杠杆是2017年以来M2增速放缓的主要原因。第三季度，金融机构股权及其他投资同比少增较多，累计下拉M2增速约1.0个百分点。此外，财政收入增长较快，财政存款上升较多，对M2增速放缓也有一定影响。长期看，随着去杠杆的深化和金融进一步回归为实体经济服务，比过去低一些的M2增速可能成为新的常态。也要看到，当前影响货币总量的因素更趋复杂，M2的可测性、可控性以及与实体经济的相关性已明显下降，M2指标的意义明显减弱，无须过度关注M2增速的变化。

9月末，基础货币余额为30.6万亿元，较年初减少775亿元。货币乘数为5.41，比6月末高0.04。金融机构超额准备金率为1.3%。其中，农村信用社为8.1%。

二、金融机构人民币存款平稳增长

9月末，金融机构本外币各项存款余额为167.4万亿元，同比增长9.5%，增速比6月末低0.1个百分点，比年初增加11.9万亿元，同比少增1.3万亿元。人民币各项存款余额为

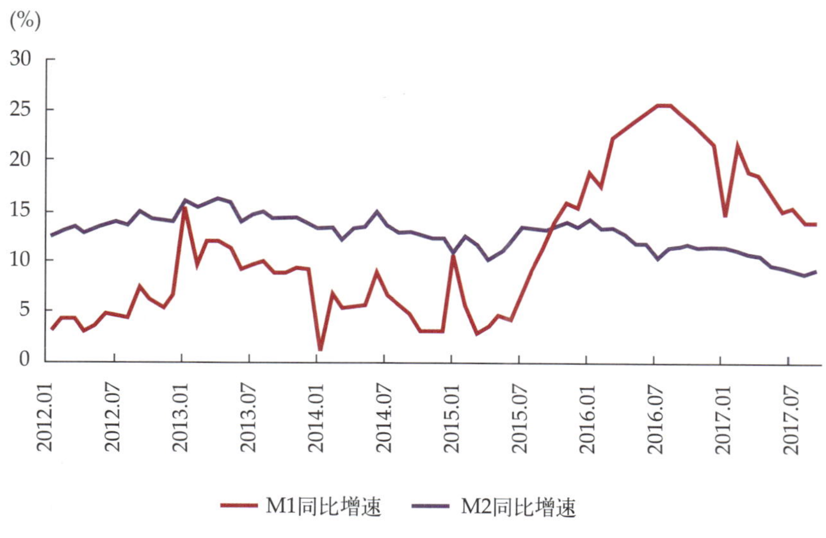

数据来源：中国人民银行。

图1 货币供应量增速走势

表1　2017年前三季度人民币存款结构

单位：亿元、%

	9月末余额	同比增速	当年新增额	同比多增额
人民币各项存款	1 622 758	9.3	116 834	-11 267
住户存款	642 591	8.4	44 808	-1 985
非金融企业存款	521 823	8.6	20 322	-30 293
政府存款	308 039	10.9	37 379	2 140
非银行业金融机构存款	139 681	12.7	12 398	16 054
境外存款	10 624	2.7	1 927	2 816

数据来源：中国人民银行。

162.3万亿元，同比增长9.3%，增速比6月末高0.1个百分点，比年初增加11.7万亿元，同比少增1.1万亿元。外币存款余额为7 745亿美元，比年初增加615亿美元，同比多增237亿美元。

从人民币存款期限看，活期存款比重降低。前三季度，住户存款和非金融企业存款增量中活期存款占比为30.1%，比上年同期低12.5个百分点。从人民币存款部门分布看，住户存款、非金融企业存款分别同比少增1 985亿元、3.0万亿元；非银行业金融机构存款同比多增1.6万亿元。

三、金融机构贷款较快增长

9月末，金融机构本外币贷款余额为123.2万亿元，同比增长12.5%，增速比6月末低0.2个百分点，比年初增加11.1万亿元，同比多增9 847亿元。9月末，人民币贷款余额为117.8万亿元，同比增长13.1%，增速比6月末高0.2个百分点，比年初增加11.2万亿元，同比多增9 980亿元。当前信贷投放动力仍然较强：一是随着供给侧结构性改革持续推进，经济增长的稳定性增强，经济景气较好。9月制造业PMI创近五年来新高。二是由于债券到期量较大，有一些企业“债转贷”。三是近期各监管部门强化了对银行同业业务、表外业务和通道业务的规范，资金需求“非标转贷”。四是地方债发行有所放缓，地方政府存量债务置换对贷款的替代作用减弱。

从人民币贷款期限看，中长期贷款增量比重提高。中长期贷款比年初增加9.7万亿元，同比多增2.3万亿元，增量占比为87.1%，比上年同期提高13.9个百分点。产能过剩行业中长期贷款增速显著放缓。从人民币贷款部门分布看，住户贷款增速高位继续放缓，9月末为23.2%，比3月末、6月末分别低1.4个和0.7个百分点。其中，个人住房贷款9月末增速回落至26.2%，较年内最高点低10.6个百分点，3月以来持续月度同比少增，前三季度增量为3.2万亿元，同比少增4 247亿元，增量占比下降至28.7%，较上年同期低7.0个百分点；但非住房消费贷款大幅增加，前三季度增量为1.9万亿元，同比多增1.1万亿元。非金融企业及机关团体贷款增加较多，比年初增加5.7万亿元，同比多增4 592亿元。分机构看，各类机构贷款普遍多增，中资大型银行、中资中小型银行、小型农村金融机构贷款分别同比多增2 927亿元、2 373亿元和2 512亿元。

表2　2017年前三季度人民币贷款结构

单位：亿元、%

	9月末余额	同比增速	当年新增额	同比多增额
人民币各项贷款	1 177 617	13.1	111 574	9 980
住户贷款	391 026	23.2	57 322	10 105
非金融企业及机关团体贷款	775 678	9.2	57 253	4 592
非银行业金融机构贷款	6 579	-31.8	-2 963	-4 075
境外贷款	4 335	15.2	-38	-642

数据来源：中国人民银行。

表3　2017年前三季度分机构新增人民币贷款情况

单位：亿元

	新增额	同比多增
中资大型银行①	45 250	2 927
中资中小型银行②	59 285	2 373
小型农村金融机构③	13 765	2 512
外资金融机构	1 228	473

注：①中资大型银行是指本外币资产总量大于等于2万亿元的银行（以2008年年末各金融机构本外币资产总额为参考标准）。

②中资中小型银行是指本外币资产总量小于2万亿元的银行(以2008年年末各金融机构本外币资产总额为参考标准)。

③小型农村金融机构包括农村商业银行、农村合作银行、农村信用社。

数据来源：中国人民银行。

外币贷款增加较多。9月末，金融机构外币贷款余额为8 163亿美元，比年初增加305亿美元，同比多增564亿美元。从投向看，非金融企业及机关团体短期贷款比年初减少48亿美元，同比少减655亿美元；境外贷款比年初增加347亿美元，同比少增97亿美元。

四、社会融资规模较快增长

初步统计，9月末社会融资规模存量为171.23万亿元，同比增长13%，增速比上年同期高0.5个百分点。前三季度社会融资规模增量累计为15.67万亿元，比上年同期多2.21万亿元。前三季度社会融资规模增量主要有以下特点：一是对实体经济发放的人民币贷款同比多增。前三季度金融机构对实体经济发放的人民币贷款增加11.46万亿元，比上年同期多增1.46万亿元，占同期社会融资规模增量的73.2%。二是信托贷款和未贴现银行承兑汇票同比多增较多，委托贷款同比明显减少。前三季度信托贷款增加1.79万亿元，比上年同期多增1.31万亿元；未贴现银行承兑汇票增加4 659亿元，比上年同期多增2.52万亿元；委托贷款增加6 845亿元，比上年同期少增8 279亿元。三是企业债券融资和股票融资明显少于上年同期，占比大幅下降。前三季度企业债券净融资为1 583亿元，比上年同期少2.44万亿元；非金融企业境内股票融资6 410亿元，比上年同期少3 192亿元。

表4　2017年9月末社会融资规模存量

单位：万亿元、%

	社会融资规模存量[①]	其中：						
		人民币贷款	外币贷款(折合人民币)	委托贷款	信托贷款	未贴现银行承兑汇票	企业债券	非金融企业境内股票融资
2017年9月末[②]	171.23	116.65	2.48	13.88	8.06	4.37	18.21	6.43
同比增速	13.0	13.5	-5.7	10.8	35.9	14.8	5.2	17.1

注：①社会融资规模存量是指一定时期末实体经济（国内非金融企业和住户）从金融体系获得的资金余额。

②当期数据为初步统计数。存量数据基于账面值或面值计算。同比增速为可比口径数据，为年增速。

数据来源：中国人民银行、国家发展和改革委员会、中国证券监督管理委员会、中国保险监督管理委员会、中央国债登记结算有限责任公司和中国银行间市场交易商协会等。

表5　2017年前三季度社会融资规模增量

单位：亿元

	社会融资规模增量[①]	其中：						
		人民币贷款	外币贷款(折合人民币)	委托贷款	信托贷款	未贴现银行承兑汇票	企业债券	非金融企业境内股票融资
2017年前三季度[②]	156 660	114 599	-305	6 845	17 857	4 659	1 583	6 410
同比增减	22 090	14 643	4 301	-8 279	13 062	25 150	-24 406	-3 192

注：①社会融资规模增量是指一定时期内实体经济（国内非金融企业和住户）从金融体系获得的资金额。

②当期数据为初步统计数。

数据来源：中国人民银行、国家发展和改革委员会、中国证券监督管理委员会、中国保险监督管理委员会、中央国债登记结算有限责任公司和中国银行间市场交易商协会等。

五、金融机构贷款利率基本稳定

9月，非金融企业及其他部门贷款加权平均利率为5.76%，比6月上升0.09个百分点。其中，一般贷款加权平均利率为5.86%，比6月上升0.15个百分点；票据融资利率当月加权平均利率为4.98%，比6月下降0.41个百分点。个人住房贷款利率略有上升，9月加权平均利率为5.01%，比6月上升0.32个百分点。

从利率浮动情况看，执行下浮、基准、上浮利率的贷款占比总体保持稳定。9月，一般贷款中执行下浮利率的贷款占比为13.69%，比6月下降2.44个百分点；执行基准利率的贷款占比为18.17%，比6月下降1.30个百分点；执行上浮利率的贷款占比为68.14%，比6月上升3.74个百分点。

在国际金融市场利率波动、境内外币资金供求变化等因素的综合作用下，外币存贷款利率略有上升。9月，活期、3个月以内大额美元存款加权平均利率分别为0.20%和1.55%，比6月分别下降0.02个百分点和上升0.14个百分点；3个月以内、3（含）～6个月美元贷款加权平均利率分别为2.48%和2.69%，比6月分别上升0.05个和0.24个百分点。

六、人民币汇率双向浮动弹性明显增强

第三季度，美元整体走弱，主要货币对美元多数升值，人民币对美元汇率也有所升值。随着汇率形成机制的规则性、透明度和市场化水平不断提升，人民币对美元双边汇率弹性进

表6　2017年1～9月金融机构人民币贷款各利率区间占比

单位：%

月份	下浮	基准	上浮					
			小计	(1.0，1.1]	(1.1，1.3]	(1.3，1.5]	(1.5，2.0]	2.0以上
1月	23.87	19.41	56.72	14.53	16.04	9.24	10.43	6.48
2月	27.64	18.55	53.81	15.12	15.14	8.17	9.12	6.27
3月	23.30	18.13	58.57	14.19	16.17	9.83	10.76	7.62
4月	21.41	17.71	60.88	15.23	17.60	9.75	10.83	7.46
5月	20.70	18.11	61.19	14.76	17.68	10.27	11.11	7.37
6月	16.13	19.47	64.39	15.12	19.06	11.77	11.45	6.99
7月	12.96	18.93	68.11	15.08	19.98	12.37	12.45	8.22
8月	13.44	17.85	68.72	15.04	19.14	12.88	12.99	8.67
9月	13.69	18.17	68.14	14.86	19.79	12.69	12.73	8.07

数据来源：中国人民银行。

表7　2017年1～9月大额美元存款与美元贷款平均利率

单位：%

月份	大额存款						贷款				
	活期	3个月以内	3(含3个月)～6个月	6(含6个月)～12个月	1年	1年以上	3个月以内	3(含3个月)～6个月	6(含6个月)～12个月	1年	1年以上
1月	0.20	1.05	1.59	1.88	2.03	2.19	2.03	2.32	2.19	2.21	3.80
2月	0.20	1.05	1.57	1.89	2.13	2.24	1.95	2.30	2.02	2.28	4.07
3月	0.22	1.14	1.68	2.01	2.25	2.24	2.17	2.32	2.26	2.38	3.90
4月	0.25	1.22	1.59	2.02	2.14	2.25	2.31	2.45	2.42	2.55	3.22
5月	0.22	1.39	1.73	2.51	2.09	2.25	2.67	2.77	2.61	2.58	3.48
6月	0.22	1.41	1.93	2.02	2.35	1.87	2.43	2.45	2.71	2.46	3.50
7月	0.19	1.50	1.93	2.18	2.30	2.28	2.55	2.70	2.89	2.57	3.53
8月	0.21	1.46	1.95	2.05	2.28	2.61	2.45	2.67	2.79	2.89	3.92
9月	0.20	1.55	1.97	2.30	2.35	2.26	2.48	2.69	2.54	3.07	3.85

数据来源：中国人民银行。

一步增强，双向浮动的特征更加显著，人民币对一篮子货币汇率保持基本稳定，汇率预期总体平稳。9月末，CFETS人民币汇率指数为94.34，较2016年年末下跌0.52%。参考BIS货币篮子和SDR货币篮子的人民币汇率指数分别为95.25和94.88，较上年年末分别下跌1.03%和0.65%。根据国际清算银行的计算，前三季度，人民币名义有效汇率贬值0.78%，实际有效汇率贬值1.34%；2005年人民币汇率形成机制改革以来至2017年9月，人民币名义有效汇率升值36.31%，实际有效汇率升值45.16%。2017年9月末，人民币兑美元汇率中间价为6.6369元，比2016年年末升值3 001个基点，升值幅度为4.52%。2005年人民币汇率形成机制改革以来至2017年9月末，人民币对美元汇率累计升值24.70%。

七、跨境人民币收付金额同比下降

前三季度，跨境人民币收付金额合计6.11万亿元，同比下降18.3%，其中实收2.93万亿元，实付3.18万亿元，净流出2 444.5亿元，收付比为1：1.09。经常项目下跨境人民币收付金额合计3.23万亿元，同比下降19.7%，其中，货物贸易收付金额2.41万亿元，服务贸易及其他经常项目下收付金额8 209.2亿元；资本项目下人民币收付金额合计2.87万亿元，同比下降16.6%。

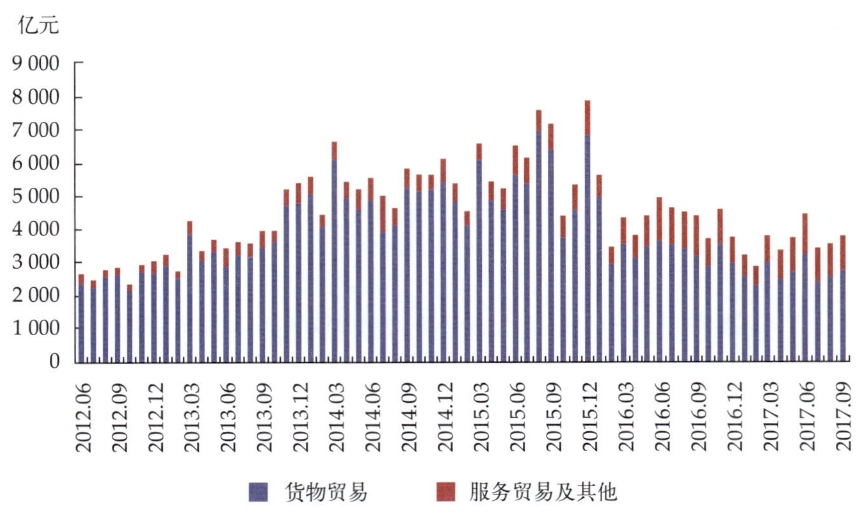

数据来源：中国人民银行。

图2 经常项目人民币收付金额按月情况

第二部分　货币政策操作

2017年第三季度，中国经济运行总体平稳，经济结构改善，企业效益提高，外需对经济增长的贡献提升，物价水平略有上行，房地产库存去化较为明显，杠杆率增长放缓。根据党中央、国务院的统一部署，中国人民银行着力实施好稳健中性的货币政策，为稳增长、调结构、促改革、惠民生、去杠杆、抑泡沫、防风险营造了适宜的货币金融环境。

一、张弛有度开展公开市场操作

第三季度以来，外汇因素对银行体系中长期流动性的影响基本消退，但流动性面临的季节性、临时性扰动因素增大，加大了市场预期和资金面波动。按照稳健货币政策要求，中国人民银行密切关注流动性形势和市场预期变化，加强预调微调和市场沟通，张弛有度开展公开市场操作，维护银行体系流动性中性适度、基本稳定。一是顺应货币供应方式的变化，考虑金融机构缴纳法定存款准备金需求等因素，以每月一次的频度通过中期借贷便利工具弥补银行体系中长期流动性缺口。二是前瞻性估测收紧和释放流动性的季节性、临时性因素，增强通过逆回购操作主动投放和回笼的灵活性。央行连续投放多少、连续回笼多少都是"削峰填谷"的表现，旨在熨平诸多因素对流动性的影响，并不代表货币政策取向发生变化。三是加强预期管理，在每日常态化开展逆回购操作的基础上，通过《公开市场业务交易公告》及时向市场阐述银行体系流动性影响因素和央行操作意图，提高货币政策透明度。第三季度，公开市场操作中标利率保持稳定，货币市场利率走势平稳，DR007基本在2.75%～3%的区间内运行，市场预期稳定。观察利率走势应使用较长期视角。受经济数据公布、市场预期调整和交易性因素影响，市场利率有较强的弹性，短期波动并不能反映中长期走势。特别是月中、季末时点受到财政、监管等因素影响，货币市场短端利率波动加大，这主要是季节性、临时性因素在起作用，时点一过就会明显消退，因此一定范围内的利率波动也是合理的。当然，市场主体应不断增强流动性风险意识，科学规划流动性特别是前瞻安排跨季资金来源，"滚隔夜"弥补中长期流动性缺口的过度错配行为和以短博长过度加杠杆的激进交易策略并不可取。

中国人民银行于10月下旬启用了2个月期逆回购操作，旨在熨平财政因素的季节性扰动。我国财政季初月份大收、季末年末大支的特点较为突出，10月是税收大月，且2017年10月、11月还有大量国债、地方债发行，这些入库资金预计到12月中下旬才会成规模释放。央行开展2个月期逆回购操作，既能对冲税期和政府债券发行的影响，降低央行短期限逆回购品种滚续操作的压力，而且到期时又可与年末财政大规模支出相对冲，实现更长时段的"削峰填谷"；2个月期逆回购还可以提前供应跨季、跨年资金，有利于提高资金面稳定性，稳定市场预期。此外，还可增强市场主体融出较长期限资金的意愿，优化市场利率期限结构。在现有货币供应方式下，中国人民银行将继续以7天期逆回购操作为主，灵活搭配14天、28天和2个月期逆回购等工具，维护银行体系流动性基本稳定。

二、开展常备借贷便利和中期借贷便利操作

根据货币政策调控需要和银行体系流动性状况，中国人民银行综合运用中期借贷便利（MLF）、常备借贷便利（SLF）等货币政策工具，进一步增强央行流动性管理的灵活性和有效性，保持银行体系流动性基本稳定。

开展常备借贷便利操作，对地方法人金融机构按需足额提供短期流动性支持，发挥常备借贷便利利率作为利率走廊上限的作用，促进货币市场平稳运行。前三季度，累计开展常备借贷便利操作4 238亿元，其中第三季度开展常备借贷便利操作1 169亿元，9月末余额为637亿元。第三季度，常备借贷便利利率与上季度末持平，隔夜、7天、1个月利率分别为3.30%、3.45%和3.80%。

为促进经济平稳增长，保证基础货币供给，结合金融机构流动性需求情况，每月适时开展中期借贷便利操作。前三季度，累计开展中期借贷便利操作39 515亿元，其中第三季度累计开展中期借贷便利操作10 575亿元，9月末余额为43 540亿元，比年初增加8 967亿元，有效弥补了银行体系中长期流动性缺口，成为央行基础货币供给的重要渠道。中期借贷便利采取招标方式，第三季度1年期中期借贷便利中标利率为3.20%。

三、宣布对普惠金融实施定向降准政策

根据国务院部署，2017年9月中国人民银行宣布对普惠金融领域贷款达到一定标准的金融机构实施定向降准。此次定向降准是对原有小微企业和“三农”领域定向降准政策的拓展，将政策延伸到脱贫攻坚和“双创”等其他普惠金融领域贷款，政策外延更加完整和丰富。同时，还对原有定向降准政策进行了优化，聚焦“真小微”“真普惠”，指向单户授信500万元以下的小微企业贷款、个体工商户和小微企业主经营性贷款，以及农户生产经营、创业担保、建档立卡贫困人口、助学等贷款，政策精准性和有效性显著提高。在具体实施上，定向降准政策仍保留了原有两档考核标准的政策框架。

总体看，对普惠金融实施定向降准政策建立了增加普惠金融领域贷款投放的正向激励机制，有助于促进金融资源向普惠金融领域倾斜，进一步优化信贷结构。对普惠金融实施定向降准政策是对原有定向降准政策的替代和优化，并不改变稳健货币政策的总体取向，银行体系流动性将保持基本稳定。

四、完善并逆周期调整宏观审慎政策

2017年7月召开的全国金融工作会议强调把防控金融风险作为金融工作的三项重要任务之一，提出要加强宏观审慎管理制度建设，设立国务院金融稳定发展委员会，并强化中国人民银行宏观审慎管理和系统性风险防范职责。党的十九大报告明确提出健全货币政策和宏观审慎政策双支柱调控框架。宏观审慎评估（MPA）是中国在构建和完善宏观审慎政策框架方面所做的重要探索和实践，是中央银行加强系统性金融风险防范的重要工具和抓手，在防范系统性金融风险、维护金融稳定方面发挥了重要作用。MPA正

式实施一年多来，中国人民银行积极做好评估工作，引导金融机构加强自我约束和自律管理，促进金融机构稳健经营，增强金融服务实体经济的可持续性，牢牢守住了不发生系统性金融风险的底线。同时，中国人民银行还根据形势变化和调控需要不断对MPA加以改进完善，自2017年第一季度评估时起已将表外理财纳入广义信贷指标范围，还将在2018年第一季度把同业存单纳入同业负债占比指标，并研究探索将绿色信贷纳入MPA评估体系。

2017年9月8日，中国人民银行宣布调整外汇风险准备金政策和对境外金融机构境内存放执行正常准备金率的政策，将外汇风险准备金征收比例降为零，并取消对境外金融机构境内存放准备金的穿透式管理。这两项政策都是在前两年人民币汇率出现波动、资本流动呈现一定顺周期性的背景下出台的，旨在通过宏观审慎政策工具对外汇市场的顺周期性进行逆周期调节，有效稳定了市场预期。2017年以来，随着供给侧结构性改革、简政放权、创新驱动战略等深化实施，我国经济结构加快调整，发展新动能增强，经济增长的稳定性、协调性进一步增强。同时，市场对各主要货币走势看法合理分化，预期趋稳。在基本面因素的推动下，我国跨境资本流动和外汇供求更趋平衡，人民币对美元汇率双向波动，对一篮子货币基本稳定。在市场环境已转向中性的情况下，有必要使前期为抑制外汇市场顺周期波动而出台的逆周期宏观审慎管理措施也回归中性，强化外汇市场价格发现功能，提高市场流动性，更好地服务于实体经济，促进经济持续、协调、平稳发展。

五、支持对重点领域和薄弱环节的信贷投放

中国人民银行积极运用信贷政策支持再贷款、再贴现和抵押补充贷款等工具引导金融机构加大对小微企业、“三农”和棚改等国民经济重点领域和薄弱环节的支持力度。9月末，全国支农再贷款余额为2 401亿元，支小再贷款余额为823亿元，扶贫再贷款余额为1 465亿元，再贴现余额为1 504亿元。

对国家开发银行、中国进出口银行和中国农业发展银行发放抵押补充贷款，主要用于支持三家银行发放棚改贷款、重大水利工程贷款、人民币“走出去”项目贷款等。前三季度，中国人民银行向三家银行提供抵押补充贷款共4 839亿元，其中第三季度发放1 254亿元，9月末抵押补充贷款余额为25 365亿元。

六、发挥信贷政策的结构引导作用

中国人民银行积极探索发挥信贷政策的结构引导作用，支持经济结构调整和转型升级。积极支持金融机构发展普惠金融业务，引导金融机构围绕去产能、去库存、去杠杆、降成本、补短板五大任务，盘活存量、优化增量，合理使用央行提供的资金支持，探索创新组织架构、抵押品、产品和服务模式，将更多金融资源配置到经济社会发展的重点领域和薄弱环节，更好地服务于实体经济和社会民生。一是鼓励和引导银行业金融机构全面支持制造强国建设，继续做好产业结构战略性调整、基础设施建设和棚改、地下管廊、船舶、铁路、流通、能源等重点领域改革发展的金融服务，加大养老、健康等

新消费重点领域支持力度。二是督促银行业金融机构落实好金融支持钢铁、煤炭、煤电等行业化解过剩产能的各项政策，建立完善绿色金融政策体系，大力发展绿色金融。三是做好京津冀协同发展、“一带一路”、长江经济带发展、西部大开发等国家战略的金融支持工作，不断提升促进区域协调发展金融服务水平。四是深入推进金融精准扶贫工作。召开金融支持深度贫困地区脱贫攻坚座谈会，推动金融机构聚焦深度贫困地区，加大金融支持力度；开展金融精准扶贫政策效果评估，督促金融扶贫政策落地见效；做好易地扶贫搬迁相关资金筹措和管理服务，保证易地扶贫搬迁工作顺利开展；统筹做好金融扶贫信息对接、统计监测，并做好数据分析。五是开展农村“两权”试点工作总结与评估，督促和引导金融机构在部署推动、机制安排、资源配置和产品创新等方面加大工作力度，支持现代农业融资发展。六是加大对小微企业金融支持力度。会同有关部门推动金融机构进一步加强和改进小微企业金融服务；开展小微企业应收账款融资专项行动，不断丰富企业融资渠道，促进金融与实体经济良性互动发展。七是推动创业担保贷款政策实施，研究完善金融支持“双创”政策措施，支持就业重点群体和困难人群创业就业。八是全力做好助学、大学生村官、民族地区等薄弱环节和弱势群体的金融服务。此外，进一步完善信贷政策导向效果评估工作机制，推进资产证券化，以改革创新盘活存量资金。

七、完善人民币汇率市场化形成机制

“收盘汇率＋一篮子货币汇率变化＋逆周期因子”的人民币兑美元汇率中间价形成机制继续有序运行，人民币兑美元双边汇率弹性进一步增强，双向浮动的特征更加显著，汇率预期平稳。

第三季度，人民币兑美元汇率中间价最高为6.4997元，最低为6.7983元，65个交易日中35个交易日升值、30个交易日贬值，最大单日升值幅度为0.46%（305点），最大单日贬值幅度为0.43%（280点）。

人民币兑欧元、日元等其他国际主要货币汇率有升有贬。9月末，人民币兑欧元、日元汇率中间价分别为1欧元兑7.8233元人民币、100日元兑5.9089元人民币，分别较2016年年末贬值6.60%和升值0.85%。2005年人民币汇率形成机制改革以来至2017年9月末，人民币兑欧元汇率累计升值28.00%，兑日元汇率累计升值23.64%。

表8　2017年第三季度银行间外汇即期市场人民币对各币种交易量

单位：亿元人民币

币种	美元	欧元	日元	港元	英镑	澳大利亚元	新西兰元	新加坡元	瑞士法郎	加拿大元	马来西亚林吉特	俄罗斯卢布
交易量	113 663.23	1 544.87	719.51	815.62	168.40	251.65	50.68	23.17	36.32	107.42	10.96	24.28
币种	南非兰特	韩元	阿联酋迪拉姆	沙特里亚尔	匈牙利福林	波兰兹罗提	丹麦克朗	瑞典克朗	挪威克朗	土耳其里拉	墨西哥比索	
交易量	0.82	141.28	0.36	1.73	0.08	0.00	10.23	13.19	5.86	0.00	0.00	

数据来源：中国外汇交易中心。

9月末，在中国人民银行与境外货币当局签署的双边本币互换协议下，境外货币当局动用人民币余额为221.67亿元，中国人民银行动用外币余额折合14.83亿美元，对促进双边贸易投资发挥了积极作用。

八、深入推进金融机构改革

全面落实开发性、政策性金融机构改革方案。中国人民银行积极发挥统筹协调作用，多次召开改革工作小组会议，稳步推动落实国家开发银行、中国进出口银行、中国农业发展银行改革方案，已完成对国家开发银行、中国进出口银行注资以及三家银行章程修订工作。中国人民银行会同改革工作小组成员单位有序推动建立健全董事会和完善治理结构、划分业务范围等改革举措，并配合有关部门做好完善风险补偿机制、制定审慎监管办法等相关工作。

着力完善存款保险制度功能。2015年5月1日《存款保险条例》施行以来，制度实施各项工作稳步推进。金融机构存款平稳增长，大、中、小银行存款格局保持稳定。金融机构50万元限额内的客户覆盖率为99.5%，保持稳定。继续做好风险差别费率实施工作，完善对投保机构的存款保险风险评价，更好地发挥差别费率的风险约束和正向激励作用。加强对各类型投保机构的风险研究，做好风险监测、识别，依法采取风险警示和早期纠正措施。积极与地方政府、监管部门沟通协调，推动风险依法处置。做好存款保险标识使用的各项准备工作，积极开展存款保险宣传和业务培训，扎实、规范做好基金管理工作。

农村信用社改革进展顺利，成效显著。一是资产质量改善。按贷款五级分类口径统计，9月末，全国农村信用社资本充足率为12.2%，比上年年末提高0.1个百分点；全国农村信用社不良贷款比例为4.1%。二是涉农信贷投放增加。9月末，全国农村信用社的各项存贷款余额分别为23.6万亿元和14.8万亿元,均比上年年末增长10.3%。全国农村信用社涉农贷款余额和农户贷款余额分别为8.9万亿元和4.4万亿元，分别比上年年末增长8.5%和10.5%。此外，产权制度改革继续推进。

九、深化外汇管理体制改革

促进贸易投资便利化。一是实现贸易报关信息便利化查询。在全国范围内向银行开放报关信息，为银行提供贸易真实性信息查询渠道，也有利于企业便捷办理服务，降低进出口企业成本。二是完善跨国公司外汇资金集中运营管理。提高境内银行通过国际外汇资金账户吸收存款的境内运用比例，明确境内运用资金不占用银行短期外债余额指标，提升资金运用效率。三是牢牢把握金融服务实体经济的本质要求，依法支持、保障真实合规的经常项目国际支付与转移，优化外商来华直接投资外汇管理服务。

合理规范引导资本和金融项目用汇。一是完善境外直接投资外汇管理。根据国家发展改革委、商务部、中国人民银行、外交部《关于进一步引导和规范境外投资方向指导意见的通知》的要求，一方面，支持境内有能力、有条件的企业积极稳妥开展境外投资活动，另一方面，防控境内企业开展虚假境外投资，在资金的汇兑环节保证投资的真实性、合规性。二是规范内保外贷业务。积极支持市场主体开展真实合规的内保外贷业务，指导金融机构加强合规管理和风险管理，严厉打击虚假担保和恶意担保等违规行为，促进内保外贷业务的健康发展。

加强外汇监测分析与风险防范。一是完善外币现钞管理。上线机构外币现钞存取系统，强化对机构外币现钞业务的监测统计。二是完善银行卡跨境交易统计。上线银行卡境外交易外汇管理系统，采集境内银行卡在境外提现信息和单笔等值1 000元人民币以上的消费交易信息，维护银行卡境外交易秩序。

第三部分　金融市场分析

2017年第三季度，金融市场整体运行平稳。货币市场交易量环比回升，市场利率总体稳定。在经济基本面总体平稳、美联储加息缩表以及金融体系适度去杠杆大背景下，债券收益率曲线小幅抬升，债券发行量上升。股票市场指数和成交量上升，筹资额同比继续下降，保险业资产和保费收入增速均有所放缓。

一、金融市场运行概况

（一）货币市场回购交易有所回升，市场利率总体平稳

银行间回购交易量有所回升，拆借交易量继续下降。前三季度，银行间市场债券回购累计成交448.7万亿元，日均成交2.4万亿元，同比下降3.5%，其中第三季度成交172.9万亿元，日均成交2.6万亿元，比上半年增长16.9%；同业拆借累计成交57.7万亿元，日均成交3 054亿元，同比下降22.9%，其中第三季度成交18.9万亿元，日均成交2 864亿元，比上半年下降9.3%。从期限结构看，前三季度回购和拆借隔夜品种的成交量分别占各自总量的80.7%和86.8%，占比基本保持稳定。交易所债券回购累计成交200万亿元，同比增长18.7%。

从融资主体结构看，主要呈现以下特点：一是中资大型银行继续作为资金融出方，保险业机构转变为资金融入方。前三季

表9　2017年前三季度金融机构回购、同业拆借资金净融出、净融入情况

单位：亿元

	回购市场		同业拆借	
	2017年前三季度	2016年前三季度	2017年前三季度	2016年前三季度
中资大型银行①	-1 104 376	-1 606 002	-126 552	-188 225
中资中小型银行②	130 465	277 172	18 351	3 925
证券业机构③	332 546	392 168	84 369	142 909
保险业机构④	-17 486	-5 383	32	44
外资银行	40 633	62 728	3 666	3 037
其他金融机构及产品⑤	618 219	879 316	20 134	38 310

注：①中资大型银行包括中国工商银行、中国农业银行、中国银行、中国建设银行、国家开发银行、交通银行、中国邮政储蓄银行。

②中资中小型银行包括招商银行等17家中型银行、小型城市商业银行、农村商业银行、农村合作银行、村镇银行。

③证券业机构包括证券公司和基金公司。

④保险业机构包括保险公司和企业年金。

⑤其他金融机构及产品包括城市信用社、农村信用社、财务公司、信托投资公司、金融租赁公司、资产管理公司、社保基金、基金、理财产品、信托计划、其他投资产品等，其中部分金融机构和产品未参与同业拆借市场。

⑥负号表示净融出，正号表示净融入。

数据来源：中国外汇交易中心。

表10　2017年第三季度利率互换交易情况

单位：笔、亿元

	交易笔数	名义本金额
2017年第三季度	34 723	36 482.54
2016年第三季度	19 332	25 737.38

数据来源：中国外汇交易中心。

度大型银行经回购和拆借净融出资金123.1万亿元，占市场总体净融出资金量的98.6%，保险业机构于2017年8月、9月由资金供给方转为融入方后，中资大型银行成为唯一的资金融出方。二是其他金融机构及产品、证券业机构是主要的资金融入方，融入规模进一步扩大。其他金融机构及产品前三季度净融入63.8万亿元，占市场净融入资金的51.1%，占比较上半年高1.7个百分点；证券业机构前三季度净融入41.7万亿元，占市场净融入资金的33.4%，其中第三季度净融入17.2万亿元，占比36.2%，较上半年高4.7个百分点。

货币市场利率总体稳定。9月拆借月加权平均利率为2.92%，比6月低2个基点；质押式回购月加权平均利率为3.07%，比6月高4个基点。9月银行业存款类金融机构间利率债质押式回购月加权平均利率为2.81%，低于质押式回购月加权平均利率26个基点。Shibor短端有所上行，中长端小幅下行。9月末，隔夜、1周Shibor分别为2.94%和2.97%，分别较6月末上升32个和12个基点；3个月和1年期Shibor分别为4.36%和4.4%，分别较6月末下降14个和2个基点。

利率互换交易活跃。第三季度，人民币利率互换市场达成交易34 723笔，环比增长16.9%；名义本金总额为36 482.5亿元，环比增长28.2%。从期限结构来看，1年及1年期以下交易最为活跃，名义本金总额达26 439.7亿元，占总量的72.5%。从参考利率来看，人民币利率互换交易的浮动端参考利率主要包括7天回购定盘利率和Shibor，与之挂钩的利率互换交易名义本金占比分别为73.7%和26.1%。

同业存单发行交易量明显增加，大额存单业务进一步发展。截至9月末，共有560家金融机构披露了2017年同业存单年度发行计划，其中451家机构已在银行间市场完成发行。第三季度，银行间市场陆续发行同业存单6 937只，发行总量为5.42万亿元，二级市场交易总量为32.53万亿元，同业存单发行交易全部参照Shibor定价。同业存单发行利率与中长端Shibor的相关性进一步提高。9月，3个月期同业存单发行加权平均利率为4.53%，比3个月Shibor高15个基点。第三季度，金融机构陆续发行大额存单5 935期，发行总量为1.69万亿元，较上年同期增长24.5%。大额存单市场有序发展，有利于进一步扩大金融机构负债产品市场化定价范围，培养金融机构的自主定价能力，健全市场化利率形成和传导机制。

专栏1　Shibor十年：探索与实践

为推进利率市场化改革，健全市场化利率形成和传导机制，培育货币市场基准利率，中国人民银行于2007年正式推出了上海银行间同业拆放利率（Shibor）。十年来，在有关各方的共同努力下，Shibor已经成长为我国认可度较高、应用较广泛的货币市场基准利率之一。首先，Shibor基准性明显提升，比较有效地反映了市场流动性松紧。短端Shibor与拆借、回购交易利率的相关性均在80%以上，并维持较窄价差，其中隔夜Shibor与隔夜拆借、回购交易利率的相关性高达98%；中长端Shibor得益于同业存单市场的发展壮大，基准性也显著增加，3个月Shibor与3个月同业存单发行利率的相关系数高达95%。其次，Shibor产品创新取得进展，应用范围不断扩大。目前Shibor已被应用于货币、债券、衍生品等各个层次的金融产品定价，部分商业银行也依托Shibor建立了较完善的内部转移定价（FTP）机制，金融体系内以Shibor为基准的定价模式已较为普遍。最后，Shibor与实体经济联系日趋紧密，越来越多地发挥了传导货币政策和优化资源配置的作用。通过Shibor 挂钩理财产品、Shibor浮息债、非金融企业参与的Shibor利率互换交易等渠道，Shibor较好地将货币政策信号传导至实体经济，并随着直接融资比重提升和多层次资本市场建立完善，进一步发挥优化资源配置的作用。

Shibor的创设借鉴了伦敦银行间同业拆借利率（Libor）等国际基准利率。2012年以来，由于国际金融危机后无担保拆借市场规模有所下降，以及部分报价行操纵Libor报价案件等原因，国际社会开始着手改革以Libor为代表的金融市场基准利率体系。2017年7月，英国金融行为管理局（FCA）宣布将从2021年起不再强制要求Libor报价行开展报价，届时Libor可能不复存在，未来英国将逐步转向基于实际交易数据的SONIA（英镑隔夜平均利率）作为英镑市场基准利率。另有一些国家和地区的中央银行（例如欧央行、日本央行）采取了更加中性、多元的做法：一方面，研究引入基于实际交易数据的无风险利率，丰富市场基准利率体系，允许存在多个基准利率；另一方面，改革Euribor、Tibor等基于报价的基准利率，引入瀑布法等混合方法，提高银行间拆借利率（IBOR）报价的可靠性和基准性。

比较而言，Shibor在报价和计算方法上与Libor类似，但在制度安排上更加注重与中国实际相结合，具有较为明显的特点：一是更加注重报价监督管理。围绕全国银行间同业拆借中心（以下简称交易中心）等核心基础设施打造的统一集中的银行间市场，是我国相比于国际上其他场外市场的独特优势。在中国人民银行的指导下，交易中心作为Shibor指定发布人，充分发挥其优势，密切监测Shibor走势与报价情况，督促报价行提高报价质量。2013年，中国人民银行指导建立市场利率定价自律机制（以下简称自律机制），并专门下设Shibor工作组，进一步加强对Shibor

报价的监督管理。二是始终强调报价成交义务。鼓励报价行以真实交易为定价基础，并引入报价考核机制，按年对报价行予以考核并施行优胜劣汰，有效发挥激励约束机制作用。三是交易基础支撑不断拓展。2007年至2016年，我国拆借市场交易量年均增幅达28%左右。2013年推出同业存单以来，同业存单市场发展迅速，且均以Shibor作为定价基准。随着我国金融市场向纵深发展，Shibor的交易基础不断拓展和夯实。四是报价形成机制持续优化。2012年，Shibor报价行由16家增加至18家，并调整计算方式，由剔除最高、最低各2家报价调整为各剔除4家，进一步扩大了Shibor的代表性。同时，通过优化调整报价发布时间，使Shibor更好地反映市场利率变化，增强其基准性和公信力。

Shibor是我国基准利率体系的重要组成部分，Shibor的培育与发展关系到进一步推进利率市场化改革，也关系到各层次金融市场体系建设。中国人民银行将组织自律机制和交易中心，认真总结Shibor运行十年来的经验，密切关注Libor等国际货币市场基准利率改革动向，进一步做好基准利率培育和完善工作。一是加强Shibor报价行在市场自律方面的表率作用，引导报价行继续加强财务硬约束，根据实际交易、资金成本以及市场供求等因素合理定价。二是进一步完善报价和考核机制，使报价利率与交易利率更为紧密结合。三是继续开展Shibor产品创新，有序扩大其应用范围，加强市场建设，稳步提升Shibor代表性。四是进一步发挥好Shibor的货币市场基准利率作用，为货币政策传导和推动利率市场化改革创造有利条件。

（二）债券现券交易量有所上升，债券发行量上升，企业债发行利率回落

前三季度，银行间债券市场现券交易73.7万亿元，日均成交3 900亿元，较上半年增长7.6%。从交易主体看，中资中小型银行和证券业机构是净卖出方，净卖出现券4.1万亿元；其他金融机构及产品是主要的净买入方，净买入现券3.5万亿元。从交易品种看，前三季度银行间债券市场国债现券交易累计成交8.9万亿元，占银行间市场现券交易的12.1%，较上半年上升1.2个百分点；金融债券和公司信用类债券现券交易分别累计成交50.7万亿元和13.3万亿元，占比分别为68.8%和18.1%，较上半年分别上升0.2个百分点和下降1.3个百分点。交易所债券现券成交4万亿元，同比增长7.7%。

银行间债券市场指数小幅下行。中债综合净价指数由6月末的99.77点下降至9月末的99.42点，降幅为0.35%；中债综合全价指数由6月末的114.87点下降至9月末的114.69点，降幅为0.15%。交易所上证国债指数由6月末的160.41点上升至9月末的160.69点，升幅为0.18%。

国债收益率水平整体窄幅震荡，较上季度末小幅抬升。第三季度，债市影响因素多空交织，国债收益率水平整体窄幅区间震荡，9月末国债收益率较6月末小幅抬升，期限利差处于历史低位。9月末，1年期、3年

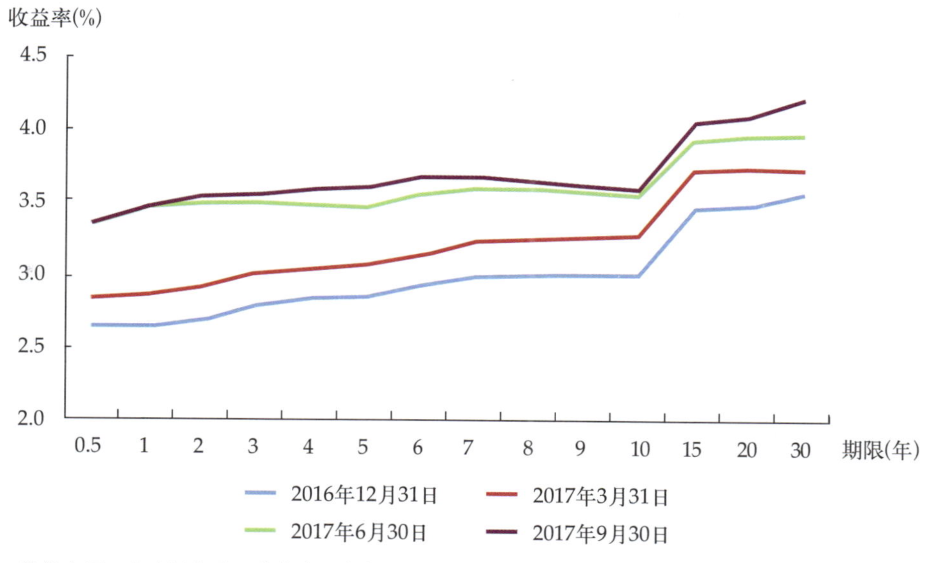

数据来源：中央国债登记结算有限责任公司。

图3　银行间市场国债收益率曲线变化情况

期、5年期、7年期和10年期收益率较6月末分别上升1个、7个、12个、7个和5个基点。9月末，1年期和10年期国债利差为15个基点，较6月末扩大4个基点。

债券发行加速。前三季度累计发行各类债券29.9万亿元，同比上升8.3%，其中第三季度发行12.2万亿元，比第一季度和第二季度分别高3.9万亿元和2.8万亿元。国债、同

表11　2017年前三季度各类债券发行情况

单位：亿元

债券品种	发行额	较上年同期增减
中央政府债券	30 358	6 269
地方政府债券	35 317	-15 522
中央银行票据	0	0
金融债券①	190 976	54 675
其中：国家开发银行及政策性金融债	25 488	-2 110
同业存单	149 103	52 792
公司信用类债券②	42 036	-22 679
其中：非金融企业债务融资工具	30 276	-10 077
企业债券	4 446	-803
公司债	7 314	-11 613
国际机构债券	513	277
合计	299 199	23 019

注：①金融债券包括国家开发银行金融债、政策性金融债、商业银行普通债、商业银行次级债、商业银行资本混合债、证券公司债券、同业存单等。

②公司信用类债券包括非金融企业债务融资工具、企业债券以及公司债、可转债、可分离债、中小企业私募债等。

数据来源：中国人民银行、国家发展和改革委员会、中国证券监督管理委员会、中央国债登记结算有限责任公司。

业存单和非金融企业债务融资工具发行增长较快。9月末，国内各类债券余额为72.3万亿元，同比增长23.8%。

各类债券发行利率走势有所分化。9月发行的10年期国债发行利率为3.59%，比6月发行的同期限国债利率上升7个基点；国家开发银行发行的10年期金融债利率为4.19%，比6月发行的同期限金融债利率上升4个基点；主体评级AAA的企业发行的1年期短期融资券（债券评级A-1）平均利率为5.11%，比6月低5个基点；5年期中期票据平均发行利率为5.69%，比6月低32个基点。Shibor对债券产品定价继续发挥重要的基准作用。第三季度，发行以Shibor为基准定价的浮动利率债券68只，总量为337.6亿元；发行固定利率企业债193只，总量为1 976.3亿元，全部参照Shibor定价；发行参照Shibor定价的固定利率短期融资券1 202.4亿元，占固定利率短期融资券发行总量的97%。

（三）票据融资降幅趋缓，利率小幅震荡

票据承兑业务小幅下降。前三季度，企业累计签发商业汇票13.2万亿元，同比下降3.1%，比上半年下降3.7个百分点；9月末商业汇票未到期金额8.1万亿元，比6月末下降2.4%。票据承兑余额降幅趋缓，9月末余额较6月末下降1 475亿元。从行业结构看，企业签发的银行承兑汇票余额仍集中在制造业、批发和零售业；从企业结构看，由中小型企业签发的银行承兑汇票约占三分之二。

票据融资余额小幅下降，票据市场利率小幅震荡。前三季度，金融机构累计贴现31.2万亿元，同比下降55.6%；期末贴现余额为3.7万亿元，同比下降34.4%。票据融资余额降幅趋缓，9月末较年初下降17 246亿元，占各项贷款的比重为3.2%，同比下降2.3个百分点。第三季度银行体系流动性基本稳定，货币市场利率较为平稳，票据市场利率主要受到市场供求影响小幅震荡、略有下行。

（四）股票市场指数和成交量上升，筹资额同比继续下降

股票市场指数有所上升。9月末，上证综合指数收于3 349点，比6月末上涨4.9%；深证成份指数收于11 087点，比6月末上涨5.3%；创业板指数收于1 867点，比6月末上涨2.7%。9月末，沪市A股加权平均市盈率从6月末的17倍升至18倍，深市A股加权平均市盈率从6月末的36倍升至38倍。

股票市场成交量回升。前三季度，沪、深股市累计成交85.2万亿元，日均成交4 636亿元，同比下降11.3%，比上半年少降6.4个百分点，其中第三季度成交33万亿元，日均成交5 083亿元，较上半年增长15.7%；创业板累计成交12.5万亿元，同比下降26.2%，其中第三季度成交4.7万亿元，较第二季度增长26.3%。9月末，沪、深股市流通市值为44.6万亿元，同比增长17.9%；创业板流通市值为3.2万亿元，同比增长8%。

股票市场筹资额同比下降。前三季度境内各类企业和金融机构在境内外股票市场上通过发行、增发、配股、权证行权等方式累计筹资8 230亿元，同比下降10.7%，比上半年少降4.3个百分点，其中A股筹资7 100亿元，同比下降19.8%，比上半年多降1.2个百分点。

（五）保险业资产增速放缓

前三季度，保险业累计实现保费收入3万亿元，同比增长21%，增速比上半年低2个百

表12 2017年9月末主要保险资金运用余额及占比情况

单位：亿元、%

	余额		占资产总额比重	
	2017年9月末	2016年9月末	2017年9月末	2016年9月末
资产总额	165 824	146 319	100.0	100.0
其中：银行存款	20 113	22 961	12.1	15.7
投资	126 358	105 325	76.2	72.0

数据来源：中国保险监督管理委员会。

分点；累计赔款、给付8 327亿元，同比增长7.4%，其中，财产险赔付同比增长7.4%，人身险赔付同比增长12.2%。

保险业资产增速继续放缓。9月末，保险业总资产16.6万亿元，同比增长13.3%，增速比上半年低1.9个百分点。其中，银行存款同比下降12.4%，投资类资产同比增长20%。

（六）外汇掉期交易增长较快

前三季度，人民币外汇即期成交4.7万亿美元，同比增长15.9%，增速比上半年高1.3个百分点；人民币外汇掉期交易累计成交金额折合9.1万亿美元，同比增长30.6%，增速比上半年高5个百分点，其中隔夜美元掉期成交5.4万亿美元，占掉期总成交额的58.8%；人民币外汇远期市场累计成交600亿美元，同比减少31.4%。前三季度，“外币对”累计成交金额折合890亿美元，同比减少7.6%，其中成交最多的产品为美元对欧元，占市场份额比重为31.8%。

外汇市场交易主体进一步扩展。截至9月末，共有即期市场会员635家，远期、外汇掉期、货币掉期和期权市场会员各189家、188家、158家和111家，即期市场做市商32家，远掉期市场做市商27家。

（七）黄金价格反弹并高位震荡

第三季度，黄金价格结束了第二季度的回调走势，反弹回升并高位震荡。国际黄金价格最高为1 346.25美元/盎司，最低为1 211.05美元/盎司，9月末收于1 283.1美元/盎司，较6月末上涨3.29%。受人民币升值影响，国内黄金价格涨幅小于国际黄金价格涨幅。上海黄金交易所AU9999最高价为282.98元/克，最低价为265.60元/克，9月末收于277.45元/克，较6月末上涨1.59%。

上海黄金交易所总体交易规模保持增长。前三季度，上海黄金交易所总成交金额为13.74万亿元，同比增长7.33%，增速比上半年低5个百分点。其中，黄金累计成交3.63万吨，同比下降1.02%；成交金额为10.03万亿元，同比增长2.82%。白银累计成交93.26万吨，同比增长19.97%；成交金额为3.41万亿元，同比增长21.92%。铂金累计成交31.34吨，同比下降21.25%；成交金额为70.41亿元，同比下降20.25%。

二、金融市场制度建设

（一）积极发展银行间债券市场

成功推出内地与香港债券市场互联互通合作（以下简称“债券通”）。7月3日，“债券通”正式上线试运行，首日发行认购及交投活跃、运行稳定。“债券通”的推出丰富了境外投资者投资渠道，有利于进一步推进银行间债券市场对外开放。截至9月末，已有186家机构通过"债券通"途径进入银行间债券市场，持债规模超700亿元。

引导同业存单市场规范有序发展。发布中国人民银行公告〔2017〕第12号，决定自2017年9月1日起，将同业存单的期限明确为不超过1年，取消2年期和3年期同业存单，此前已发行的1年期（不含）以上同业存单可继续存续至到期。此次将同业存单的期限明确为不超过1年，有利于适当缩短同业存单业务期限，促使同业存单回归其调剂金融体系内部短期资金余缺的本质属性，加大金融支持实体经济的力度。

（二）完善证券市场基础性制度建设

一是证监会发布《公开募集开放式证券投资基金流动性风险管理规定》，对公募基金的产品设立、投资运作、申购赎回、估值与披露等业务环节进行规范，全面提升基金管理人对公募基金流动性风险的内部管控要求，并对货币市场基金特别是机构类货币市场实施更为严格的风险管控和约束。二是证监会修改《证券公司分类监管规定》，对资本充足等相关评价指标结合行业实际和监管需要进行优化，并完善合规状况评价指标体系，强化了对证券公司的合规监管。三是证监会修改《证券发行与承销管理办法》，将可转债和可交换债的发行过程中申购方式由资金申购改为信用申购，不再冻结大额资金，消除原资金申购方式对货币市场和债券市场的冲击。

（三）完善保险市场基础性制度建设

强化信用保证保险监管。7月，保监会发布《信用保证保险业务监管暂行办法》（以下简称《办法》），禁止保险公司为非公开发行债券、AA＋级以下债券公开发行、保险公司关联方的融资等提供信用保证保险服务；禁止承保超过国家规定贷款利率上限的信用保证保险业务；严格限制与网贷平台合作。《办法》对保险公司的内控管理和风控措施提出明确要求，包括对公司治理、财务核算、准备金提取、信用保证保险业务资信审核、抵押品管理、风险分担等方面作出明确规定，提高保险公司风险识别和风险防范能力。《办法》还明确了监管部门的职责权限，建立信用保证保险业务情况的报告制度，明确处罚情形。

完善偿付能力监管体系。9月，保监会印发《偿二代二期工程建设方案》，目标是提高风险计量的科学性和风险管理的有效性，从严从实加强资本约束，提高保险业风险管理水平和风险抵御能力。具体任务包括：一是完善监管规则，解决资本不实、关联交易复杂、多层嵌套导致底层资产不清、流动性风险、保障功能不足等问题；二是健全运行机制，建立偿付能力数据真实性检查制度，开展监管科技的应用研究；三是加强监管合作，强化与人民银行、银监会、证监会、外汇局等部门的审慎监管协调，积极参与国际监管规则制定。

第四部分　宏观经济分析

一、世界经济金融形势

第三季度，全球经济延续复苏态势，经济持续扩张，通胀总体温和。近期美国经济复苏态势强劲，欧元区经济继续改善，英国经济总体稳定，通胀压力加大，日本经济温和复苏。新兴市场经济体总体增长较快，但仍面临调整与转型压力。

（一）主要经济体经济形势

全球经济延续复苏态势，通胀水平较为温和。美国经济保持较强劲增长，第三季度实际GDP环比折年率初值为3.0%，维持近两年多高位水平。私人投资提速以及贸易赤字减少成为经济增长的主要驱动力，其中第三季度私人投资环比折年率升至6.0%，增速较第二季度加快2.1个百分点。受飓风影响，个人消费支出环比折年率较第二季度下降0.9个百分点至2.4%。通胀率略有抬升，9月CPI同比上涨2.2%，较6月上升0.3个百分点，而美联储较为关注的核心个人消费支出（PCE）物价指数环比折年率初值为1.3%，较第二季度回升0.4个百分点。劳动力市场略有波动，9月失业率为4.2%，为近16年以来新低，薪资数据也超过预期，但受飓风等因素影响，新增非农就业人数下降较多，劳动参与率保持在63%左右，比金融危机前低约3个百分点。欧元区经济保持复苏态势，各经济体普遍出现较强增长，内需尤其是投资成为经济

表13　主要发达经济体宏观经济金融指标

经济体	指　标	2016年第三季度			2016年第四季度			2017年第一季度			2017年第二季度			2017年第三季度		
		7月	8月	9月	10月	11月	12月	1月	2月	3月	4月	5月	6月	7月	8月	9月
美国	实际GDP增速(环比折年率，%)	2.8			1.8			1.2			3.1			3.0		
	失业率 (%)	4.9	4.9	4.9	4.8	4.6	4.7	4.8	4.7	4.5	4.4	4.3	4.4	4.3	4.4	4.2
	CPI (同比，%)	0.8	1.1	1.5	1.6	1.7	2.1	2.5	2.7	2.4	2.2	1.9	1.6	1.7	1.9	2.2
	道琼斯工业平均指数 (期末)	18 432	18 401	18 308	18 141	19 124	19 763	19 864	20 812	20 663	20 941	21 009	21 350	21 891	21 948	22 405
欧元区	实际GDP增速(当季同比，%)	1.7			1.9			2.0			2.3			2.5		
	失业率 (%)	10.0	9.9	9.9	9.8	9.7	9.6	9.6	9.5	9.4	9.2	9.2	9.1	9.0	9.0	8.9
	HICP综合物价指数(同比，%)	0.2	0.2	0.4	0.5	0.6	1.1	1.8	2.0	1.5	1.9	1.4	1.3	1.3	1.5	1.5
	EURO STOXX 50 (期末)	2 990	3 023	3 002	3 055	3 052	3 291	3 231	3 320	3 501	3 560	3 555	3 442	3 449	3 421	3 595
日本	实际GDP增速(环比折年率，%)	0.9			1.6			1.0			2.6			1.4		
	失业率 (%)	3.0	3.2	3.0	2.9	3.0	2.9	3.0	2.8	2.8	2.9	3.1	2.8	2.8	2.8	2.8
	CPI (同比，%)	-0.4	-0.5	-0.5	0.1	0.5	0.3	0.4	0.3	0.2	0.4	0.4	0.4	0.4	0.7	0.7
	日经225指数 (期末)	16 569	16 887	16 450	17 425	18 308	19 114	19 041	19 119	18 909	19 197	19 651	20 033	19 925	19 646	20 356

数据来源：各经济体相关统计部门及中央银行。

复苏的主要动力。欧元区第三季度GDP增速为2.5%。9月制造业PMI终值为58.1，创近七年新高。通胀总体温和，9月综合消费者物价指数（HICP）同比涨幅为1.5%，第三季度各月核心通胀同比增速均保持在1.1%～1.2%的水平，较上半年有所改善。失业率持续下降，9月为8.9%，处于欧洲债务危机以来的低位。英国经济形势总体较稳定，受服务业和制造业拉动影响，第三季度英国实际GDP环比增长0.4%，增速较第二季度上升0.1个百分点，但仍处于历史较低水平。通胀压力持续加大，2月以来CPI持续保持在2%以上，9月更高达3%，远超英格兰银行的通胀目标。此外，英国脱欧安排及影响仍有不确定性。日本经济继续温和复苏，第三季度实际GDP环比折年率初值为1.4%，第二季度由2.5%上修至2.6%，连续七个季度正增长。通胀水平也有所改观，连续九个月上升，9月CPI同比上涨0.7%。

新兴市场经济体经济总体增长较快，但部分经济体仍面临调整与转型压力。新兴市场经济体整体2016年GDP增长4.1%，预计2017年增速进一步加快。其中，印度经济受税收改革等因素影响，略有放缓，2017年第一、第二季度GDP分别增长6.1%和5.7%。由于石油等大宗商品价格回升，俄罗斯和巴西经济逐步企稳，通胀在得到一定控制后，近期有所下行。在全球总需求增长仍较缓慢、发达经济体货币政策可能转向的背景下，许多新兴市场经济体仍面临外需疲弱与跨境资本波动等潜在风险，存在调整与转型压力。

（二）国际金融市场概况

美元指数继续下降，欧元和英镑对美元升值，日元相对稳定，新兴市场经济体汇率升贬不一。9月末，美元指数收于93.071，较6月末下跌2.68%；日元兑美元汇率微跌0.11%，收于112.45日元/美元；欧元兑美元汇率为1.18美元/欧元，较6月末升值2.85%；英镑兑美元汇率为1.34美元/英镑，较6月末升值3.41%；新兴市场经济体方面，俄罗斯卢布、巴西雷亚尔兑美元分别升值2.46%与4.58%；印度卢比、土耳其里拉和墨西哥比索兑美元汇率分别较6月末贬值1.06%、1.20%与0.70%。

全球货币市场利率变化不大。受美联储加息预期影响，伦敦同业拆借市场美元Libor略有上升。9月29日，1年期Libor为1.7823%，比6月末上升0.04个百分点；受欧央行持续宽松货币政策等因素影响，欧元区同业拆借利率Euribor继续走低。截至9月29日，1年期Euribor为−0.1720%，比6月末下降0.02个百分点。

主要经济体国债收益率有所分化。9月末，美国、英国10年期国债收益率分别收于2.326%和1.366%，较6月末分别上升2.4个和10.7个基点；日本、德国、法国10年期国债收益率分别收于0.064%、0.461%和0.748%，分别下降2个、0.9个和6.9个基点。新兴市场经济体方面，俄罗斯、巴西10年期国债收益率分别下降12个和78.5个基点；印度、墨西哥和土耳其10年期国债收益率分别上升15.6个、0.2个和41个基点。

主要经济体股市普遍上涨。9月末，美国道琼斯工业平均指数、德国法兰克福DAX指数、日本日经225指数、欧元区STOXX50指数与英国富时100指数较6月末分别上涨了4.94%、4.09%、1.61%、4.44%和0.82%。新兴市场经济体中，俄罗斯、印度、巴西股市分别上涨13.57%、1.17%和18.11%。

（三）主要经济体货币政策

发达经济体货币政策正常化进程持续推进。美联储10月开始缩减资产负债表，具体方式遵循2017年6月例会公布的《货币政策正常化原则与计划》，即逐步减少到期证券本金再投资，10月起缩减规模上限分别为60亿美元国债和40亿美元机构抵押支持证券（MBS），缩减规模上限每季度增加一次，增幅分别为60亿美元和40亿美元，直至每月缩减规模上限达到300亿美元和200亿美元。11月2日，美联储决定维持联邦基金利率目标区间在1%～1.25%不变。同日，美国总统特朗普提名美联储现任理事鲍威尔任下届美联储主席，市场普遍预期，鲍威尔执掌美联储后将延续耶伦任内的加息节奏，继续推动货币政策正常化进程。欧央行10月26日决定维持当前的主要再融资操作利率、边际贷款便利利率和存款便利利率不变，将原本定于2017年年底到期的购债进程进一步延长9个月至2018年9月，同时宣布从2018年1月起削减每月购债规模至300亿欧元。日本银行10月31日宣布将维持原有负利率与资产购买规模不变，维持短期政策利率目标在-0.1%、10年期国债收益率目标在0%左右。英格兰银行11月2日决定上调基准利率25个基点至0.5%，维持资产购买计划数量不变。加拿大银行7月12日宣布上调隔夜目标利率25个基点至0.75%，为7年来首次，并于9月6日再次上调25个基点至1%。

新兴市场经济体货币政策维持宽松。为应对国内动荡局势，巴西央行在7月27日、9月8日和10月26日分别下调政策利率100个、100个和75个基点至7.5%。为了应对通胀下行压力，促进经济复苏，俄罗斯央行于9月18日和10月27日分别下调基准利率50个和25个基点至8.25%。印度央行8月2日下调政策回购利率25个基点至6.0%。越南央行7月10日将再融资和再贴现利率下调25个基点，为2014年以来首次降息。印尼央行在8月22日和9月22日分别下调7天期逆回购利率各25个基点至4.25%。

（四）国际经济展望及值得关注的重要问题

10月，国际货币基金组织（IMF）发布《世界经济展望》，再次上调了2017年和2018年全球经济增长预测至3.6%和3.7%，均较4月的预测提高0.1个百分点。其中，受欧元区、日本以及加拿大经济复苏驱动，将发达经济体2017年的经济增长预期上调至2.2%；由于中国经济较快增长，将新兴市场和发展中经济体2017年和2018年的经济增长预期分别提高0.1个百分点。展望未来，全球经济增长前景有所改善，但复苏尚未完成，许多经济体增长还较为疲弱，且大多数发达经济体的通胀水平仍低于通胀目标，全球经济仍面临一些风险和挑战。

主要发达经济体货币政策正常化的影响存在不确定性。随着发达经济体不断复苏，美联储2017年10月正式启动缩表计划，欧央行降低资产购买计划规模，英格兰银行也于2017年11月宣布加息。和之前紧缩周期相比，本轮货币政策正常化存在一些新特点，这包括主要经济体央行资产负债表规模庞大、各国债务水平仍处于高位、长期生产率可能发生结构性改变、政治不确定性升高等。在此背景下，一旦货币政策收紧过快，导致长期利率抬升，可能对宏观经济和资产价格产生较大影响，阻碍复苏进程并引发金融风险。

高杠杆和沉重债务负担可能使消费和投资增长承压。从全球范围看，非金融部门杠杆率始终在攀升。在居民部门杠杆率高企、工资上涨迟缓，贫富差距不断增加的大背景下，消费对经济复苏的拉动作用可能减弱。而受生产率增长长期低迷、政治不确定性、人口增长放缓及企业债务高企等因素影响，全球投资前景也承压。此外，一些新兴市场经济体企业部门美元债务利息上升也进一步制约了其投资增长。

逆全球化和保护主义风险仍须重视。近期，部分经济体相继实施内顾型政策，国际贸易及投资保护主义风险仍须重视。短期内，保护主义可能通过阻碍贸易、抑制外商直接投资削弱全球需求，威胁经济持续、强劲增长。长期内，保护主义会阻碍资本和劳动力流动，影响资源的有效配置，抑制全球价值链参与者的竞争，拖累生产率的提升和经济增长，加剧金融市场动荡。

此外，地缘政治及恐怖主义等风险因素和不确定性仍可能对经济金融产生较大影响，需予以密切关注。

二、中国宏观经济运行分析

第三季度，中国经济运行总体平稳，结构继续优化，新兴动能加快成长，质量效益提高，保持稳中向好态势。消费需求对经济增长的拉动作用较为强劲，投资增长稳中略缓，结构优化，进出口较快增长。工业生产加快增长，第三产业增加值占GDP的比重为52.9%，高于第二产业12.8个百分点。就业稳中向好，消费价格温和上涨。初步核算，前三季度国内生产总值（GDP）为59.3万亿元，按可比价格计算，同比增长6.9%，其中第三季度同比增长6.8%；前三个季度居民消费价格（CPI）同比上涨1.5%，其中第三季度同比上涨1.6%；前三季度贸易顺差为20 331亿元人民币。

（一）消费增长稳健，投资增长稳中略缓，进出口增长较快

城乡居民收入较快增长，消费增长稳健。前三季度，全国居民人均可支配收入19 342元，同比名义增长9.1%；扣除价格因素实际增长7.5%，增速比上年同期加快1.2个百分点。按常住地分，城镇居民人均可支配收入27 430元，扣除价格因素实际增长6.6%；农村居民人均可支配收入9 778元，扣除价格因素实际增长7.5%。中国人民银行第三季度城镇储户问卷调查显示，居民收入感受指数为52.8%，比上季度提高1.5个百分点，比上年同期提高6.7个百分点。消费继续成为经济增长主要驱动力，前三季度最终消费支出对国内生产总值增长的贡献率为64.5%。中国人民银行第三季度城镇储户问卷调查显示，居民消费意愿持续增强，倾向于“更多消费”的居民占26.4%，比上季度和上年同期分别提高1.0个和5.3个百分点。前三季度，社会消费品零售总额26.3万亿元，同比增长10.4%，增速与上年同期持平。乡村消费品零售额增长继续快于城镇，前三季度乡村消费品零售额同比增长12.1%，比城镇高2个百分点。网上零售增势强劲，线下消费有所回暖，前三季度全国网上零售额4.9万亿元，同比增长34.2%；百货店、专业店的零售额增速分别比上年同期快3.3个和2.5个百分点。

固定资产投资增长稳中略缓，投资结构调整优化。前三季度，全国固定资产投资（不含农户）45.8万亿元，同比增长7.5%，增速比上年同期回落0.7个百分点。当前投

资呈现以下几个特征：一是高端制造业和企业技术改造投资较快增长，高耗能行业投资增长放缓。前三季度高技术制造业、装备制造业和制造业技术改造投资同比分别增长18.4%、8.3%和12.1%，高耗能制造业投资同比下降1.9%。二是民间投资增速有所回升，前三季度民间投资同比增长6%，比上年同期高3.5个百分点。三是基础设施投资（不含电力、热力、燃气及水生产和供应业）增速前三季度为19.8%，比上年同期加快0.4个百分点。四是东北地区投资降幅收窄，其他地区投资增速总体稳定。

进出口较快增长，贸易结构优化。前三季度进出口总额为20.3万亿元，同比增长16.6%。其中，出口11.2万亿元，增长12.4%；进口9.1万亿元，增长22.3%。进出口相抵，顺差20 331亿元。贸易结构继续优化，一般贸易进出口占进出口总额的比重为56.6%，比上年同期提高1.1个百分点；机电产品出口占出口总额的57.5%，为出口主力；民营企业出口增长2.3%，占出口总额的46.5%，继续保持出口份额首位。与部分“一带一路”沿线国家进出口快速增长，前三季度我国对俄罗斯、波兰和哈萨克斯坦进出口分别增长27.7%、24.8%和41.1%。部分大宗商品进口量保持增长。

外商直接投资延续向高端产业聚集的态势，对外投资降幅收窄，行业结构优化。前三季度实际使用外资金额为6 185.7亿元人民币，同比增长1.6%。从产业分布看，服务业实际使用外资4 281.9亿元人民币，占外资总量比重为69.2%，其中信息传输、计算机服务和软件业同比增长23.1%；制造业实际使用外资1 817.6亿元人民币，同比增长7.5%，占外资总量比重为29.4%，其中高技术制造业实际使用外资529.8亿元人民币，同比增长27.5%。前三季度，境内投资者非金融类直接投资780.3亿美元，同比下降41.9%，降幅比上半年收窄3.9个百分点。对“一带一路”沿线国家投资合作稳步推进，前三季度直接投资96亿美元，占同期总额的12.3%，比上年同期提高4个百分点。对外投资行业结构持续优

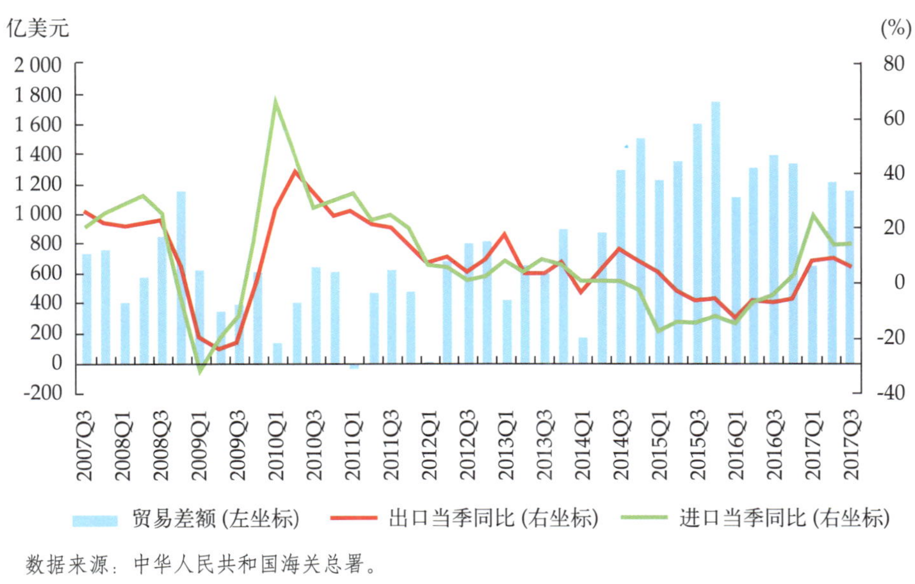

数据来源：中华人民共和国海关总署。

图4　进出口增速与贸易差额

化，主要流向租赁和商务服务业、制造业、批发和零售业以及信息传输、软件和信息技术服务业，占比分别为32%、17.3%、12.2%和10.5%。房地产业、体育和娱乐业对外投资没有新增项目。

（二）农业生产总体稳定，工业生产增速加快

第三产业增加值增长快于第二产业，但第二产业占比回升。前三季度，第一产业增加值为4.1万亿元，同比增长3.7%；第二产业增加值为23.8万亿元，增长6.3%；第三产业增加值为31.4万亿元，增长7.8%。三次产业增加值占GDP比重分别为6.9%、40.1%和52.9%，第三产业占比高于第二产业12.8个百分点，但第二产业占比较上年同期提高0.6个百分点。

农业生产形势较好。全国夏粮总产量14 052万吨，同比增长0.9%。前三季度，猪牛羊禽肉产量5 877万吨，同比增长0.8%。

工业生产加快发展，结构优化效益提升。前三季度，全国规模以上工业增加值同比实际增长6.7%，增速比上年同期加快0.7个百分点。工业向中高端迈进，前三季度高技术制造业和装备制造业增加值同比分别增长13.4%和11.6%，分别快于规模以上工业6.7个和4.9个百分点。前三季度，规模以上工业企业产销率达到97.8%。前三季度，全国规模以上工业企业实现利润总额5.6万亿元，同比增长22.8%，增速连续两个月加快；规模以上工业企业主营业务收入利润率为6.17%，同比提高0.51个百分点。中国人民银行第三季度企业家问卷调查显示，企业生产经营景气指数为55.5%，连续五个季度高于50%，比上季度和上年同期分别提高0.9个和5.2个百分点；企业盈利指数为57.6%，比上季度和上年同期分别提高1.5个和2.9个百分点；国内订单指数为50.2%，出口订单指数为49.6%，比上季度分别下降0.4个和0.8个百分点，但同比分别提高4.2个和2.6个百分点。

专栏2　结构调整、供求改善与中国经济增长

2017年以来，中国经济增长的稳定性、协调性总体有所增强。GDP季度增长率保持在6.8%~6.9%。从需求结构看，消费对经济的拉动力增强，经济增长对投资的依赖有所下降。2017年前三季度最终消费拉动GDP增长4.5%，比2016年全年高出0.2个百分点；资本形成拉动GDP增长2.3%，比2016年全年下降0.5个百分点。随着供给侧结构性改革逐步深化，各方对经济结构调整和变化的讨论较多。

一种观点认为，中国经济增长模式尚未发生根本性变化，经济企稳回升主要受基建投资和房地产推动，近期地产销量增速下降，房地产对经济的推动力可能难以持续；企业利润增速回升主要与原材料价格上涨使上游企业受益有关，下游企业利润增速仍走低或持平；近来铁路货运量、重卡销售、发电耗煤增速均出现下降，未来经济仍有下行的可能。

也有观点认为，中国经济结构调整正在取得积极进展。一是从三大产业结构看，经济对第二产业的依赖下降，第三产业的拉动力在增强。2017年前三季度，第三产业拉动GDP增长4%，比2016年全年上

升0.1个百分点，比2014年全年上升0.5个百分点；第二产业拉动GDP增长2.5%，与2016年全年持平，比2014年全年下降1个百分点。二是从资本形成结构看，经济增长对基建和房地产投资的依赖有所下降。初步估算，前三季度基建、房地产分别拉动GDP增长0.9%和0.3%，较2016年全年分别下降0.4个和0.1个百分点。三是新兴产业发展动力不断增强。高铁装备制造、核电装备制造等现代制造业开始在国际上崭露头角，新能源、新材料、生命生物工程、新能源汽车等战略性新兴产业发展空间不断扩大，消费服务、商业服务、生产服务等服务业蓬勃发展。随着经济更多依靠资源节约型的新兴产业，对基建和房地产投资以及传统制造业的依赖总体下降，对铁路货运、重卡、发电耗煤的需求也会减少，相关指标增速的下降可能更多体现的是产业结构的变化。

市场供求也在改善和优化。一是去库存取得进展，企业进入主动补库存阶段。初步估算，2017年前三季度存货对GDP增长的贡献较上年同期上升超过1个百分点，扭转了前两年存货对GDP拉动为负的情况。结合企业主营业务收入增速上升以及PPI涨幅较高的情况，企业主动补库存的可能性较大。二是商品和服务供给正在向个性化、精细化转变，更好地满足居民消费升级需要。随着居民收入水平不断提高，多样化、个性化消费需求渐成主流，企业通过互联网平台在全国甚至全球范围内配置资源，开展社会化协同研发与定制化生产制造，更好地满足消费者多样化、个性化需求。三是房地产投资属性减弱，居住属性增强，更好地与居民居住需求相匹配。随着住房金融宏观审慎政策的推出和执行，以及改进土地供给、租售并举等房地产长效机制建设推进，2017年以来70个大中城市新建住宅价格同比涨幅回落，环比涨幅自第二季度以来持平或下降。四是企业开始降杠杆，资源利用效率提升，中间产品供求改善。初步估算，2017年以来企业杠杆率开始企稳并有所下降。

中国经济发展质量的提升是改革红利的体现，源于在适度扩大总需求的同时，着力从供给端推进改革，释放和激发经济活力。不搞强刺激，发挥市场在资源配置中的决定性作用，深化经济体制改革，依靠创新推动新旧动能转换和结构优化升级。总体来看，目前中国经济增长的稳定性、协调性有所增强，杠杆率逐步趋稳。这又为继续强化环保、建立房地产长效调控机制、规范地方政府债务等创造了有利环境。

当前中国经济已由高速增长阶段转向高质量发展阶段，正处在转变发展方式、优化经济结构、转换增长动力的攻关期。要继续保持定力，提高对局部性、阶段性经济波动的容忍度，着力构建市场机制有效、微观主体有活力、宏观调控有度的现代化经济体系。保持宏观政策的连续性稳定性，实施好稳健中性的货币政策，健全货币政策和宏观审慎政策双支柱调控框架，紧紧围绕服务实体经济、防控金融风险、深化金融改革三项任务，为供给侧结构性改革和高质量发展营造适宜的货币金融环境。

（三）居民消费价格温和上涨，生产价格涨幅有所扩大

居民消费价格温和上涨。第三季度，CPI同比上涨1.6%，涨幅比上季度扩大0.2个百分点，各月涨幅分别为1.4%、1.8%和1.6%。从食品和非食品分类看，食品价格降幅收窄，非食品价格涨幅基本稳定。食品价格同比下降0.9%，降幅比上季度缩小1.2个百分点；非食品价格同比上涨2.2%，涨幅比上季度低0.1个百分点。从消费品和服务分类看，消费品价格和服务价格涨幅均有所扩大。消费品价格同比上涨0.7%，涨幅比上季度高0.2个百分点；服务价格同比上涨3.1%，涨幅比上季度高0.2个百分点。

生产价格涨幅有所扩大。第三季度各月，工业生产者出厂价格同比分别上涨5.5%、6.3%和6.9%，平均上涨6.2%，涨幅比上季度扩大0.4个百分点。其中，生产资料价格同比上涨8.2%，涨幅比上季度扩大0.5个百分点；生活资料价格同比上涨0.6%，涨幅与上季度持平。第三季度，工业生产者购进价格同比上涨7.7%，涨幅比上季度回落0.4个百分点，各月涨幅分别为7.0%、7.7%和8.5%。农产品生产价格同比下降3.2%，降幅比上季度收窄3.2个百分点；农业生产资料价格指数同比下降0.1%，上季度为同比上涨0.1%。第三季度，中国人民银行监测的企业商品价格（CGPI）同比上涨6.5%。

进口价格同比涨幅继续回落。第三季度，洲际交易所布伦特原油期货当季平均价格同比上涨11.3%，环比上涨2.7%。伦敦金属交易所铜现货当季平均价格同比上涨33.0%，环比上涨12.3%；铝现货当季平均价格同比上涨24.2%，环比上涨5.4%。受国际大宗商品价格前期下跌的滞后效应进一步显现等因素影响，进口价格涨幅总体继续回落。第三季度各月，进口价格同比分别上涨6.7%、6.4%和9.0%，平均上涨7.4%，涨幅比上季度回落4.4个百分点；出口价格同比分别上涨4.0%、2.9%和2.7%，平均上涨3.2%，涨幅比上季度回落2.6个百分点。

GDP平减指数上升。第三季度，GDP平减指数（按当年价格计算的GDP与按固定价格计算的GDP的比率）同比上涨4.1%，比上季度高0.2个百分点。

价格改革继续推进。8月16日，国家发展改革委发出通知，决定在省级电网输配电价改革实现全覆盖的基础上，全面推进区域电网输电价格改革，完善跨省跨区专项输电工程输电价格调整机制，促进跨省跨区电力市场交易。

（四）财政收支增长较快

前三季度，全国财政收入13.4万亿元，同口径[①]同比增长9.7%，增速比上年同期高3.8个百分点；全国财政支出15.2万亿元，同比增长11.4%，增速比上年同期低1.1个百分点；收支相抵，全国财政赤字为17 744.2亿元，比上年同期多3 187.9亿元。

税收收入较快增长，非税收入低增长。前三季度，税收收入11.3万亿元，同比增长12.1%；非税收入2.1万亿元，同比

①2017年1月1日起将新增建设用地土地有偿使用费、南水北调工程基金、烟草企业上缴专项收入三项政府性基金调整转列一般公共预算。相关文件3月印发，4月起在上年基数中考虑三项政府性基金转列一般公共预算的影响，并以此为基础计算同比增减额和增减幅。

下降1.6%。分税种看，国内增值税同比增长7.2%；国内消费税同比增长6.9%，企业所得税和个人所得税分别同比增长13.1%和18.6%，进口货物增值税和消费税同比增长29.9%，关税同比增长18.6%，车辆购置税同比增长26%，主要税种总体保持增长。

从支出结构看，财政支出占比较高且增长较快的有教育支出、社会保障和就业支出、城乡社区支出，同比分别增长13.3%、20%和12.2%。

（五）就业基本稳定

城镇新增就业持续增长，居民就业感受指数持续回升。前三季度城镇新增就业1 097万人，同比多增30万人。中国人民银行储户问卷调查显示，第三季度居民当期就业感受指数为42.6%，比上季度提高0.7个百分点，比上年同期提高5.5个百分点，连续五个季度提高。

中国人力资源市场信息监测中心对97个城市的公共就业服务机构市场供求信息进行的统计分析显示，第三季度劳动力市场需求略大于供给，求人倍率约为1.16，比上年同期上升0.06，比上季度上升0.05。市场对具有技术等级和专业技术职称劳动者的用人需求大于供给。

专栏3 人口与就业问题分析

人口与就业是经济社会发展中的核心问题之一。实践证明，经济增长与就业之间存在密切关系，“稳增长”的重要目的是“促就业”。近年来，在经济增速有所下降的背景下，我国就业形势持续较好。据统计，2013～2016年城镇新增就业连续4年保持在1 300万人以上，均超额完成目标。

研究就业问题，首先应关注劳动年龄人口。从现有口径和数据看，我国16周岁以上至60周岁以下（不含60周岁）的劳动年龄人口总体呈下降态势。2016年，全国劳动年龄人口为9.1亿人，自2012年来连续五年净减少，占总人口的比重为65.6%。2010年我国总抚养比达到最低值，此后逐年上升，2015年我国总抚养比为37%，较2010年上升2.7个百分点。总抚养比上升表明，劳动供给（能参与工作的人口）相对劳动需求（净消费人口）减少，有利于缓解就业压力。

在总就业人数相对稳定的同时，随着城镇化不断推进，城镇新增就业人数较多。近年来我国总就业人数保持基本稳定，2016年总就业人数为7.8亿人，比上年增加152万人。同时城镇就业人数增加较多，2016年城镇新增就业人数达到1 314万人。主要是近年来我国城镇化进程促进了城镇就业。2016年，我国城镇人口占总人口的比例达到57.4%，比2000年提高21.1个百分点。此外，“城镇新增就业人数”统计未剔除报告期内失业或离职后再就业的人员，也可能存在一定程度的重复计算。从城镇就业人数的净增量（即报告期末与期初的就业人数之差）看，2016年我国城镇就业人数净增1 018万人，较城镇新增就业人数少296万人，且2010年以来这一指标总体趋于减少，与劳动年龄人口变化趋势基本一致。

当前存在不少有利于稳定就业的因

素。一是城镇化将继续创造大量新的劳动力需求。目前我国城镇化率在同等收入档次国家中仍然偏低。城镇化不仅导致城镇就业人数增加，同时也会产生分工深化和规模效应、网络效应，创造出大量新的就业岗位。二是第三产业吸纳就业的能力更强。人均收入达到一定水平后，第三产业占比会上升，这是一个客观规律。而第三产业的发展与城镇化的趋势是一致的。2015年我国第三产业增加值占GDP的比重首次超过50%，2016年进一步提升到51.6%，较2000年提高11.9个百分点。相比第二产业，第三产业具有更强的吸纳就业能力，有利于解决更多就业。三是农村剩余劳动力转移逐步减少。2016年我国农村人口为5.9亿人，较峰值下降2.7亿人。同时，我国农民工人数已达到2.8亿人，进一步大幅增加的可能性较小。四是劳动人口的平均年龄趋于上升。当前我国儿童和青少年人口占比较低，预计未来劳动人口平均年龄上升的趋势仍将持续。由于中老年劳动力的生产力明显低于青壮年，未来既定就业岗位所需劳动力可能有所增加。

也要看到，未来就业仍存在一些压力，特别是结构性就业压力，具体体现在：一是大学毕业生、中专毕业生、新增农民工、复转军人等刚性就业需求较大。受高校扩招等因素影响，近年来我国大学以及中专院校毕业生人数显著增加，2016年普通高等教育本专科毕业生为704.18万人，研究生毕业生为56.39万人，中等职业教育毕业生为533.62万人，总计约1 300万人，是城镇新增就业的主要来源。同时，每年还有300万～400万新增农民工和复转军人等城镇就业的刚性需求。二是去产能会减少一部分就业岗位。近几年我国去产能工作进展显著，在此过程中，部分产业的就业岗位可能会有所减少，导致一定数量的转岗就业需求。三是人才的供需结构不匹配。受快递、房产中介等服务业发展较快及老一辈技术工人退休等因素影响，我国对蓝领工人和高技术人才的需求有所增加。近年来，我国普通高校（包括研究生、本科及大专）毕业生持续增加，而中等职业教育（包括中专、职高、技工学校等）毕业生有所减少，普通高校毕业生的就业压力反而有所增加。四是机器人和人工智能技术的发展也可能加大结构性就业压力。

为进一步缓解结构性就业压力，一是要进一步推动城镇化进程。依托中心城市发展若干城市群，提高大城市周边中小城市（卫星城）的吸引力，吸引人口适当向城镇集中，创造更多就业岗位。二是要继续促进经济结构调整。在制造业转型升级的同时，通过放开准入限制和解除价格管制等方式，进一步促进服务业发展，增强经济发展韧性和就业吸纳能力。三是要积极推进职业教育改革。鼓励企业和行业协会开办职业技术教育，增强职业教育的实用性，提高人才供需结构的匹配度。

（六）国际收支呈现“双顺差”

国际收支保持“双顺差”格局。前三季度，经常账户顺差1 063亿美元，与GDP之比为1.2%，仍保持在合理区间；非储备性质的金融账户顺差608亿美元，可比口径上年同期为逆差3 891亿美元。截至2017年9月末，外汇储备余额为31 085亿美元。

外债规模继续稳步增长。截至6月末，全口径（含本外币）外债余额为15 628亿美元，较3月末上涨8.7%。其中，短期外债余额为10 079亿美元，占外债余额的64%。

（七）行业分析

1. 房地产行业

第三季度，全国商品房销售增速趋缓，70个大中城市房价环比、同比涨幅均较第二季度有所回落，房地产开发投资平稳增长，房地产贷款增速继续放缓。

房价环比上涨城市数量减少，且环比、同比涨幅均有所回落。9月，全国70个大中城市中，新建商品住宅价格环比上涨的城市有44个，比6月减少16个，平均涨幅较6月下降0.5个百分点；价格同比上涨的城市有67个，比6月增加10个，平均涨幅较6月低3个百分点。二手住宅价格环比上涨的城市有49个，比6月减少11个；价格同比上涨的城市有65个，比6月减少1个。

商品房销售继续保持增长，但增速趋缓。前三季度，全国商品房销售面积为11.6亿平方米，同比增长10.3%，增速较上半年低5.8个百分点；商品房销售额为9.2万亿元，同比增长14.6%，增速较上半年低6.9个百分点。其中，商品住宅销售面积和销售额分别占商品房销售面积和销售额的86.3%和83.2%。

房地产开发投资平稳增长。前三季度，全国房地产开发投资80 644亿元，同比增长8.1%，比上半年降低0.4个百分点。其中，住宅投资增长10.4%。前三季度，全国房屋新开工面积为13.1亿平方米，同比上升6.8%，增速较上半年低3.8个百分点；全国房屋施工面积为73.8亿平方米，同比增长3.1%，增速较上半年低0.3个百分点；全国房屋竣工面积为5.8亿平方米，同比上升1.0%，增速较上半年低4.0个百分点。

房地产贷款增速继续放缓。截至9月末，全国主要金融机构（含外资）房地产贷款余额为31.1万亿元，同比增长22.8%，增速较6月末低1.4个百分点。房地产贷款余额占各项贷款余额的26.4%，较6月末高0.5个百分点。其中，个人住房贷款余额为21.1万亿元，同比增长26.2%，增速较6月末低4.6个百分点；住房开发贷款余额为5.3万亿元，同比增长26.0%，增速较6月末高5.8个百分点；地产开发贷款余额为1.4万亿元，同比下降12.8%，降幅较6月末缩小5.1个百分点。

保障房信贷支持力度仍较大。截至9月末，全国保障性住房开发贷款余额为3.2万亿元，同比增长37.9%，增速较6月末高1.7个百分点；前三季度新增6 486.0亿元，占同期房产开发贷款增量的61.2%，较上半年提高0.8个百分点。此外，利用住房公积金贷款支持保障性住房建设试点工作稳步推进，截至9月末，已有85个城市的373个保障房建设项目通过贷款审批，并按进度发放871.7亿元，收回贷款本金776.3亿元。

2. 汽车行业

汽车行业是推动新一轮科技革命和产业变革的重要力量，是建设制造强国的重要支撑，是国民经济的重要支柱。汽车行业健康、可持续发展，事关人民群众的日常出行、社会资源的顺畅流通和生态文明的全面跃升。

近十年来，汽车行业实质性推进供给侧结构性改革，以提高供给质量为主攻方向，以全面提高产品和服务质量为中心任务，结构调整和转型升级取得了积极成效，国产化率和进口替代率持续上升。一是迅速成长为世界汽车业的重要组成部分，一定程度上改变了全球市场格局。中国汽车行业不断发展壮大，逐渐形成了种类齐全、配套完整的产业体系。产销量连续八年位居全球第一，2016年再创历史新高并突破2 800万辆，约占全球汽车产销份额的30%。其中，中国品牌汽车超过1 400万辆，市场认可度大幅提升，在某些细分市场能够和国际一线品牌同台竞争。2017年前三季度，我国汽车产销分别完成2 034.9万辆和2 022.5万辆，比上年同期分别增长4.8%和4.5%。二是成为国民经济的支柱产业之一，带动了相关产业协同发展。汽车相关产业税收占全国税收比、从业人员占全国城镇就业人数比、汽车销售额占全国商品零售额比重均连续多年超过10%。汽车行业上下游共涉及150多个产业，其快速发展有效带动了国家相关重要基础产业和高技术产业的进步和规模化发展。三是并购重组进一步整合行业资源，淘汰落后产能加快，产业结构不断优化升级。境外并购和投资合作不断扩大，逐渐缩小与国际同业在品牌、技术和渠道方面的差距。2013年以来，我国自主品牌汽车和零部件企业已完成约60宗海外并购交易，并购主体多为零部件企业，标的主要分布在欧美国家。同时，着力于供给端，加速淘汰落后产能，完善汽车“僵尸企业”的退出机制，禁止核准新建传统燃油汽车生产企业投资项目，严格控制现有汽车企业扩大传统燃油汽车产能。四是新能源汽车和智能网联汽车快速发展。近年来，随着能源、环境、交通等约束进一步收紧，节能环保低碳和发展绿色制造已成大势所趋。在此背景下，我国新能源汽车发展取得积极进展，产业规模快速扩大，产业链日趋完善。2016年产销量均超过50万辆，连续两年产销量居世界第一，全球占比均超过50%，产业规模全球领先。2017年前三季度，新能源汽车产销分别完成42.4万辆和39.8万辆，比上年同期分别增长40.2%和37.7%，保持高速增长态势。技术水平大幅提升，与国际先进水平基本同步，产品销往全球30多个国家和100多个城市，并实现了产品、技术、标准和服务携同“走出去”。我国已成为全球最大的动力电池生产国，自主装备实现从无到有，不少电池企业装备国产化水平超过70%，甚至达到90%以上。同时，部分企业主动布局，具备辅助驾驶功能和网联化特征的汽车产品规模化进入市场，支撑汽车智能化、网联化发展的信息技术产业实力不断增强。

在看到成绩的同时，也应清醒地认识到我国汽车业还存在着一些问题和挑战。一方面，汽车产业大而不强的问题依然突出，表现在关键核心技术掌握不足，一些核心零部件国产化率仍然较低，产业链条存在短板，创新体系仍需完善，国际品牌建设滞缓，企业实力亟待提升，产能过剩风险显现。伴随着经济下行压力，巨大汽车保有量带来的能源、环保、交通等问题日益凸显。另一方面，新一代信息通信、新能源、新材料等技术与汽车产业加快融合，汽车的产品形态加快向新能源、轻量化、智能和网联的方向发展，汽车正从交通工具转变为大型移动智能终端、储能单元和数字空间，汽车生产从过去的大批量、流水线的生产方式，向充分互联协作的智能制造体系演进，个性化定制生产模式可能成为未来的趋势。在新形势下，主要国家纷纷加大对新能源汽车、智能网联汽车的扶持力度，国际汽车企业集团也在加速布局，全球产业发展竞争格局将日趋激烈。

当前，中国汽车业进入转型升级、由大变强的战略机遇期。2017年4月，经国务院同意，工业和信息化部、国家发展改革委、科技部联合印发《汽车产业中长期发展规划》，提出“力争经过十年持续努力，迈入世界汽车强国行列”的总目标。下一步，应牢固树立和贯彻落实创新、协调、绿色、开放、共享的发展理念，推进汽车业供给侧结构性改革，调控总量、优化结构、协同创新、转型升级，推动汽车业发展由规模速度型向质量效益型转变，实现由汽车大国向汽车强国转变。

第五部分　货币政策趋势

一、中国宏观经济展望

展望未来一段时期，有利于经济稳定增长的因素不少。从国际上看，全球经济总体延续复苏态势，近期国际货币基金组织（IMF）等进一步上调了今明两年全球经济增速预期。从国内看，作为发展中大国，中国经济增长的潜力巨大，新型城镇化、服务业、高端制造业以及消费升级有很大的发展空间，经济韧性好、潜力足、回旋空间大的特质没有改变。尤其是随着供给侧结构性改革、简政放权和创新驱动战略不断深化实施，国内供求关系有所改善，产业结构调整加快，过剩产能继续化解，适应消费升级的行业和战略性新兴产业快速发展，各产业内部组织结构改善，前三季度工业产能利用率为76.6%，较上年同期回升3.5个百分点，为近五年来最高。与此同时，去杠杆取得进展，全社会杠杆率高位有所趋稳，金融体系控制内部杠杆也取得阶段性成效。一系列宏观调控措施在适度扩大总需求方面发挥重要作用，货币信贷和社会融资总量保持适度增长，有助于经济实现中高速增长。在多种因素的共同推动下，2017年以来经济显现稳中向好态势，制造业产能出清、行业集中度提升以及企业利润改善等较为明显，经济增长对基建投资等的依赖有所下降，经济运行呈现稳定性增强、质量提高、结构优化的态势。中国人民银行第三季度企业家及银行家问卷调查显示，宏观热度指数、信心指数等自2016年以来逐季回升；城镇储户问卷调查显示居民就业预期指数总体稳定。

当前经济金融领域的结构调整虽然出现了积极变化，但也要看到结构性矛盾仍较突出，结构调整和改革任重道远，防范金融风险和去杠杆的任务仍然艰巨。从国际环境看，发达经济体货币政策调整可能对全球经济、资本流动造成冲击，全球贸易和投资增长仍不稳固，同时地缘政治风险及不确定性也可能加大，我们仍将面临高度复杂多变的国际环境。从国内看，当前经济稳中向好较大程度上受全球经济复苏背景下外需回暖以及国内库存回补的推动，企业效益改善主要集中在煤炭、钢铁、化工等上中游行业，民间投资活力仍显不足，部分短板领域瓶颈尚未打破，总杠杆水平仍然偏高，企业尤其是国企债务压力依然较大。要把握我国经济已由高速增长阶段转向高质量发展阶段的本质特征，坚持质量第一、效益优先，在适度扩大总需求的同时，以推进供给侧结构性改革为主线，推动经济发展质量变革、效率变革、动力变革，提高全要素生产率，持续深化“放、管、服”和财税等重点领域改革，全面落实“去产能、去库存、去杠杆、降成本、补短板”五大任务，紧紧抓住处置“僵尸企业”这个牛鼻子，深化国有企业改革，推进新型城镇化发展，加快形成促进房地产市场稳定发展的长效机制，增加劳动力市场灵活性，抑制资产泡沫，降低宏观税负，更充分地发挥市场在资源配置中的决定性作用，着力解决好发展不平衡不充分问题，大力提升发展质量和效益。把顶层设计和基层创新结合起来，进一步理顺中央和地方财政关系，在新形势下运用新机制发挥好地方的积极性和主动性，加强产权保护，改善营商环境，稳定市场预期，促进非公有制经济健康发展，继续在扩大消费和发展服务业的短板领域取得突破。完善金融机构的激励约束机制，保持融资的可持续性，拓展金融资源有效配置的领域和空间。

物价形势总体较为稳定。物价涨幅根本上取决于经济基本面状况和供求的相对变化。从上行推动因素看，国内经济总体企稳向好，叠加去产能推进、环保督查等因素的影响，通胀水平可能存在上升压力。2017年第三季度GDP平减指数为4.1%，涨幅较上季度扩大0.2个百分点。也要看到，当前全球主要经济体通胀水平多在低位运行，国内经济既有上行动力但也有下行压力，同时基数因素也可能使未来一段时期PPI同比涨幅放缓。综合来看，通胀预期大体保持稳定。中国人民银行第三季度城镇储户问卷调查显示，未来物价预期指数较上季度微降了0.1个百分点。对未来可能的不确定变化，亦须继续关注。

二、下一阶段主要政策思路

党的十九大报告明确指出，中国特色社会主义进入新时代，这是我国发展新的历史方位。我国社会主要矛盾已经转化为人民日益增长的美好生活需要和不平衡不充分发展之间的矛盾。我国经济已由高速增长阶段转向高质量发展阶段，正处在转变发展方式、优化经济结构、转换增长动力的攻关期，建设现代化经济体系是跨越关口的迫切要求和我国发展的战略目标。要着力构建市场机制有效、微观主体有活力、宏观调控有度的经济体制。下一阶段，中国人民银行要按照党中央和国务院要求，坚决贯彻落实好党的十九大精神和全国金融工作会议部署，坚持稳中求进工作总基调和宏观政策要稳、微观政策要活的总体思路，牢牢把握我国社会主要矛盾和经济发展阶段的变化，紧紧围绕服务实体经济、防控金融风险、深化金融改革三项任务，创新金融调控思路和方式，保持政策的连续性和稳定性，坚持质量第一、效益优化，实施好稳健中性的货币政策，并加强货币政策与其他相关政策协调配合，加快建设现代化经济体系，为供给侧结构性改革和高质量发展营造中性适度的货币金融环境。健全货币政策和宏观审慎政策双支柱调控框架，深化利率和汇率市场化改革，进一步完善调控模式，综合运用价、量工具加强预调微调，维护银行体系流动性基本稳定，疏通政策传导渠道和机制，推进建设普惠金融体系，围绕服务实体经济全面提升金融服务效率和水平。履行好国务院金融稳定发展委员会办公室职责，加强金融监管协调，牢牢守住不发生系统性金融风险的底线。

一是保持总量稳定，综合运用价、量工具和宏观审慎政策加强预调微调，调节好货币闸门。适应货币供应方式变化和金融创新发展，密切监测流动性形势和市场预期变化，灵活运用多种货币政策工具组合，合理安排工具搭配和操作节奏，“削峰填谷”维护流动性基本稳定，把握好保持流动性基本稳定和去杠杆之间的平衡；进一步完善宏观审慎政策框架，组织实施好宏观审慎评估，逐步探索将更多金融活动和金融市场纳入宏观审慎管理框架，引导金融机构做好流动性管理，保持货币金融环境的稳健和中性适度。

二是促进结构优化，支持经济结构调

整和转型升级。围绕实体经济全面提升金融服务效率和水平，继续优化流动性的投向和结构，强化信贷政策的导向作用，推进供给侧结构性改革，把更多金融资源配置到经济社会发展的重点领域和薄弱环节，促进融资便利化，降低实体经济成本。继续支持工业稳增长、调结构、增效益，全力推进制造强国建设金融服务，扎实做好钢铁、煤炭和煤电等去产能的金融服务。继续做好基础设施建设及铁路、船舶等重点行业和领域转型调整的金融服务，加大对养老、教育、健康等新消费领域的金融支持力度。统筹做好京津冀、“一带一路”、西部大开发等国家重大战略金融服务，推动区域经济协调发展。进一步发挥信贷资产证券化盘活存量的积极作用，推动经济提质增效和转型升级。扎实做好新型农业经营主体金融服务，稳妥推进“两权”抵押贷款试点，引导银行业金融机构进一步加大对农业基础设施、一二三产业融合、新型城镇化等重点领域的支持。健全金融扶贫工作机制，加大深度贫困地区金融扶贫工作力度，推进金融扶贫示范区建设，引导金融机构加大对贫困地区的信贷投放。完善“三农”和小微企业信贷政策导向效果评估，积极做好金融精准扶贫政策效果评估结果的运用，引导金融机构加大对薄弱环节的信贷支持。进一步加大对小微企业金融支持力度，改进和完善小微企业金融服务，开展小微企业应收账款融资专项行动，优化小微企业融资环境。进一步发挥金融职能作用，加大对创业创新、科技、文化、信息消费、战略性新兴产业等国民经济重点领域的支持力度。

三是进一步推进利率市场化和人民币汇率形成机制改革，提高金融资源配置效率，完善金融调控机制。进一步督促金融机构健全内控制度，增强自主合理定价能力和风险管理水平，从提高金融市场深度入手继续培育市场基准利率和完善国债收益率曲线，不断健全市场化的利率形成机制。探索利率走廊机制，增强利率调控能力，进一步疏通央行政策利率向金融市场及实体经济的传导。加强对金融机构非理性定价行为的监督管理，发挥好市场利率定价自律机制的重要作用，采取有效方式激励约束利率定价行为，强化行业自律和风险防范，维护公平定价秩序。进一步完善人民币汇率市场化形成机制，加大市场决定汇率的力度，增强人民币汇率双向浮动弹性，保持人民币汇率在合理均衡水平上的基本稳定。加快发展外汇市场，坚持金融服务实体经济的原则，支持金融机构为企业贸易和投融资活动提供合理、审慎、多样化的汇率风险管理服务。进一步深化外汇管理制度改革，促进贸易和投资便利化，支持人民币在跨境贸易和投资中的使用，积极发挥本币在“一带一路”建设中的作用。稳妥有序实现人民币资本项目可兑换，完善人民币跨境使用的政策框架和基础设施，坚持发展改革和风险防范并重。密切关注国际形势变化对资本流动的影响，完善对跨境资本流动的宏观审慎管理，防范跨境资本流动冲击，维护国家经济金融安全。

四是完善金融市场体系，切实发挥好金融市场在稳增长、调结构、促改革和防风险方面的作用。继续促进债券市场产品创新，推进资产证券化，满足市场主体多样化投融资需求，完善债券市场信息披露和信用评级制度建设，在维护金融安全的前提下，放宽境外金融机构的市场准入限制，在立足国情的基础上促进金融市场规则与国际标准进一步接轨和提高。继续推进债券二级市场发展，优化交易、清算、结算相关安排，进一步提升债券市场流动性，并推动完善会计、审计、税收等方面的配套政策，为投资者创造更加友好、便利的投资环境。加强金融市场基础设施建设和统筹管理，维护市场安全高效运行和整体稳定。加强债券市场管理协调和跨部门监管协作，切实发挥债券市场在提高直接融资比重、防范化解金融风险、优化资源配置方面的作用。

五是深化金融机构改革，通过增加供给和竞争改善金融服务。继续深化大型商业银行和其他大型金融企业改革，完善国有金融资本管理，完善现代金融企业制度，完善公司法人治理结构，规范股东大会、董事会、监事会与管理层关系，完善经营授权制度，形成有效的决策、执行、制衡机制，强化金融机构防范风险主体责任，既要塑造金融机构资产负债表的健康，也要促进公司治理、内控体系、复杂金融产品交易清算的健康。继续推动中国农业银行"三农金融事业部"深化管理体制和运行机制改革，密切监测评估改革成效，不断提高县事业部服务县域经济的能力和水平。推动全面落实开发性、政策性金融机构改革方案，会同有关单位根据改革方案要求和职责分工，抓紧做好健全治理结构、业务范围划分、完善风险补偿机制、制定审慎监管办法等后续工作，通过深化改革加快建立符合中国特色、能更好地为当前经济发展服务、可持续运营的开发性和政策性金融机构及其政策环境。继续推动资产管理公司转型发展。

六是立足金融服务实体经济本质要求，继续做好防范和化解金融风险工作，切实维护金融安全和稳定。坚持金融服务实体经济这个根本，努力畅通货币政策传导渠道和机制，保持总量稳定、促进结构优化。不断加强风险监测与评估，完善风险预警和应急处置机制，着力防范化解重点领域风险。加强对企业债务风险、银行资产质量和流动性变化情况、房地产市场、互联网金融、跨境资金流动、跨行业跨市场风险等领域的风险监测和防范。统一资产管理业务的标准规制，强化实质性和穿透式监管，按照产品类型而非机构类型统一规则，减少监管套利，按照穿透性原则强化宏观审慎管理和功能监管，实现监管全覆盖。加快出台金融控股公司监管规则，确立市场准入、资金来源、公司治理、资本充足、关联交易等监管要求，严格限制和规范非金融企业投资金融机构，从制度上隔离实业板块和金融板块，弥补监管制度短板。坚持积极稳妥去杠杆的总方针不动摇，在控制总杠杆率的前提下，把国有企业降杠杆作为重中之重，抓好处置"僵尸企业"工作，深入推进市场化法治化债转股。进一步规范地方政府举债融资，防范化解地方政府债务风险。履行好国务院金融稳定发展委员会办公室职责。加强金融监管协调，统筹政策力度和节奏，防止叠加共振。加强对系统重要性金融机构和金融基础设施的统筹监管，继续推进金融业综合统计和监管信息共享。加快完善存款保险风险监测和早期纠正机制，充分发挥存款保险市场化风险化解机制的作用。积极规范发展多层次资本市场体系，完善市场运行规则，健全市场化、法治化违约处置机制。坚持综合施策，有效处置金融风险点，牢牢守住不发生系统性金融风险的底线。

专栏4 健全货币政策和宏观审慎政策双支柱调控框架

党的十九大报告明确要求，健全货币政策与宏观审慎政策双支柱调控框架。这是反思国际金融危机教训并结合我国国情的重要部署，有助于在保持币值稳定的同时促进金融稳定，提高金融调控的有效性，防范系统性金融风险，切实维护宏观经济稳定和国家金融安全。

传统央行政策框架以货币政策为核心，主要关注的是经济周期和货币政策。经济周期一般指经济活动水平扩张与收缩的交替波动。传统宏观经济学侧重考虑资本、劳动等实际经济变量对经济周期波动的影响，认为市场竞争环境下价格有足够的灵活性来实现资源有效配置，因此物价稳定即可在较大程度上代表宏观经济稳定。在这样的背景下，货币政策的主要目标就是通过逆周期调节来平抑经济周期波动，维护物价稳定，这种框架对应对高通胀确实起到了良好的作用。但以CPI为锚的货币政策框架也存在缺陷，即使CPI较为稳定，资产价格和金融市场的波动也可能很大。例如，2003年至2007年次贷危机之前，全球经济处于强劲上升期，在此期间，全球CPI涨幅基本稳定，但同期初级商品价格和MSCI全球股指上涨超过90%，美国大中城市房价上涨超过50%，累积了巨大的风险。

国际金融危机促使国际社会更加关注金融周期变化，各国央行也认识到只关注以物价稳定等为表征的经济周期来实施宏观调控显然已经不够，央行传统的单一调控框架存在着明显缺陷，难以有效应对系统性金融风险，在一定程度上还可能纵容资产泡沫，积聚金融风险。比较而言，金融周期主要是指由金融变量扩张与收缩导致的周期性波动。评判金融周期，最核心的两个指标是广义信贷和房地产价格，前者代表融资条件，后者反映投资者对风险的认知和态度。由于房地产是信贷的重要抵押品，因此两者之间会相互放大，从而导致自我强化的顺周期波动。而广义信贷和资产价格还会通过资产负债表等渠道进一步把金融和实体经济联系起来。当经济周期和金融周期同步叠加时，经济扩张或收缩的幅度都会被放大；而当经济周期和金融周期不同步时，两者的作用方向可能不同甚至相反，会导致宏观调控政策的冲突和失效。中央银行仅借助货币政策工具难以有效平衡好经济周期和金融周期调控。

针对日益重要的金融周期问题，需要引入宏观审慎政策加以应对，弥补原有调控框架存在的弱点和不足，加强系统性金融风险防范。一是不同市场和经济主体之间差异很大，在部分市场还比较冷的同时，有的市场可能已经偏热，作为总量调节工具的货币政策难以完全兼顾不同的市场和主体；二是房地产等资产市场天然容易加杠杆，具有“买涨不买跌”的特征，容易出现顺周期波动和超调，这就使利率等价格调节机制难以有效发挥作用，需要宏观审慎政策对杠杆水平进行逆周期的调节。

健全宏观审慎政策框架并与货币政策相互配合，能够更好地将币值稳定和金融稳定结合起来。货币政策与宏观审慎政策都可以进行逆周期调节，都具有宏观管理的属性。货币政策主要针对整体经济和总量问题，侧重于物价水平的稳定，以及经济和就业增长；而宏观审慎政策则直接和集中作用于金融体系本身，能够“对症下药”，侧重于维护金融稳定和防范系统性金融风险，两者恰好可以相互补充和强化。

随着对宏观审慎政策重视程度的提高，国际金融危机以来，全球出现了将货币政策与宏观审慎政策更紧密融合的趋势，不少央行在实质上具备了货币政策和宏观审慎政策双支柱调控框架的内涵。例如，英国将货币政策、宏观审慎政策和微观审慎监管职能集中于央行，在已有货币政策委员会之外，设立了金融政策委员会负责宏观审慎管理；欧元区也逐步建立了以欧央行为核心、欧央行和各成员国审慎管理当局共同负责的宏观审慎政策框架，把宏观审慎政策和货币政策更紧密地结合在一起。

我国较早即开始了货币政策与宏观审慎政策相结合的探索和实践，并取得了较好效果。一方面，积极稳妥推动货币政策框架从数量型调控为主向价格型调控为主逐步转型，创新多种货币政策工具，保持流动性基本稳定，不断增强利率调控和传导能力。另一方面，着力建立和完善了宏观审慎政策框架，不少探索从全球看也具有创新性。一是在2011年正式引入差别准备金动态调整机制，其核心是金融机构的信贷扩张应与经济增长的合理需要及自身的资本水平等相匹配，也就是要求金融机构“有多大本钱就做多大生意”，不能盲目扩张和过度加杠杆。针对金融市场和金融创新的快速发展，2016年起将差别准备金动态调整机制“升级”为宏观审慎评估体系（MPA），将更多金融活动和资产扩张行为纳入宏观审慎管理，从七大方面对金融机构的行为进行引导，实施逆周期调节。之后又于2017年将表外理财纳入MPA广义信贷指标范围，以引导金融机构加强表外业务的风险管理； 2018年还将把同业存单纳入MPA同业负债占比指标考核。二是将跨境资本流动纳入宏观审慎管理范畴，从外汇市场和跨境融资两个维度，从市场加杠杆融资和以自有资金短期炒作两种行为模式入手，以公开、透明、市场化的手段进行逆周期调节，促进金融机构稳健经营，维护金融稳定。三是继续加强房地产市场的宏观审慎管理，形成了以因城施策差别化住房信贷政策为主要内容的住房金融宏观审慎政策框架。从政策落实情况看，当前银行体系流动性基本稳定，货币信贷和社会融资规模保持平稳增长，绝大多数银行业金融机构经营稳健，金融市场上的加杠杆和投机行为得到了一定程度抑制，企业和居民的正常融资需求也得到了保障。货币政策和宏观审慎政策相互配合，为供给侧结构性改革营造了中性适度的货币金融环境，同时较好地防范了系统性金融风险，维护了金融稳定，有力促进了宏观经济健康可持续发展。

下一步，按照党中央和国务院部署，

中国人民银行将继续健全货币政策和宏观审慎政策双支柱调控体系：继续完善货币政策框架，强化价格型调控和传导，继续深化利率和汇率市场化改革，发挥金融价格杠杆在优化资源配置中的决定性作用；继续完善宏观审慎政策框架，将更多金融活动、金融市场、金融机构和金融基础设施纳入宏观审慎政策的覆盖范围；完善货币政策和宏观审慎政策治理架构，推进金融治理体系和治理能力的现代化。

PART 1 Money and Credit Analysis

In Q3 2017, liquidity in the banking sector was generally stable. Money, credit, and all-system financing aggregates grew at a steady and rapid pace. Lending structures continued to improve, interest rates were generally stable, and exchange rates became more flexible.

I. Monetary aggregates grew steadily

At end-September, outstanding M2 stood at RMB165.6 trillion, up by 9.2 percent year on year, and representing a deceleration of 0.2 percentage point from end-June. Outstanding M1 stood at RMB51.8 trillion, up by 14.0 percent year on year and decelerating by 1.0 percentage point from end-June. Outstanding M0 reached RMB7.0 trillion, an increase of 7.2 percent year on year. On a net basis, the PBC injected RMB144.5 billion of cash into the system during the first three quarters of the year, which was RMB40.7 billion less than that during the same period of the last year.

The slowdown in M2 growth can be attributed to factors such as financial deleveraging and the high comparison base of the previous year. Efforts to control internal leveraging in the financial system have been the main reason for the deceleration of M2 since 2017. During Q3 of 2017, the increase in equity and other investments by financial institutions declined significantly year on year, dragging down the growth of M2 by a cumulative 1.0 percentage point. In addition, supported by the strong growth of fiscal revenue, fiscal deposits increased notably, which also played a role in the deceleration of M2. In the long run, slower M2 growth might become the new normal as the deleveraging unfolds and the financial sector increasingly focuses on

Figure 1 Growth of Money Supply

Source: The People's Bank of China.

serving the real economy. Meanwhile, it is noteworthy that monetary aggregates are now subject to more complicated factors; therefore it has become increasingly difficult to measure and control M2, which is less relevant to the real economy. The significance of M2 growth has weakened significantly. As a result, it is not necessary to focus too much on changes in M2.

Base money stood at RMB30.6 trillion, which represented a decrease of RMB77.5 billion from the beginning of the year. The money multiplier was 5.41, which was 0.04 higher than that at end-June. The overall excess reserve ratio of financial institutions was 1.3 percent, and that of rural credit cooperatives was 8.1 percent.

II. RMB deposits in financial institutions maintained stable growth

At end-September, outstanding deposits of domestic and foreign currencies in all financial institutions posted RMB167.4 trillion, up 9.5 percent year on year and representing a deceleration of 0.1 percentage point from end-June. This marked an increase of RMB11.9 trillion from the beginning of the year, which was RMB1.3 trillion less than the increase during the same period of the last year. Outstanding RMB deposits registered RMB162.3 trillion, up by 9.3 percent year on year and an acceleration of 0.1 percentage point from end-June. This represented an increase of RMB11.7 trillion from the beginning of the year, which was RMB1.1 trillion less than the increase during the same period of the last year. Outstanding deposits in foreign currencies stood at USD774.5 billion, an increase of USD61.5 billion from the beginning of the year, which was USD23.7 billion more than the increase during the same period of the last year.

In terms of the maturities of RMB deposits, the share of demand deposits declined. During the first three quarters of 2017, demand deposits accounted for 30.1 percent of new deposits by households and non-financial enterprises, which was 12.5 percentage points less than that during the same period of the last year. Broken down by sectors, deposits by households and non-financial enterprises registered a

Table 1 Structure of RMB Deposits during the First Three Quarters of 2017

Unit: RMB100 million, %

	Deposits at end-September	YOY growth	New deposit in the year	YOY acceleration
RMB deposits	1,622,758	9.3	116,834	-11,267
Deposits of households	642,591	8.4	44,808	-1,985
Deposits of non-financial enterprises	521,823	8.6	20,322	-30,293
Deposits of government	308,039	10.9	37,379	2,140
Deposits of non-banking financial institutions	139,681	12.7	12,398	16,054
Overseas deposits	10,624	2.7	1,927	2,816

Source: The People's Bank of China.

deceleration of RMB198.5 billion and RMB3.0 trillion respectively year on year, whereas deposits by non-banking financial institutions recorded an acceleration of RMB1.6 trillion year on year.

III. Lending by financial institutions grew rapidly

At end-September, outstanding loans in domestic and foreign currencies of all financial institutions posted RMB123.2 trillion, up 12.5 percent year on year and a deceleration of 0.2 percentage point from end-June. This was an increase of RMB11.1 trillion from the beginning of the year, which was RMB984.7 billion more than the increase during the same period of the last year. At end-September, outstanding RMB loans registered RMB117.8 trillion, an increase of 13.1 percent year on year, which was 0.2 percentage point higher than that at end-June. Compared with the beginning of the year, outstanding RMB loans increased by RMB11.2 trillion, RMB998 billion more than the growth in the corresponding period last year. Credit maintained a strong momentum of expansion. First, as the supply-side structural reforms unfolded, the economy was growing at an increasingly stable pace and the economic outlook was improving. In September, the manufacturing PMI reached a new high in nearly five years. Second, some enterprises transformed their debts into loans as a large amount of their bonds matured. Third, considering that regulators had recently tightened regulation of the banks' inter-bank businesses, off-balance-sheet businesses, and channel businesses, the demand for funds changed from non-standard debt-based assets to loans. Fourth, as the issuance of local government bonds slowed down, the role of local government debt swaps as a substitute for loans weakened.

In terms of the maturities of RMB loans, the share of new medium- and long-term RMB loans increased. Compared with the beginning of the year, medium- and long-term RMB loans increased by RMB9.7 trillion, representing an acceleration of RMB2.3 trillion year on year and accounting for 87.1 percent of the total new loans, up by 13.9 percentage points from the same period of the last year. There was a notable slowdown in medium- and long-term RMB lending to industries that were affected by overcapacity. Broken down by sectors, RMB loans to the household sector continued to slow down from their previous high levels, growing by 23.2 percent at end-September, which was 1.4 percentage points and 0.7 percentage point lower than the growth at end-March and end-June respectively. In particular, the growth of mortgage loans moderated to 26.2 percent at end-September, which was 10.6 percentage points lower than its highest level in 2017. Since March of this year, new mortgage loans each month have been lower as compared with the same month of the last year. In the first three quarters of the year, new mortgage loans registered RMB3.2 trillion, representing a deceleration of RMB424.7 billion year on year and accounting for 28.7 percent of the total new RMB loans, down by 7.0 percentage points compared with the same period of the last year. In contrast, non-mortgage consumer loans increased significantly, adding RMB1.9 trillion in the first three quarters of the year.

Table 2 Structure of RMB Loans during the First Three Quarters of 2017

Unit: RMB100 million, %

	Outstanding amount at end-September	YOY growth	Increase from the beginning of the year	YOY acceleration
RMB loans	1,177,617	13.1	111,574	9,980
Loans to households	391,026	23.2	57,322	10,105
Loans to non-financial enterprises, government departments and organizations	775,678	9.2	57,253	4,592
Loans to non-banking financial institutions	6,579	-31.8	-2,963	-4,075
Overseas loans	4,335	15.2	-38	-642

Source: The People's Bank of China.

Table 3 New RMB Loans by Financial Institutions during the First Three Quarters of 2017

Unit: RMB100 million

	New loans	YOY acceleration
Chinese-funded large-sized banks [1]	45,250	2,927
Chinese-funded small- and medium-sized banks[2]	59,285	2,373
Small-sized rural financial institutions[3]	13,765	2,512
Foreign-funded financial institutions	1,228	473

Notes: 1. Chinese-funded large-sized banks refer to banks with total assets (both in domestic and foreign currencies) of RMB2 trillion or more (according to the amount of total assets in both domestic and foreign currencies at end-2008).
2. Chinese-funded small- and medium-sized banks refer to banks with total assets (both in domestic and foreign currencies) of less than RMB2 trillion (according to the amount of total assets in both domestic and foreign currencies at end-2008).
3. Small-sized rural financial institutions include rural commercial banks, rural cooperative banks, and rural credit cooperatives.
Source: The People's Bank of China.

This was an acceleration of RMB1.1 trillion compared with the same period of the last year. Loans to non-financial enterprises and government departments and organizations grew rapidly, adding RMB5.7 trillion from the beginning of the year and an acceleration of RMB459.2 billion from the same period of the last year. Broken down by type of institution, all types of institutions registered stronger lending growth. During the first three quarters of the year, new loans by Chinese-funded large-sized banks, small- and medium-sized banks, and small-sized rural financial institutions increased by RMB292.7 billion, RMB237.3 billion, and RMB251.2 billion respectively on a year-on-year basis.

Loans in foreign currencies increased considerably. At end-September, outstanding foreign-currency loans of all financial institutions stood at USD816.3 billion, representing an increase of USD30.5 billion from the beginning of the year and an acceleration of USD56.4 billion year on year. In terms of the use of loans, short-term loans to non-financial enterprises and government departments and organizations decreased by USD4.8 billion from the beginning of the year, a deceleration of USD65.5 billion; external loans increased by USD34.7 billion from the beginning of the year, a deceleration of USD9.7 billion.

IV. All-system financing aggregates grew at a rapid pace

According to preliminary statistics, outstanding all-system financing aggregates reached RMB171.23 trillion at end-September, up 13 percent year on year and representing an acceleration of 0.5 percentage point from the corresponding period last year. During the first three quarters of 2017, incremental all-system financing aggregates reached RMB15.67 trillion, up RMB2.21 trillion year on year. Incremental all-system financing aggregates were characterized by the following: First, growth of RMB loans to the real economy registered a year-on-year acceleration. During the first three quarters, RMB loans to the real economy increased by RMB11.46 trillion, an acceleration of RMB1.46 trillion from the same period of the last year and accounting for 73.2 percent of the incremental all-system financing aggregates. Second, growth of trust loans and undiscounted bankers' acceptance bills registered a significant year-on-year acceleration, whereas growth of entrusted loans registered a considerable year-on-year deceleration. In Q3 2017, trust loans increased RMB1.79 trillion, representing an acceleration of RMB1.31 trillion from the same period of the last year; undiscounted bankers' acceptance bills increased by RMB465.9 billion, representing an acceleration of RMB2.52 trillion; and entrusted loans increased by RMB684.5 billion, representing a deceleration of RMB827.9 billion. Third, the volume and share of corporate bond financing and stock financing registered a significant year-on-year decrease. During the first three quarters, corporate bond financing registered RMB158.3 billion, which represented a year-on-year decrease of RMB2.44 trillion, and equity financing by non-financial companies recorded RMB641.0 billion, which was a year-on-year decrease of RMB319.2 billion.

Table 4 Stocks of All-system Financing Aggregates at End-September, 2017

Unit: RMB1 trillion, %

	All-system financing aggregates[1]	Of which:						
		RMB loans	Foreign-currency denominated loans (RMB equivalent)	Entrusted loans	Trust loans	Undiscounted bankers' acceptances	Enterprise bonds	Financing by domestic institutions via the domestic stock markets
End-Sept. 2017[2]	171.23	116.65	2.48	13.88	8.06	4.37	18.21	6.43
YOY change	13.0	13.5	-5.7	10.8	35.9	14.8	5.2	17.1

Notes: 1. Stocks of all-system financing aggregates refer to the total outstanding volume of financing provided by the financial system to the real economy (the non-financial corporate sectors and the household sectors in the domestic market) at the end of a certain period of time.

2. Data for the current period are preliminary. Stocks are based on the book value or the face value. The year-on-year change is annualized and based on comparable data.

Sources: The People's Bank of China, National Development and Reform Commission, China Securities Regulatory Commission, China Insurance Regulatory Commission, China Central Depository & Clearing Co., Ltd., National Association of Financial Market Institutional Investors, and so forth.

Table 5 Increments in All-system Financing Aggregates during the First Three Quarters of 2017

Unit: RMB100 million

	Incremental all-system financing aggregates[1]	Of which:						
		RMB loans	Foreign-currency denominated loans (RMB equivalent)	Entrusted loans	Trust loans	Undiscounted bankers' acceptances	Enterprise bonds	Financing by domestic institutions via the domestic stock markets
First Three Quarters of 2017[2]	156,660	114,599	-305	6,845	17,857	4,659	1,583	6,410
YOY change	22,090	14,643	4,301	-8,279	13,062	25,150	-24,406	-3,192

Notes: 1. An increment in all-system financing aggregates refers to the total volume of financing provided by the financial system to the real economy (the non-financial corporate sectors and the household sectors in the domestic market) during a certain period of time.

2. Data for the current period are preliminary.

Sources: The People's Bank of China, National Development and Reform Commission, China Securities Regulatory Commission, China Insurance Regulatory Commission, China Central Depository & Clearing Co., Ltd., National Association of Financial Market Institutional Investors, and so forth.

V. Interest rates for deposits and loans remained stable

In September, the weighted average interest rate for loans offered to non-financial enterprises and other sectors were 5.76 percent, an increase of 0.09 percentage point compared with that in June. In particular, the weighted average interest rate for ordinary loans posted 5.86 percent, up 0.15 percentage point from June; the weighted average bill financing rate posted 4.98 percent, down 0.41 percentage point from June. Interest rates for mortgage loans edged up, with the weighted average interest rate posting 5.01 percent in September, up 0.32 percentage point from June.

Broken down by the floating range, the share of loans with interest rates above, at, or below the benchmark rate remained stable. In September, the share of loans with interest rates lower than the benchmark rate was 13.69 percent, down 2.44 percentage points from June; the share of loans with interest rates at the benchmark rate was 18.17 percent, down 1.30 percentage points from June; and the share of loans with interest rates higher than the benchmark rate was 68.14 percent, up by 3.74 percentage points from June.

Against the background of interest rate fluctuations in international financial markets and changes in the supply and demand of foreign currencies in the domestic market, the interest rates for foreign-currency deposits and loans increased slightly. In September, the weighted average interest rates for large-value USD demand deposits registered 0.20 percent, down 0.02 percentage point from June; the weighted average interest rates for deposits with maturities within 3 months registered 1.55 percent, up 0.14 percentage point from June. The weighted average interest rates for USD loans with maturities within 3 months and with maturities between 3 months (including 3 months) and 6 months posted 2.48 percent and 2.69 percent respectively, up 0.05 percentage point and 0.24 percentage point respectively from June.

Table 6 Shares of Loans with Rates at, above, or below the Benchmark Rate, January through September 2017

Unit: %

Month	Lower than the benchmark	At the benchmark	Higher than the benchmark					
			Subtotal	(1.0,1.1]	(1.1,1.3]	(1.3,1.5]	(1.5,2.0]	Above 2.0
January	23.87	19.41	56.72	14.53	16.04	9.24	10.43	6.48
February	27.64	18.55	53.81	15.12	15.14	8.17	9.12	6.27
March	23.30	18.13	58.57	14.19	16.17	9.83	10.76	7.62
April	21.41	17.71	60.88	15.23	17.60	9.75	10.83	7.46
May	20.70	18.11	61.19	14.76	17.68	10.27	11.11	7.37
June	16.13	19.47	64.39	15.12	19.06	11.77	11.45	6.99
July	12.96	18.93	68.11	15.08	19.98	12.37	12.45	8.22
August	13.44	17.85	68.72	15.04	19.14	12.88	12.99	8.67
September	13.69	18.17	68.14	14.86	19.79	12.69	12.73	8.07

Source: The People's Bank of China.

Table 7 Average Interest Rates of Large-value Deposits and Loans Denominated in US Dollars, January through September 2017

Unit: %

Month	Large-value deposits						Loans				
	Demand deposits	Within 3 months	3-6 months (including 3 months)	6-12 months (including 6 months)	1 year	More than 1 year	Within 3 months	3-6 months (including 3 months)	6-12 months (including 6 months)	1 year	More than 1 year
January	0.20	1.05	1.59	1.88	2.03	2.19	2.03	2.32	2.19	2.21	3.80
February	0.20	1.05	1.57	1.89	2.13	2.24	1.95	2.30	2.02	2.28	4.07
March	0.22	1.14	1.68	2.01	2.25	2.24	2.17	2.32	2.26	2.38	3.90
April	0.25	1.22	1.59	2.02	2.14	2.25	2.31	2.45	2.42	2.55	3.22
May	0.22	1.39	1.73	2.51	2.09	2.25	2.67	2.77	2.61	2.58	3.48
June	0.22	1.41	1.93	2.02	2.35	1.87	2.43	2.45	2.71	2.46	3.50
July	0.19	1.50	1.93	2.18	2.30	2.28	2.55	2.70	2.89	2.57	3.53
August	0.21	1.46	1.95	2.05	2.28	2.61	2.45	2.67	2.79	2.89	3.92
September	0.20	1.55	1.97	2.30	2.35	2.26	2.48	2.69	2.54	3.07	3.85

Source: The People's Bank of China.

VI. The RMB exchange rate was more flexible in terms of two-way fluctuations

During Q3, as the USD weakened most of the major currencies appreciated against the USD, and the RMB exchange rate also strengthened against the USD. Supported by an exchange-rate mechanism that has become more rule-based, transparent, and market-oriented, the flexibility of the RMB exchange rate against the USD was further strengthened, with stronger two-way fluctuations. Exchange-rate expectations remained generally well anchored. At the end of September, the CFETS RMB exchange-rate index closed at 94.34, down by 0.52 percentage point from the end of 2016; the RMB exchange-rate index based on the Bank for International Settlements (BIS) basket and the SDR basket closed at 95.25 and 94.88 respectively, depreciating by 1.03 percent and 0.65 percent respectively from the end of the last year. According to calculations by the BIS, the NEER and the REER of the RMB depreciated by 0.78 percent and 1.34 percent respectively during the first three quarters of 2017. From the reform of the RMB exchange-rate regime in 2005 to end-September 2017, the NEER and the REER of the RMB appreciated by 36.31 percent and 45.16 percent respectively. At end-September 2017, the central parity of the RMB against the USD was 6.6369, an appreciation of 3,001 basis points, or 4.52 percent, from the end of 2016. From the reform of the RMB exchange-rate regime in 2005 to end-September 2017, the RMB appreciated by a cumulative 24.70 percent against the USD.

VII. Cross-border RMB receipts and payments fell on a year-on-year basis

During the first three quarters of 2017, cross-border receipts and payments in RMB totaled RMB6.11 trillion, a decrease of 18.3 percent year on year. In particular, RMB receipts and payments registered RMB2.93 trillion and RMB3.18 trillion respectively, resulting in a net outflow of RMB244.45 billion and a receipt-to-payment ratio of 1 : 1.09. RMB cross-border receipts and payments under the current account posted RMB3.23 trillion, down by 19.7 percent year on year. In particular, settlements of trade in goods registered at RMB2.41 trillion, whereas settlements of trade in services and other items registered at RMB820.92 billion. Receipts and payments under the capital account totaled RMB2.87 trillion, down by 16.6 percent year on year.

Figure 2 Monthly RMB Payments and Receipts under the Current Account

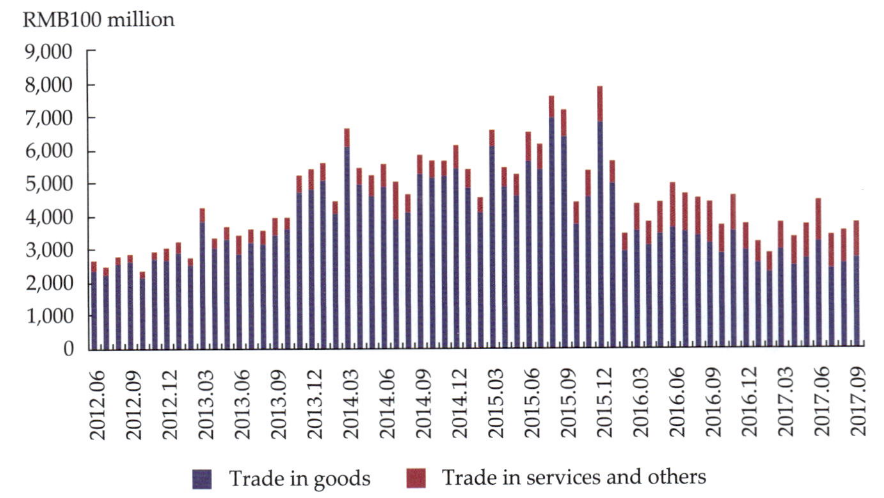

Source: The People's Bank of China.

PART 2 Monetary Policy Operations

During Q3 of 2017, the Chinese economy was generally stable, with improvements in the economic structure and enterprise performance, a larger contribution of external demand to economic development, a slight upward trend in prices, obvious progress in real estate de-stocking, and slower growth of the leverage ratio. In accordance with the overall arrangements of the Central Committee of the Communist Party of China and the State Council, the PBC maintained a prudent and neutral monetary policy, building favorable monetary and financial environments for efforts to stabilize growth, restructure the economy, advance the reforms, improve the people's livelihood, reduce the leverage ratio, contain bubbles, and prevent risks.

I. Open market operations were conducted in a flexible manner

The impact of foreign exchange factors on the medium- and long-term liquidity in the banking system almost faded during Q3 2017. Yet, seasonal and temporary factors represented larger shocks and exacerbated fluctuations in market expectations and market liquidity. As required by the prudent monetary policy, the PBC closely monitored changes in liquidity and market expectations, enhanced preemptive fine-tunings and communications with the market, conducted open market operations in a flexible manner, and maintained liquidity in the banking system at a neutral and stable level.

First, in light of the changes in the money supply and in consideration of the fact that financial institutions must pay required deposit reserves, the PBC used the Medium-term Lending Facility on a monthly basis to address shortages of medium- and long-term liquidity in the banking system. Second, the PBC adopted forward-looking assessments of seasonal and temporary factors by tightening and releasing liquidity, and it improved the flexibility of cash injections and withdrawals through repos. The amount of cash injections and withdrawals by the PBC reflects measures to mitigate liquidity volatility by addressing excesses and shortages, with the aim of ironing out liquidity disruptions due to various factors, but it does not represent a change in the monetary policy stance. Third, management of market expectations was enhanced. Based on routine daily repo operations, the PBC promptly informed the market regarding factors affecting the liquidity in the banking system and the purpose of its operations in its *Announcement of Open Market Activities* to improve the transparency of monetary policy. During Q3, open market bidding interest rates and interest rates on the money market remained stable. The 7-day repo rate (DR007) was generally moving within a range of 2.75 to 3.0 percent, and market expectations remained stable. The movement of interest rates should be observed from a longer-term perspective. Market interest rates were elastic due to factors such as the release of economic data, adjustments of market expectations, and market transactions, and short-term fluctuations did not necessarily reflect medium- and long-term. Taking into consideration fiscal and regulatory factors, short-term interest rates in the money market are more volatile during the middle of each month and at the end of each quarter. These fluctuations mainly reflect seasonal and temporary factors and will wane substantially thereafter. Therefore, movements of interest rates within a certain range are reasonable. However, market players should increasingly strengthen an awareness to prevent liquidity risks by making good plans, in particular, forward-looking plans, to secure the sources of funds at the end of each quarter. A mismatch of adopting overnight borrowing to address the shortage of medium- and long-term liquidity and an aggressive trading strategy of over-leveraging are undesirable.

The PBC conducted 2-month repos in late October, with the aim of ironing out seasonal disruptions caused by fiscal factors which featured strong growth of treasury funds at the beginning of each quarter and large fiscal expenditures at the end of each quarter and at the end of the year in terms of Chinese revenue and expenditures. Given that a large amount of treasury funds will be collected in October and a sizable amount of treasury bonds and local government bonds will be issued in October and November, these treasury funds will not scale up liquidity until mid- and late December. The 2-month repos conducted by the central bank can offset the influence of the tax calendar and the issuance of government bonds, reducing pressures on the central bank to repeatedly conduct repos with short-term maturities, and it can also offset the massive fiscal expenditures at the end of the year after their maturity, addressing liquidity excesses and shortages for a longer period. The 2-month repos can also supply cross-quarter and cross-year funds in advance and improve the stability of the funds, thereby stabilizing market expectations. In addition, they can strengthen the willingness of market players to provide longer-term funds, which will help optimize the maturity structure of market interest rates. In accordance with the existing money supply, 7-day repos will be the PBC's key tool, complemented by tools with maturities of 14 days, 28 days, and 2 months, to maintain liquidity in the banking system at a basically stable level.

II. Standing Lending Facility (SLF) and Medium-term Lending Facility (MLF) operations

Based on the need to manage monetary policy as well as to manage liquidity in the banking system, the PBC comprehensively employed a mix of monetary policy instruments, including the MLF and the SLF, to further enhance its flexibility and effectiveness in managing liquidity and in maintaining stable liquidity in the banking system.

SLFs were conducted to fully cover the short-term liquidity needs of locally incorporated financial institutions, to promote the steady functioning of the money market, and to leverage the role of the SLF rate as the ceiling of the interest-rate corridor. During the first three quarters of 2017, the PBC conducted a total of RMB423.8 billion of SLF operations, including RMB116.9 billion in Q3, and by end-September the outstanding volume of SLFs posted RMB63.7 billion. SLF interest rates at the end of Q3 were at the same level as those at the end of Q2, and the overnight, 7-day, and 1-month interest rates registered 3.30 percent, 3.45 percent, and 3.80 percent respectively.

MLFs were conducted on a monthly basis as necessary to promote steady economic growth and to ensure a supply of base money in consideration of the liquidity demands of financial institutions. MLF operations during the first three quarters of 2017 reached a cumulative RMB3,951.5 billion, including RMB1,057.5 billion in Q3, and the outstanding volume posted RMB4,354.0 billion at end-September, an increase of RMB896.7 billion from the beginning of the year. MLFs have been an important channel for the PBC to inject base money to serve as an effective means to bridge the mid-to-long-term liquidity gap in the banking system. MLF operations were conducted through auctions, and the auction prices for 1-year MLFs during Q3 posted at 3.20 percent.

III. Announcement of implementation of a cut in the targeted Reserve Requirement Ratio (RRR) for inclusive finance

According to the arrangements of the State Council, the PBC announced that it will implement targeted RRR cuts for financial institutions that had reached a certain level of lending in the finance sector in September 2017. This decision reflected an expansion of the policy of targeted RRR cuts that was previously implemented in relation to micro and small enterprises and the agricultural sector, rural areas, and farmers and other inclusive financial sectors, including loans for poverty alleviation, mass entrepreneurship, and innovation, thus making the coverage of the policy more comprehensive and diversified. At the same time, the previous policy of targeted RRR cuts was optimized to focus on micro and small enterprise loans with a credit line for a single client below RMB5 million, operating loans to businesses established by self-employed individuals, operating loans to small and micro enterprise owners, production and operating loans to farmer households, guaranteed loans for start-ups, consumer loans to people registered in the poverty document, and student loans. The accuracy and effectiveness of the policy have been significantly improved. In terms of its implementation, the policy of targeted RRR cuts has retained the previous policy framework under which the assessment criteria fall into two levels.

In general, the policy of targeted RRR cuts for inclusive financial sectors has put in place a positive incentive mechanism for increasing lending for financial inclusion, helping channel more financial resources to inclusive finance and further optimize the credit structure. The targeted RRR cuts for the financial sector are a replacement for and an optimized policy vis-a-vis the former policy but they will not alter the sound monetary policy stance. The liquidity in the banking system will remain basically stable.

IV. Further improvements and counter-cyclical adjustments of the macro-prudential policy

The 5th National Financial Work Conference was held in July 2017. It emphasized that the prevention of financial risks is one of the three most important finance tasks and it required that measures be taken to facilitate the establishment of a macro-prudential framework, set up the Financial Stability and Development Commission under the State Council, and to reinforce the responsibilities of the PBC for macro-prudential management and prevention of systemic risks. It was explicitly stated in the report at the 19th National Congress of the Communist Party of China that measures will be adopted to improve the financial management framework, which is supported by two pillars: monetary policy and macro-prudential policy.

The Macro-Prudential Assessment (MPA) is an important means and attempt by the Chinese government to build and improve the macro-prudential policy framework and an important tool and measure for the PBC to intensify its work in preventing systemic financial risks, playing a significant role in warding off systemic financial risks and maintaining financial stability. Since implementation of the MPA more than one year ago, the PBC has been making active efforts to conduct MPA assessments, guiding financial institutions to intensify self-restraint and self-discipline mechanisms, facilitating the healthy operation of financial institutions, enhancing the sustainability of financial support to the real economy, and successfully safeguarding the bottom line of preventing systemic financial risks. In light of changes in the situation and the demand for adjustments and control, since Q1 of 2017 the PBC has been improving the MPA and it has included off-balance-sheet wealth management businesses in the broad credit indicator when conducting MPA assessments. At the same time, the PBC has been focusing on preparatory work to include inter-bank certificates of deposit when assessing the indicator of the inter-bank liability ratio during Q1 of 2018 and it has been exploring the possibility of including green credit in the MPA.

On September 8, 2017, the PBC announced the decision to adjust the reserve requirement ratio for foreign exchange and it adopted a policy that required foreign financial institutions located on the Chinese Mainland to set aside reserves at the normal reserve requirement ratio. The PBC cut the reserve requirement ratio for foreign exchange to zero and eliminated reserves set aside for deposits by foreign financial institutions operating in China. Both policies were formulated two years ago, when the RMB exchange rate was volatile and there was pro-cyclicality in capital flow, with the aim of carrying out counter-cyclical adjustments of the foreign-exchange market by virtue of macro-prudential tools, and the market expectations were effectively stabilized. Since the beginning of 2017, with advances in the supply-side structural reforms and efforts to streamline government administration and to delegate powers and an innovation-driven development strategy, economic restructuring has been accelerating, new growth drivers have been gaining momentum, and stability and coordination of economic growth have been further enhanced. At the same time, the market players have reasonable differences of views on the trends in the major currencies, and market expectations are expected to stabilize. Driven by economic fundamentals, cross-border capital flows have maintained a more balanced relation with the supply and demand for foreign exchange in China. The RMB has moved in both directions against the USD and it has remained basically stable against a basket of currencies. In the context of a shift to neutral market conditions, it is necessary to readjust the counter-cyclical macro-prudential measures that were introduced earlier to curb the pro-cyclical fluctuations in the foreign-exchange market and to push for a return to neutral measures, to intensify the price discovery function of the foreign-exchange market, and to improve market liquidity so as to provide better services to meet the demands of the real economy and to boost sustainable, coordinated, and steady economic development.

V. Stronger credit support to key areas and weak sectors in the economy

The PBC made concerted efforts to encourage financial institutions to increase their support for small and micro businesses, agriculture, rural areas, rural households, renovation of shanty towns, and other key areas and weak sectors in the economy by using tools such as central-bank lending, central-bank discounts, and Pledged Supplementary Lending (PSL). At end-September, outstanding central-bank loans for agriculture, small businesses, and poverty alleviation posted RMB240.1 billion, RMB82.3 billion, and RMB146.5 billion respectively. Outstanding central-bank discounts for poverty alleviation stood at RMB150.4 billion.

The PSL was used to extend credit to China Development Bank (CDB), the Export-Import Bank of China (China EximBank), and Agricultural Development Bank of China (ADBC) to support their lending for the renovation of shanty towns, key hydraulic projects, and projects to support the overseas operations of Chinese enterprises. The PBC provided RMB483.9 billion of PSL to the above three policy banks during the first three quarters, including RMB125.4 billion in Q3, and at end-September the outstanding volume of PSL posted RMB2,536.5 billion.

VI. Playing a leading role in the structure of the credit policy

The PBC made active efforts to explore and assume the role of guiding the credit structure through credit policies to support economic restructuring, industrial transformation, and upgrading. To support the five major tasks of removing excess capacity, reducing inventories, deleveraging, reducing costs, and shoring up weak spots, the PBC actively encouraged financial institutions to promote the development of inclusive financial services and focused on guiding financial institutions to mobilize the stock of credit assets, improve the use of new loans, appropriately utilize central bank financial support, and explore new models for organizational structures, collateral, products, and services so as to allocate more credit resources to key areas and weak sectors of the economy, thus providing better services to meet the demands of the real economy and the people's livelihood. First, banking institutions were encouraged and guided to provide comprehensive support to build China into a manufacturing power; to continue providing proper financial services for strategic industrial restructuring, infrastructure development, and reform and development in key areas, such as shanty town renovations, underground utility tunnels, ship-building, railways, logistics, and energy; and to step up financial support for new priorities in consumption, such as retirement services and healthcare. Second, the PBC urged banking institutions to implement various policies to provide financial support to address the overcapacity in the coal, steel, and coal-fired power-generation sectors. It also improved the policies to support green financing and stepped up efforts to develop green financing. Third, the PBC provided financial support for national strategies, which include the Coordinated Development Plan of the Beijing-Tianjin-Hebei Area, the Belt and Road Initiative, Development of the Yangtze River Economic Belt, and the Western China Development Drive, aiming to continuously provide better financial services to promote coordinated regional development. Fourth, financial services designed for targeted poverty-reduction programs were further promoted. The PBC held a seminar on financial support for poverty alleviation in deeply impoverished areas and encouraged financial institutions to focus on these areas, assessed the effects of targeted poverty-reduction through financial support so as to press for the enforcement of poverty-reduction policies, strengthened the collection and management of funds for poverty alleviation by relocation with the aim of ensuring smooth implementation of the relocation, and made overall arrangements for information-sharing, statistical monitoring, and data analysis of poverty-reduction programs. Fifth, the PBC took stock of and assessed the pilot program of loans collateralized with the operational rights of contracted land and rural housing property, and urged and guided financial institutions to shore up efforts in areas such as work deployment, institutional arrangements, resource distribution, and product innovation, thus promoting the development of financing for modern agriculture. Sixth, financial support for small and micro enterprises was enhanced. The PBC encouraged financial institutions to further strengthen and improve financial services for small businesses in collaboration with the relevant authorities, carried out special projects for accounts-receivable financing of small businesses to constantly diversify financing channels for enterprises, thus promoting benign interactions between financing and the real economy. Seventh, the PBC promoted implementation of guaranteed lending to start-up firms, optimized policy measures related to financial support for mass entrepreneurship and innovation, and boosted the entrepreneurship and employment of key groups and those with difficulties. Eighth, the PBC spared no efforts to improve financial services related to weak links and vulnerable groups, such as aid for education, ethnic minority regions, and college graduates turned village officials. Moreover, the mechanism to assess the effectiveness of guiding credit policies was improved, and the credit-asset securitization program was further promoted to revitalize the stock of credit assets.

VII. Improving the market-based RMB exchange-rate regime

The CNY/USD central parity formation mechanism of "closing rate + exchange-rate movements against a basket of currencies + the counter-cyclical factor" continued to operate in an orderly manner. The flexibility of the CNY/USD exchange rate further improved and two-way movements became more obvious. Exchange-rate expectations were generally stable.

During Q3, the highest and lowest central parities of the RMB against the USD were RMB6.4997 and RMB6.7983 respectively. During the 65 trading days, the RMB appreciated on 35 days and depreciated on 30 days. The largest daily appreciation and depreciation were 0.46 percent (305 bps) and 0.43 percent (280 bps) respectively.

The RMB exchange rate against the euro, the Japanese yen, and other major currencies was mixed. At end-September, the central parities of the RMB against the euro and the Japanese yen stood at RMB7.8233 per euro and RMB5.9089 per 100 yen, depreciating by 6.60 percent and appreciating by 0.85 percent respectively from the end of 2016. From the exchange-rate reform in 2005 to end-September 2017, the RMB appreciated by a cumulative 28.00 percent against the euro and a cumulative 23.64 percent against the Japanese yen.

At end-September, under the bilateral currency swap agreements between the PBC and foreign monetary authorities, the latter utilized a total of RMB22.167 billion and the former used foreign currencies equivalent to USD1.483 billion. These swap agreements have played a positive role in promoting bilateral trade.

VIII. Deepening the reform of financial institutions

The reform plan for development and policy financial institutions has been fully implemented. The PBC has played an

Table 8 The Trading Volume of the RMB against Foreign Currencies in the Inter-bank Foreign Exchange Spot Market in Q3 of 2017

Unit: RMB100 million

Currency	USD	EUR	JPY	HKD	GBP	AUD	NZD	SGD	CHF	CAD	MYR	RUB
Trading volume	113,663.23	1,544.87	719.51	815.62	168.40	251.65	50.68	23.17	36.32	107.42	10.96	24.28
Currency	ZAR	KRW	AED	SAR	HUF	PLN	DKK	SEK	NOK	TRY	MXN	
Trading volume	0.82	141.28	0.36	1.73	0.08	0.00	10.23	13.19	5.86	0.00	0.00	

Source: China Foreign Exchange Trade System.

active role in coordinating reform efforts by convening working group meetings on a number of occasions to steadily promote implementation of the reform plan of CDB, China EximBank, and ADBC. Capital injections to CDB and China EximBank, and amendments to the articles of association of the three policy banks, have been finalized. The PBC, together with the members of the working group on reforms, is gradually carrying out reform measures, such as establishing and improving the role of the board of directors and the governance structure and clarifying the business boundaries. The PBC is also cooperating with the relevant departments in an effort to improve the risk compensation mechanism and to develop prudential regulatory rules.

The deposit insurance scheme has been improved. Since the May 1, 2015 implementation of the *Regulations on Deposit Insurance*, relevant work has proceeded smoothly. As deposits in financial institutions grew steadily, the structure of deposits in large, medium-sized, and small banks remained generally unchanged. The coverage ceiling of RMB500,000 covers 99.5 percent of the depositors, which has remained stable. The PBC has continued to implement a risk-based differentiated premium rate arrangement and to improve the deposit insurance rating of the insured institutions, with the aim of providing positive incentives while limiting the risks to insured institutions. The PBC has also made efforts to strengthen the study of risks faced by all types of insured institutions and to monitor, identify, and resolve the risks through risk warnings and early corrections. The PBC has actively coordinated with local governments and supervisory bodies to promote risk resolution in line with the rules and regulations. It did a good job in preparatory work for the use of the deposit insurance logo, enhanced publicity and training, and improved management of standardized funds.

The reform of the rural credit cooperatives (RCCs) has operated smoothly and has produced positive results. First, the quality of assets has improved. As reported under the five classification tiers for loans at end-September, the capital adequacy ratio of all RCCs in China stood at 12.2 percent, an increase of 0.1 percentage point as compared to the end of 2016. The ratio of non-performing loans (NPL) of all RCCs in China stood at 4.1 percent. Second, credit support to the rural areas was enhanced. As of end-September, outstanding deposits and loans of all RCCs in China posted RMB23.6 trillion and RMB14.8 trillion respectively, up 10.3 percent for both as compared to the end of 2016. Outstanding agro-linked loans and rural household loans of all RCCs in China stood at RMB8.9 trillion and RMB4.4 trillion respectively, up 8.5 percent and 10.5 percent respectively as compared to the end of 2016. In addition, reform of the property-rights system was advanced further.

IX. Deepening the reform of foreign-exchange administration

Trade and investment facilitation has been promoted. First, inquiries for trade declaration information have become more convenient. Measures have been taken to grant commercial banks access to nationwide customs declaration information so that the banks can access the information to review the authenticity of the trade. Meanwhile, these measures have been helpful for enterprises to handle transactions more conveniently and have reduced the costs of import and export enterprises. Second, centralized management of foreign exchange for transnational corporations was improved. Measures were adopted to increase the ratio of funds invested in domestic markets to deposits absorbed by domestic banks through their overseas foreign-exchange account and the measures explicitly specify that the funds invested in domestic markets do not take up the quota for the outstanding short-term external debt of commercial banks, thus improving the efficiency of fund operations. Third, efforts were made to support and guarantee international payments and the authenticity and compliance of transfers of the current account in accordance with the laws and the principle that finance should serve the real economy, and to optimize foreign-exchange management services for foreign direct investment.

Measures were adopted to guide and regulate capital flows and foreign exchange used under the capital and financial accounts. First, foreign-exchange management for overseas direct investments was improved. In accordance with the *Guidelines on Further Guiding and Regulating Overseas Investments* formulated by the National Development and Reform Commission, the Ministry of Commerce, the PBC, and the Ministry of Foreign Affairs, efforts were made to support competent and well-positioned Chinese enterprises to actively and steadily carry out overseas investment activities and to strengthen reviews of the authenticity and compliance of overseas investments to prevent false investment behavior. Second, overseas loans with domestic guarantees were standardized. The PBC took active steps to support market players to carry out real and compliant overseas loans with domestic guarantees, to guide financial institutions to strengthen compliance and risk management, and to crack down on irregularities, such as false guarantees and malicious guarantees, so as to promote the sound development of overseas loans with domestic guarantees.

Measures were taken to strengthen surveillance and analysis of foreign exchange and prevention of risks. First, management of foreign-currency banknotes was enhanced. A system was put in place to record deposits and withdrawals of foreign-currency banknotes by institutions so as to strengthen surveillance and analysis of foreign- currency banknotes. Second, statistics on bank-card cross-border transactions were improved. A bank-card cross-border transaction management system was put in place to collect information on the withdrawal of banknotes abroad through domestically issued bank cards as well as information on foreign transactions with a single value of over RMB1,000, therefore safeguarding order in bank-card overseas transactions.

PART 3 Financial Market Analysis

During the first three quarters of 2017, as a whole the financial market functioned soundly. Trading volume in the money market moved up from the previous quarter and interest rates remained generally stable. Against the backdrop of broadly stable economic fundamentals, the US Federal Reserve rate hike and balance-sheet reduction and the moderate deleveraging in the domestic financial system, the bond market yield curve shifted mildly upward and bond issuances increased. The stock indices and the trading volume increased, while the amount of equity financing continued to decline year on year. In the insurance sector, the growth of asset and premium income moderated.

I. Financial market analysis

1. Money-market repo transactions rebounded and market interest rates remained stable

Repo transactions on the inter-bank market rebounded and inter-bank lending continued to decline. During the first three quarters of 2017, the cumulative turnover of bond repos reached RMB448.7 trillion on the inter-bank market, representing an average daily turnover of RMB2.4 trillion or a decrease of 3.5 percent year on year. More specifically, the turnover in Q3 registered RMB172.9 trillion, representing an average daily turnover of RMB2.6 trillion or an increase of 16.9 percent from H1. The cumulative turnover of inter-bank lending reached RMB57.7 trillion, with

Table 9 Fund Flows among Financial Institutions in the First Three Quarters of 2017

Unit: RMB100 million

	Repos		Inter-bank borrowing	
	Q1~Q3 2017	Q1~Q3 2016	Q1~Q3 2017	Q1~Q3 2016
Chinese-funded large banks[1]	-1,104,376	-1,606,002	-126,552	-188,225
Chinese-funded small- and medium-sized banks[2]	130,465	277,172	18,351	3,925
Securities institutions[3]	332,546	392,168	84,369	142,909
Insurance institutions[4]	-17,486	-5,383	32	44
Foreign-funded banks	40,633	62,728	3,666	3,037
Other financial institutions and vehicles[5]	618,219	879,316	20,134	38,310

Notes: 1. Chinese-funded large banks include Industrial and Commercial Bank of China, Agricultural Bank of China, Bank of China, China Construction Bank, China Development Bank, Bank of Communications, and Postal Savings Bank of China.

2. Chinese-funded small- and medium-sized banks include China Merchants Bank and sixteen other medium-sized banks, small-sized city commercial banks, rural commercial banks, rural cooperative banks, and village and township banks.

3. Securities institutions include securities firms and fund management companies.

4. Insurance institutions include insurance firms and company annuities.

5. Other financial institutions and vehicles include urban credit cooperatives, rural credit cooperatives, finance companies, trust and investment companies, financial leasing companies, asset management companies, social security funds, mutual funds, wealth management products, trust plans, and other investment vehicles. Some of these financial institutions and vehicles do not participate in the inter-bank borrowing market.

6. A negative sign indicates net lending and a positive sign indicates net borrowing.

Source: China Foreign Exchange Trade System.

an average daily turnover of RMB305.4 billion or a decrease of 22.9 percent year on year. The turnover in Q3 reached RMB18.9 trillion, representing an average daily turnover of RMB286.4 billion or a decrease of 9.3 percent from H1. In terms of the maturity structure, overnight repos and overnight lending accounted for 80.7 percent and 86.8 percent respectively of the turnover in bond repos and inter-bank lending during the first three quarters of the year and their shares remained broadly stable. The turnover of bond repos on the stock exchanges increased 18.7 percent year on year to reach RMB200 trillion.

In terms of financing among financial institutions, the flow of funds displayed the following characteristics. First, Chinese-funded large banks continued to be net lenders in the market, whereas insurance institutions became net borrowers. Specifically, net lending by large banks through repos and inter-bank lending totaled RMB123.1 trillion during the first three quarters, accounting for 98.6 percent of the net lending. In August and September 2017, insurance institutions became net borrowers and Chinese-funded large banks were the only net lenders. Second, other financial institutions and vehicles and securities institutions were the main net borrowers, with their net borrowing expanding further. In particular, net borrowing by other financial institutions and vehicles totaled RMB63.8 trillion during the first three quarters of the year, accounting for 51.1 percent of the total amount of net borrowing and 1.7 percentage points higher than that in H1. Net borrowing by securities institutions posted RMB41.7 trillion during the same period, accounting for 33.4 percent of the total amount of net borrowing. More specifically, their net borrowing registered RMB17.2 trillion in Q3 and the share was 4.7 percentage points higher than that in H1.

Money-market interest rates remained generally stable. In September, the weighted average interest rate of inter-bank lending was 2.92 percent, down 2 basis points from June. The weighted average interest rate of pledged repo was 3.07 percent, up 4 basis points from June. The weighted average interest rate of repos among deposit-taking institutions with rate securities as pledges reached 2.81 percent, 26 basis points lower than the weighted average interest rate of inter-bank lending. The short end of Shibor rates was up, whereas the medium- and long-ends were down slightly. At end-September, the overnight and 7-day Shibor posted 2.94 percent and 2.97 percent respectively, up 32 basis points and 12 basis points from end-June. The 3-month and 1-year Shibor posted 4.36 percent and 4.4 percent respectively, down 14 basis points and 2 basis points from end-June.

The trading of interest-rate swaps was brisk. In Q3, 34,723 RMB interest-rate swap deals were reached, up 16.9 percent from the previous quarter, with the notional volume of the principal totaling RMB3,648.25 billion, an increase of 28.2 percent quarter on quarter. In terms of the maturity structure, contracts with maturities of up to one year traded most briskly and the volume of their aggregate notional principal posted RMB2,643.97

Table 10 Transactions of Interest Rate Swaps in Q3 of 2017

	Transactions (lots)	Amount of the notional principal (RMB100 million)
Q3 2017	34,723	36,482.54
Q3 2016	19,332	25,737.38

Source: China Foreign Exchange Trade System.

billion, accounting for 72.5 percent of the total. In terms of the reference rates, the 7-day fixing repo rate and the Shibor are the two major floating reference rates for RMB interest-rate swap transactions. The notional principal of the interest swaps with the two reference rates as benchmarks accounted for 73.7 percent and 26.1 percent of the total respectively.

The trading volume and the issuance of inter-bank CDs increased notably, with the CD business further expanding. By end-September, 560 financial institutions had disclosed their annual CD issuance plans for 2017, among which 451 had already completed their issuances on the inter-bank market. In Q3, a total of 6,937 inter-bank CDs were issued on the inter-bank market, raising RMB5.42 trillion. The volume of trading on the secondary market totaled RMB32.53 trillion. Both the issuance and the trading of CDs were priced based on the Shibor, and the correlation between the CD issuance interest rates and the medium- and long-end Shibor became stronger. In September, the average weighted issuance interest rates of 3-month inter-bank CDs was 4.53 percent, 15 basis points higher than that of the 3-month Shibor. In Q3, a total of 5,935 CDs was issued by financial institutions, raising RMB1.69 trillion and up 24.5 percent from the same period of the last year. Development of the CD market helped further expand market-based pricing of liability products by financial institutions, enhanced their pricing capability, and improved the market-based interest-rate formation and transmission mechanism.

Box 1 The Shibor: Ten Years of Exploration and Practice

In 2007, the PBC formally introduced the Shanghai Inter-bank Offered Rate (Shibor). The purpose was to promote the market-based interest-rate reform, to improve the market-based interest-rate formation and transmission mechanisms, and to develop benchmarks in the money market. Ten years after its introduction and due to efforts by all the relevant parties, the Shibor has become a well-accepted and widely-used money-market benchmark in China. First, the benchmark features of the Shibor have improved substantially, as the Shibor can now effectively reflect liquidity levels in the market. Its short-end has more than an 80 percent correlation with the inter-bank lending rates and the repo rates, with relatively narrow spreads. In particular, the overnight Shibor rate has a high correlation of 98 percent with the overnight inter-bank lending and repo rates. Benefiting from the development of the inter-bank CD market, the medium- and long-end Shibor have also improved, as the 3-month Shibor rate exhibits a high correlation of 95 percent with the 3-month CD issuance rates. Second, progress has been made in making innovations in the Shibor products and their applications have been continuously expanded. Currently, the Shibor rates are used for pricing various financial products, such as currencies, bonds, and derivatives. Certain commercial banks have also established a fund transfer price system (FTP) based on the Shibor. As such, a common approach in the financial system has been to price against the Shibor rates as benchmark. Third, the correlation between the Shibor and the real economy has been strengthened, as the Shibor is playing an increasingly important role in monetary policy transmissions and in resource allocations. Through channels such as Shibor-linked wealth management products, Shibor-linked floating-rate bonds, and Shibor-based interest rate swaps by non-financial enterprises, the Shibor has functioned effectively in transmitting the monetary policies into the real economy. With an increasing share of direct financing and development of the multi-layered capital market, it is expected that the Shibor will play a further role in resource allocations.

International benchmarks, such as the London Inter-Bank Offered Rate (Libor), were used to design and introduce the Shibor rates. Due to the shrinking share of the unsecured lending market after the global financial crisis and the Libor manipulation scandals in certain quoting banks, since 2012 the international community has begun to reform the Libor and other financial market benchmarks. In July 2017, the UK Financial Conduct Authority (FCA) announced that beginning in 2021 it will no longer ask the Libor-quoting banks to mandatorily provide quotes, at which time the Libor will probably come to an end. In the future, the UK will gradually transit to the Sterling Overnight Index Average (SONIA), which is based on actual transactions, as the interest benchmark for the sterling market. Central banks in some other countries/regions, such as the European Central Bank or the Bank of Japan, are taking a relatively conservative and multi-pronged approach. On the one hand, they are studying and introducing risk-free rates based on actual transaction data so that by allowing multiple benchmarks to exist at the same time they will be able to enrich the market benchmark system. On the other hand, they are reforming the Euribor, Tibor, and other quote-based benchmarks by applying mixed approaches, such as the waterfall approach, to improve the reliability and the benchmark features of the Inter-bank Offered Rate (IBOR).

By comparison, the Shibor shares an approach similar to that of the Libor in terms of quotes and calculations, but its institutional arrangement, with a number of noteworthy features, is tailored more to Chinese conditions. First, it attaches greater importance to supervision and regulation of the quoting process. China's centralized inter-bank market, based on core financial infrastructures, such as China Foreign Exchange Trade System (CFETS), is a unique advantage over foreign over-the-counter markets. Under the direction of the PBC and as the designated publisher of the Shibor rates, the CFETS makes full use of its advantages, closely monitors the movement of the Shibor and the quotes, and urges the quoting banks to improve the quality of their quotes. In 2013, under the direction of the PBC, a market interest-rate self-discipline mechanism (the self-discipline mechanism) was created and a Shibor working group was established to further enhance supervision and regulation of the Shibor quotes. Second, responsibility to complete the transactions with the quoted price has always been emphasized. The quoting banks are encouraged to use the actual transaction prices as their pricing basis, and a quote evaluation mechanism was introduced to assess the quoting banks on an annual basis so that the incentive mechanism will play an effective role. Third, underlying transactions have been expanded. Between 2007 and 2016, the average annual growth of trading volume in the inter-bank market reached about 28 percent. Since the CDs were introduced in 2013, the inter-bank CD market has been growing rapidly and all the CDs have been priced against the Shibor. As China's financial market grows, the transaction basis of the Shibor will continue to expand and solidify. Fourth, the quote-formation mechanism has steadily improved. In 2012, the number of Shibor quoting banks increased from 16 to 18. The calculation method was also adjusted. In the new approach, the four highest and the four lowest quotes are removed, compared to the previous approach in which the two highest and the two lowest quotes were removed, thereby now making the Shibor rates more representative. At the same time, by optimizing the timing for the publication of the quotes, the Shibor better reflects interest-rate movements in the market, thus enhancing its benchmark features and credibility.

Development of the Shibor, a key component in China's benchmark system, is important to the market-based interest-rate reform and the development of financial markets at all levels. The PBC will guide the self-disciplined mechanism and the CFETS to draw experiences from the Shibor practices during the past ten years, closely monitor reforms of the Libor and other international money-market benchmarks, and better cultivate and improve the interest benchmark. First, the exemplary role of Shibor quoting banks in terms of self-discipline will be strengthened. The quoting banks will be guided to continuously harden their financial constraints and to offer reasonable quotes based on factors such as the actual transactions, the funding costs, and market supply and demand. Second, the quoting and evaluation mechanism will be further improved so as to closely align the quotes with the actual transaction prices. Third, innovations in Shibor-linked products will continue and application of the Shibor will be expanded in an orderly manner. The market will be further developed and the representativeness of the Shibor will be steadily improved. Fourth, the role of the Shibor as a money-market interest benchmark will be further enhanced so as to create favorable conditions for monetary policy transmissions and market-based interest reforms.

2. The amount and issuances of spot bond trading increased, whereas the issuance rates of corporate bonds declined

During the first three quarters of 2017, the volume of spot bond trading on the inter-bank market posted RMB73.7 trillion, representing an average daily turnover of RMB390.0 billion or an increase of 7.6 percent from H1. With respect to the trading entities, Chinese-funded small- and medium-sized banks and securities institutions were net bond sellers, with net sales totaling RMB4.1 trillion; other financial institutions and vehicles were net bond buyers, with net purchases totaling RMB3.5 trillion. In terms of the products, a total of RMB8.9 trillion of spot government bonds was traded, accounting for 12.1 percent of the total spot bond transactions on the inter-bank market and up 1.2 percentage points from H1. The turnovers of spot financial bonds and corporate debenture bonds were RMB50.7 trillion and RMB13.3 trillion, respectively. Their shares were 68.8 percent and 18.1 percent, up 0.2 percentage point and down 1.3 percentage points from H1 respectively. Separately, the volume of spot bond trading on the stock exchanges totaled RMB4 trillion, an increase of 7.7 percent year on year.

The inter-bank market bond indices declined slightly. The China Bond Composite Index (net price) declined from 99.77 points at end-June to 99.42 points at end-September, representing a decrease of 0.35 percent. The China Bond Composite Index (full price) declined from 114.87 points at end-June to 114.69 points at end-September, a decrease of 0.15 percent. The Shanghai Securities Exchange T-Bond Index increased from 160.41 points at end-June to 160.69 points at end-September, an increase of 0.18 percent.

The yields of government securities generally fluctuated within a narrow band and mildly increased from the end of the previous

Figure 3 Yield Curves of Government Securities on the Inter-bank Bond Market

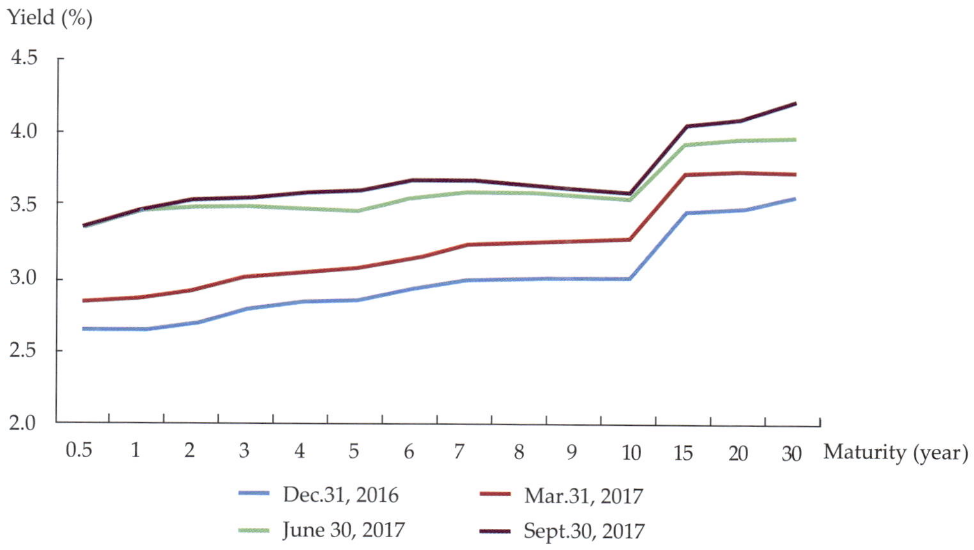

Yield (%)
4.5
4.0
3.5
3.0
2.5
2.0
0.5 1 2 3 4 5 6 7 8 9 10 15 20 30 Maturity (year)
Dec.31, 2016
Mar.31, 2017
June 30, 2017
Sept.30, 2017

Source: China Central Depository & Clearing Co., Ltd..

quarter. In Q3, influenced by both long and short factors, government securities yields generally fluctuated within a narrow band, and at end-September the yields increased mildly from end-June, with the term spread reaching historical lows. At end-September, the yields of 1-year, 3-year, 5-year, 7-year, and 10-year government securities were up by 1 basis point, 7 basis points, 12 basis points, 7 basis points, and 5 basis points respectively from end-June. At end-September, the spread between 1-year and 10-year government securities expanded by 4 basis points to reach 15 basis points.

Bond issuances accelerated. During the first three quarters, a total of RMB29.9 trillion of bonds was issued, an increase of 8.3 percent year on year. Bond issuances in Q3 reached RMB12.2 trillion, up RMB3.9 trillion and RMB2.8 trillion from Q1 and Q2 respectively. The issuance of government bonds, CDs, and debt-financing instruments by non-financial enterprises grew more rapidly. At end-September, outstanding bonds posted RMB72.3 trillion, an increase of 23.8 percent year on year.

Development of bond coupon rates became diversified. The rate of 10-year government bonds issued in September was 3.59 percent, an increase of 7 basis points from the rate of those of the same maturity issued in June. The rate of 10-year financial bonds issued by China Development Bank was 4.19 percent, an increase of 4 basis points from those of the same maturity issued in June. The average rate of 1-year short-term financing bills

Table 11 Bond Issuances during the First Three Quarters of 2017

Unit: RMB100 million

Type of bonds	Issuance	YOY growth
Government securities	30,358	6,269
Local government bonds	35,317	-15,522
Central bank bills	0	0
Financial bonds[1]	190,976	54,675
Of which: Financial bonds issued by China Development Bank and policy financial bonds	25,488	-2,110
Inter-bank certificates of deposit	149,103	52,792
Corporate debenture bonds[2]	42,036	-22,679
Of which: Debt-financing instruments of non-financial enterprises	30,276	-10,077
Enterprise bonds	4,446	-803
Corporate bonds	7,314	-11,613
Bonds issued by international institutions	513	277
Total	299,199	23,019

Notes: 1. Including financial bonds issued by China Development Bank, policy financial bonds, ordinary bonds, subordinated bonds and hybrid bonds issued by commercial banks, bonds issued by securities firms, inter-bank certificates of deposits, and so forth.

2. Including debt-financing instruments issued by non-financial enterprises, enterprise bonds, corporate bonds, convertible bonds, bonds with detachable warrants, privately placed SME bonds, and so forth.

Sources: The People's Bank of China, National Development and Reform Commission, China Securities Regulatory Commission, and China Central Depository & Clearing Co., Ltd..

(rated A-1) issued by AAA-rated enterprises was 5.11 percent, 5 basis points lower than those of the same maturity issued in June. The average coupon rate of 5-year medium-term notes was 5.69 percent, a decrease of 32 basis points from June. The Shibor served as an important benchmark for the pricing of bonds. In Q3, a total of 68 floating-rate bonds was issued based on the Shibor, with a gross issuance volume of RMB33.76 billion; 193 fixed-rate enterprise bonds were issued, with a gross issuance volume of RMB197.63 billion and all based on the Shibor; and a total of RMB120.24 billion of fixed-rate short-term financing bills was issued based on the Shibor, accounting for 97 percent of all fixed-rate short-term financing bills.

3. The decrease in the volume of bill financing moderated and interest rates fluctuated mildly

The bill acceptance business fell mildly. During the first three quarters, commercial bills issued by enterprises totaled RMB13.2 trillion, a decrease of 3.1 percent year on year and 3.7 percentage points lower than those in H1. At end-September, outstanding commercial bills posted RMB8.1 trillion, a decline of 2.4 percent from end-June. The decrease in the balance of bill acceptances moderated, with the balance at end-September down RMB147.5 billion from end-June. In terms of industries, outstanding bankers' acceptances were mainly issued by enterprises in the manufacturing, wholesale, and retail industries; in terms of the issuing entities, small- and medium-sized enterprises issued about two-thirds of the total.

The outstanding volume of bill financing declined slightly and bill market interest rates fluctuated mildly. During the first three quarters, financial institutions discounted a total of RMB31.2 trillion of commercial bills, a decline of 55.6 percent year on year; at end-September, the outstanding balance of bill discounts stood at RMB3.7 trillion, down 34.4 percent year on year. The decline in the balance of outstanding bill financing moderated, revealing a decline of RMB1,724.6 billion between end-September and the beginning of 2017. The share of outstanding bill financing among the total outstanding loans was 3.2 percent, a decrease of 2.3 percentage points year on year. In Q3, liquidity in the banking system remained generally stable and money-market interest rates were steady. Interest rates on the bill market fluctuated moderately, and then declined slightly mainly due to market supply and demand.

4. The stock indices and trading volume increased, and the amount of equity financing continued to decline year on year

The stock indices increased. The Shanghai Stock Exchange Composite Index closed at 3,349 points at end-September, up 4.9 percent from end-June. The Shenzhen Stock Exchange Component Index closed at 11,087 points, up 5.3 percent from end-June. The Growth Enterprise Board (GEM Board) Index (Chinext Price Index) closed at 1,867 points, up 2.7 percent from end-June. The weighted average P/E ratio of the A-share market on the Shanghai Stock Exchange rose from 17 times at end-June to 18 times at end-September, whereas that on the Shenzhen Stock Exchange increased from 36 times at end-June to 38 times at end-September.

Table 12 Use of Insurance Funds at End-September, 2017

Unit: RMB100 million, %

	Outstanding balance		As a share of total assets	
	End-September 2017	End-September 2016	End-September 2017	End-September 2016
Total assets	165,824	146,319	100.0	100.0
Of which: Bank deposits	20,113	22,961	12.1	15.7
Investments	126,358	105,325	76.2	72.0

Source: China Insurance Regulatory Commission.

Turnover on the stock markets rebounded. During the first three quarters, the combined turnover of the Shanghai and Shenzhen Stock Exchanges was RMB85.2 trillion and the average daily turnover was RMB463.6 billion, a fall of 11.3 percent year on year. The decline was 6.4 percentage points smaller than that in H1. The turnover in Q3 registered RMB33 trillion, with a daily turnover of RMB508.3 billion and an increase of 15.7 percent from H1. Turnover on the GEM Board totaled RMB12.5 trillion, a decrease of 26.2 percent year on year. The turnover in Q3 was RMB4.7 trillion, up 26.3 percent from Q2. At end-September, the combined market capitalization of the Shanghai and Shenzhen Stock Exchanges posted RMB44.6 trillion, an increase of 17.9 percent year on year; and the market capitalization of the GEM Board posted RMB3.2 trillion, an increase of 8 percent year on year.

The amount of equity financing declined year on year. During the first three quarters of 2017, a total of RMB823.0 billion was raised by enterprises and financial institutions by way of IPOs, additional offerings, rights issuances, and warrant exercises on the domestic and overseas stock markets, representing a decrease of 10.7 percent year on year and a deceleration of 4.3 percentage points from H1. Among this total, RMB710.0 billion was raised on the A-share market, representing a decline of 19.8 percent year on year and an acceleration of 1.2 percentage points from H1.

5. Growth of assets in the insurance sector moderated

During the first three quarters of 2017, total premium income in the insurance industry amounted to RMB3 trillion, representing a year-on-year growth of 21 percent and a deceleration of 2 percentage points from H1. Claim and benefit payments totaled RMB832.7 billion, representing a year-on-year growth of 7.4 percent. Specifically, total claim and benefit payments in the property insurance sector increased by 7.4 percent year on year and those in the life insurance sector increased by 12.2 percent.

The growth of insurance assets moderated further. At end-September, total assets in the insurance industry posted RMB16.6 trillion, representing a year-on-year growth of 13.3 percent and a deceleration of 1.9 percentage points from H1. Among this total, outstanding bank deposits decreased 12.4 percent year on year, whereas investment-linked assets grew by 20 percent year on year.

6. Rapid growth in foreign-exchange swap deals

During the first three quarters of 2017, the turnover of spot RMB/foreign-exchange transactions totaled USD4.7 trillion, an increase of 15.9 percent year on year and an acceleration of 1.3 percentage points from H1. Turnover of RMB/foreign-exchange swap transactions totaled an equivalent of USD9.1 trillion, an increase of 30.6 percent year on year and an acceleration of 5 percentage points from H1, among which overnight RMB/USD swap transactions posted USD5.4 trillion, accounting for 58.8 percent of the total swap turnover. Turnover on the RMB/foreign-exchange forward market totaled USD60.0 billion, a decrease of 31.4 percent year on year. During the first three quarters, turnover of foreign-currency pair transactions amounted to an equivalent of USD89.0 billion, a decrease of 7.6 percent year on year. In particular, the EUR/USD pair registered the largest trading volume, accounting for 31.8 percent of the total.

The number of participants on the foreign-exchange market increased further. At end-September, there were 635 members on the foreign-exchange spot market, 189 members on the foreign-exchange forward market, 188 members on the foreign-exchange swap market, 158 members on the currency-swap market, and 111 members on the foreign-exchange options market. There were 32 market-makers on the spot market and 27 market-makers on the forward and swap markets.

7. Gold prices rebounded and fluctuated at an elevated level

In Q3, the Q2 adjustment of gold prices ended and the prices fluctuated at an elevated level. International gold prices peaked at USD1,346.25 per ounce and reached a trough of USD1,211.05 per ounce, closing at USD1,283.1 per ounce at end-September and representing an increase of 3.29 percent from end-June. Led by the appreciation of the RMB, the increase in domestic gold prices was smaller than that of international gold prices. The peak and trough prices of gold (AU9999) on the Shanghai Gold Exchange were RMB282.98 per gram and RMB265.60 per gram, respectively. At end-September, the price of gold closed at RMB277.45 per gram, an increase of 1.59 percent from end-June.

Overall, the volume of trading on the Shanghai Gold Exchange continued to grow. During the first three quarters of 2017, the total volume of trading on the Shanghai Gold Exchange registered RMB13.74 trillion, an increase of 7.33 percent year on year and a deceleration of 5 percentage points from H1. Specifically, the volume of gold trading was 36,300 tons, a decrease of 1.02 percent year on year and the turnover posted RMB10.03 trillion or an increase of 2.82 percent year on year. The volume of silver trading was 932,600 tons, an increase of 19.97 percent year on year, and the turnover posted RMB3.41 trillion, an increase of 21.92 percent year on year. The volume of platinum trading was 31.34 tons, a decline of 21.25 percent year on year, and the turnover posted RMB7.041 billion, a decline of 20.25 percent year on year.

II. The development of institutional arrangements for the financial markets

1.Measures to develop the inter-bank bond market

Bond market access between Mainland China and the Hong Kong SAR (the Bond Connect) was successfully established and on July 3, the Bond Connect was officially launched. On the first day, subscriptions and trading were brisk, and the system operated smoothly. Introduction of the Bond Connect broadened the investment channels for foreign investors and was conducive to the further opening up of the inter-bank bond market. By end-September, a total of 186 institutions had accessed the inter-bank bond market through the Bond Connect, with bond holdings exceeding RMB70.0 billion.

The CD market was guided to develop in a regulated and orderly manner. PBC Public Notice [2017] No.12 was released, which states that, effective September 1, 2017, the maturity of CDs shall not exceed one year; CDs with a maturity of two years or three years shall no longer be issued; and existing CDs with a maturity of over one year may continue to exist through their due date. Clarification that CDs should not have a maturity of over one year helped to shorten their maturities. CDs thus returned to their basic role of adjusting fund surpluses and shortfalls in the financial system, thus strengthening financial support to the real economy.

2.Improvements to the fundamental institutional arrangements for the securities market

First, the CSRC released the *Regulations on Liquidity Risk Management of Publicly Offered Open-End Securities Investment Funds*, which regulated businesses related to publicly offered funds in areas such as the establishment of products, investment operations, subscriptions and redemptions, and valuations and disclosures. This comprehensively enhances the requirements for fund managers with respect to internal control of liquidity risks. It also places stricter risk controls and constraints on money-market funds, especially on the institutional players in the money market. Second, the CSRC revised the *Provisions on Classified Supervision and Administration of Securities Companies*. This improves evaluation measures—such as the capital adequacy—in line with industrial reality and regulatory needs, improves the indicator system for compliance evaluations and strengthens compliance supervision of securities companies. Third, the CSRC revised the *Administrative Rules on Securities Issuances and Underwriting*. For convertible bonds and exchangeable bonds in the issuance process, the subscription method is changed from fund-based subscriptions to credit-based subscriptions, and a large amount of funds are no longer required to be frozen, thus removing the impact of the previous fund-based subscriptions on the money market and the bond market.

3.Improvements to the fundamental institutional arrangements for the insurance market

Supervision and regulation of the credit guaranty insurance business were strengthened. In July, the CIRC released the *Interim Administrative Measures for Credit Guaranty Insurance Business*, which prohibited insurance companies from providing credit guaranty insurance services to non-publicly offered bonds, publicly offered bonds with ratings below AA+, and financing activities for parties related to the insurance companies; from providing credit guaranty insurance services with loan rates exceeding the national limits; and from cooperating with online lending platforms. The measures provide insurance companies with clear requirements regarding internal controls and risk management measures, including those with respect to corporate governance, financial accounting, provisioning, qualification inspections of the credit guaranty insurance business, and collateral management and risk sharing, thus strengthening the capability of insurance companies to identify and prevent risks. The measures also clarify the responsibilities of the regulatory authorities, establish a reporting system for credit guaranty insurance businesses, and clearly specify the penalties.

The solvency regulatory system was improved. In September, the CIRC published the *Development Plan for the Second-Phase of the China Risk-Oriented Solvency System*, aiming to better measure the risks in a scientific way, to improve the effectiveness of risk management, to strengthen capital restraints in a strict and concrete manner, and to enhance the risk management and risk prevention capabilities of the insurance sector. Specifically, the tasks include: first, improving the rules and regulations and resolving problems arising from leveraged capital stock, complicated transactions among related parties, unclear underlying capital resulting from the multiple nested structure, liquidity risks, insufficient backstops, and so forth; second, improving the operation system by establishing an authenticity review system for solvency-related data and by studying the application of supervisory and regulatory techniques; third, enhancing supervisory cooperation with prudential regulators including the PBC, the CBRC, the CSRC, and the SAFE, and actively participating in the development of international rules and regulations.

PART 4 Macroeconomic Overview

I. Global economic and financial developments

During Q3, the recovery of the global economy continued. The economy expanded, whereas inflation remained subdued. Recent developments point to a strong recovery in the US, a further pick-up in the euro area, steady growth in the UK amid heightened inflationary pressures, and a moderate recovery in Japan. The emerging market economies generally grew relatively rapidly, although they continued to face economic restructuring and transformation pressures.

1. Economic developments in the major economies

The global economy continued to recover, whereas inflation remained subdued. The US economy saw solid gains, as the initial reading for the annualized quarter-on-quarter real GDP growth posted 3.0 percent in Q3, maintaining a two-year high. The pick-up in private investments and the decline in the trade deficit became the main drivers of growth. In particular, the annualized quarter-on-quarter growth of private investments rose to 6.0 percent in Q3, up 2.1 percentage points over the previous quarter. The annualized quarter-on-quarter growth of personal consumption expenditures (PCE) dropped to 2.4 percent, or by 0.9 percentage point compared to Q2 due to the impact of hurricanes. Inflation went up slightly, as the consumer price index (CPI) grew 2.2 percent year on year in September, up 0.3 percentage point compared with that in June. However, the initial reading for the annualized quarter-on-quarter growth of the core PCE price index, a gauge favored by the US Fed, was 1.3 percent, 0.4 percentage point higher than that in the previous quarter. The labor market fluctuated slightly. The jobless rate dropped to 4.2 percent in September, a 16-year low. Data on wage growth were better than expected, but the growth of non-farm payrolls dropped by a relatively large margin due to a number of factors, including hurricanes. The participation rate of the labor force remained about 63 percent, some 3 percentage points lower than the pre-crisis level.

In the euro area, the economic recovery continued, as broad-based strong growth was reported across the member states. Domestic demand, investment in particular, became the main driver behind the recovery. During Q3, GDP grew 2.5 percent year on year. In September, the manufacturing PMI was 58.1, a seven-year high. Inflation was subdued, with the harmonized index of consumer prices (HICP) in September growing 1.5 percent year on year. During Q3, year-on-year growth of core inflation remained 1.1~1.2 percent each month, pointing to a slight improvement compared with that during the first half of 2017. The unemployment rate continued to drop, posting 8.9 percent in September, and this was the lowest rate since the outbreak of the European sovereign debt crisis.

In the UK, economic developments were generally steady. Driven by the services and manufacturing sectors, the quarter-on-quarter growth of real GDP was 0.4 percent in Q3, up 0.1 percentage point compared with Q2, but the growth remained low by historical standards. Inflationary pressures continued to grow. Since February, the CPI remained above 2 percent and in September it was as high as 3 percent, well above the target set by the Bank of England (BOE). Uncertainties remained about the Brexit arrangements and their implications.

In Japan, the economy continued its moderate recovery. During Q3, a preliminary reading of the annualized quarter-on-quarter growth of real GDP was 1.4 percent and that in Q2 was revised upwards from 2.5 percent to 2.6 percent, reflecting growth for seven consecutive quarters. Inflation also saw some positive developments, as the CPI moved up for nine consecutive months, rising 0.7 percent year on year in September.

Overall growth in the emerging market economies was relatively rapid, though some of the emerging market economies still faced restructuring and transformation pressures. After jumping 4.1 percent in 2016, the overall GDP in the emerging market economies was expected to grow faster in 2017. Due to the impact of the tax reform and other factors, the Indian economy slowed down somewhat, with GDP growing 6.1 percent and 5.7 percent during the first and second quarters of 2017 respectively. Due to an increase in the prices of oil and other commodities, growth gradually stabilized in Russia and Brazil and inflation was contained, but recently it has started to move downward somewhat. Against the backdrop

Table 13 Macroeconomic and Financial Indicators in the Major Advanced Economies

Economy	Indicator	2016Q3			2016Q4			2017Q1			2017Q2			2017Q3		
		Jul.	Aug.	Sept.	Oct.	Nov.	Dec.	Jan.	Feb.	Mar.	Apr.	May	Jun.	Jul.	Aug.	Sept.
United States	Real GDP growth rate (annualized quarterly rate, YOY, %)	2.8			1.8			1.2			3.1			3.0		
	Unemployment rate (%)	4.9	4.9	4.9	4.8	4.6	4.7	4.8	4.7	4.5	4.4	4.3	4.4	4.3	4.4	4.2
	CPI (YOY, %)	0.8	1.1	1.5	1.6	1.7	2.1	2.5	2.7	2.4	2.2	1.9	1.6	1.7	1.9	2.2
	DJ Industrial Average(closing number)	18,432	18,401	18,308	18,141	19,124	19,763	19,864	20,812	20,663	20,941	21,009	21,350	21,891	21,948	22,405
Euro Area	Real GDP growth rate (YOY, %)	1.7			1.9			2.0			2.3			2.5		
	Unemployment rate (%)	10.0	9.9	9.9	9.8	9.7	9.6	9.6	9.5	9.4	9.2	9.2	9.1	9.0	9.0	8.9
	HICP (YOY, %)	0.2	0.2	0.4	0.5	0.6	1.1	1.8	2.0	1.5	1.9	1.4	1.3	1.3	1.5	1.5
	EURO STOXX 50 (closing number)	2,990	3,023	3,002	3,055	3,052	3,291	3,231	3,320	3,501	3,560	3,555	3,442	3,449	3,421	3,595
Japan	Real GDP growth rate (annualized quarterly rate, YOY, %)	0.9			1.6			1.0			2.6			1.4		
	Unemployment rate (%)	3.0	3.2	3.0	2.9	3.0	2.9	3.0	2.8	2.8	2.9	3.1	2.8	2.8	2.8	2.8
	Core CPI (YOY, %)	-0.4	-0.5	-0.5	0.1	0.5	0.3	0.4	0.3	0.2	0.4	0.4	0.4	0.4	0.7	0.7
	NIKKEI 225(closing number)	16,569	16,887	16,450	17,425	18,308	19,114	19,041	19,119	18,909	19,197	19,651	20,033	19,925	19,646	20,356

Sources: Statistical bureaus and central banks of the relevant economies.

of still sluggish aggregate global demand and a possible reversal in the monetary policy stance of the advanced economies, a number of the emerging market economies still face potential risks, such as weak external demand and volatile cross-border capital flows. Economic restructuring and transformation pressures persisted.

2. Developments in global financial markets

The US dollar index continued to drop. The euro and the British pound appreciated against the US dollar and the Japanese yen remained relatively stable, whereas exchange-rate movements in the emerging market economies were mixed. As of end-September, the US dollar index closed at 93.071, losing 2.68 percent from the end of June. The exchange rate of the Japanese yen against the US dollar was 112.45 yen per dollar, dipping 0.11 percent compared with end-June. The euro and the British pound stood at 1.18 US dollars per euro and 1.34 US dollars per pound, strengthening 2.85 percent and 3.41 percent respectively compared with the end of June. Among the emerging market currencies, compared with end-June, the Indian rupee, the Turkish lira, and the Mexican peso depreciated by 1.06 percent, 1.20 percent, and 0.70 percent respectively against the US dollar whereas the Russian ruble and the Brazilian real appreciated 2.46 percent and 4.58 percent respectively against the US dollar.

Global money-market rates saw moderate movements. The US dollar Libor went up slightly due to expectations of interest-rate hikes by the Fed. On September 29, the 1-year dollar Libor was 1.7823 percent, an increase of 0.04 percentage point from the end of June. The Euribor declined further, as the European Central Bank (ECB) continued its accommodative monetary policy. As of September 29, the 1-year Euribor registered –0.1720 percent, a decrease of 0.02 percentage point from end-June.

The yields of government bonds in major economies diverged somewhat. As of end-September, the yields of 10-year US Treasuries and UK government bonds closed at 2.326 percent and 1.366 percent, up 2.4 basis points (bps) and 10.7 bps respectively from the end of June. The yields of 10-year Japanese, German, and French government bonds closed at 0.064 percent, 0.461 percent, and 0.748 percent, losing 2 bps, 0.9 bp, and 6.9 bps respectively. Among the emerging market economies, the yields of 10-year Russian and Brazilian government bonds lost 12 bps and 78.5 bps respectively, whereas the yields of 10-year Indian, Mexican, and Turkish government bonds went up 15.6 bps, 0.2 bp, and 41 bps respectively.

There was a broad rally in the stock markets of the major economies. As of end-September, the US Dow Jones Industrial Average, the German DAX, the Japanese Nikkei 225, the euro area's STOXX 50, and the UK FTSE 100 gained 4.94 percent, 4.09 percent, 1.61 percent, 4.44 percent, and 0.82 percent respectively over the end of June. Among the emerging market economies, stock indices in Russia, India, and Brazil went up 13.57 percent, 1.17 percent, and 18.11 percent respectively.

3. Monetary policies in the major economies

Normalization of monetary policy continued in major advanced economies. In October, the US Fed began to shrink its balance sheet in accordance with the *Principles and Plans for Monetary Policy Normalization* unveiled by the Federal Open Market Committee (FOMC) when it met in June. According to these principles and plans, the FOMC intends to gradually reduce the Fed's securities holdings by decreasing reinvestments of the principal payments that it receives from maturing securities and the payments will be reinvested only to the extent that they exceed gradually rising caps. Starting from October, the initial decreasing cap for Treasury securities was USD6 billion per month, but it will increase in steps of USD6 billion at three-month intervals until it reaches USD30 billion per month. For agency debt and mortgage-backed securities (MBS), the decreasing cap is USD4 billion per month initially, and it will increase in steps of USD4 billion at three-month intervals until it reaches USD20 billion per month. On November 2, the FOMC decided to keep the target range for the federal funds rate unchanged at the 1~1.25 percent range. On the same day, US President Trump nominated Jerome H. Powell, who currently sits on the Board of Governors, as next Fed Chair. It is widely expected that after taking office Powell will continue with the pace of the rate hikes and the policy normalization that existed under Janet Yellen, the incumbent chair.

On October 26, the ECB decided to keep interest rates unchanged on the main refinancing operations (MROs), the marginal lending facility, and the deposit facility, and to extend its monthly asset-purchase program by another nine months from the end of 2017 to September 2018. However, starting from January 2018 it will reduce the size of the monthly purchases to EUR30 billion.

On October 31, the Bank of Japan (BOJ) announced that it will continue its negative interest-rate policy and will maintain the current size of asset purchases. In the meantime, it will continue to keep the short-term policy rate at -0.1 percent and the yield of 10-year government bonds at near zero.

On November 2, the BOE decided to increase the benchmark rate by 25 bps to 0.5 percent and to maintain the current size of asset purchases. On July 12, the Bank of Canada raised its target for overnight rates by 25 bps to 0.75 percent, the first rate hike in seven years. On September 6, the rate was increased by another 25 bps to 1 percent.

The emerging market economies continued their accommodative monetary policies. In response to the domestic turmoil, the Central Bank of Brazil cut its policy rate by 100 bps, 100 bps, and 75 bps on July 27, September 8, and October 26 respectively to 7.5 percent. To address the downward pressures on inflation and to promote the economic recovery, on September 18 and October 27 the Central Bank of the Russian Federation cut its key rate by 50 bps and 25 bps respectively to 8.25 percent. On August 2, the Reserve Bank of India cut its repo rate by 25 bps to 6.0 percent.

On July 10, the State Bank of Vietnam reduced both the refinancing and rediscount rates by 25 bps, the first rate cut since 2014. On August 22 and September 22, Bank Indonesia reduced its 7-day reverse repo rate, each time by 25 bps, to 4.25 percent.

4. The global economic outlook and key risks

In its *World Economic Outlook* released in October, the International Monetary Fund (IMF) again revised upwards its forecast for global economic growth to 3.6 percent in 2017 and 3.7 percent in 2018, each up by 0.1 percentage point compared with the April projections. In particular, driven by the recovery in the euro area, Japan, and Canada, the 2017 growth forecast for the advanced economies was revised upwards to 2.2 percent. Factoring in the rapid growth in China, the IMF revised upwards the growth forecast for the emerging market and developing countries in 2017 and 2018, each by 0.1 percentage point. Looking ahead, despite improved prospects for global economy, the recovery is not yet completed, as growth remains sluggish in many places and inflations are still below the target in most advanced economies. The global economy still faces some risks and challenges.

The implications of the monetary policy normalization in major advanced economies remain uncertain. As the recovery continued, in October the Fed started to shrink its balance sheet, the ECB decided to reduce the size of its asset-purchase scheme, and in November the BOE announced its rate hike. Compared with the previous tightening cycles, this round of policy normalization is taking place against a different backdrop, including a massive central bank balance sheet, high debt levels, possible structural changes in long-term productivity, and heightened political uncertainties. Therefore, if monetary policy is tightened too quickly, the rise in long-term interest rates may have repercussions for the macroeconomy and asset prices, which will undermine the recovery and trigger financial risks.

High leverage ratios and heavy debt burdens may weigh down on consumption and investments. At the global level, the leverage ratio of the non-financial sector has been rising persistently. Against the backdrop of a high leverage ratio in the household sector, slow wage growth, and growing wealth disparities, the role of consumption in driving the economic recovery may be weakened. Given the persistently anemic productivity growth, political uncertainties, slower population growth, and higher corporate debts, global investments also face headwinds. In addition, the rise in interest payments on US dollar debts by the corporate sector in some emerging market economies may further dampen investment growth.

Risks from de-globalization and protectionism still need to be closely monitored. Given the recent inward-looking policies adopted by some economies, protectionism in international trade and investment still needs to be watched. In the short term, protectionism may weaken global demand by hampering trade and restraining foreign direct investment, which in turn will threaten strong and sustainable growth. In the long run, protectionism will undermine efficient resource allocations by obstructing free labor and capital flows. It may constrain competition among participants in the global value chain, weigh on global productivity and economic growth, and aggravate turbulence in the financial market.

In addition, risks from and uncertainties over geopolitical tensions and terrorism also require attention, as they may have major implications for the global economy and financial markets.

II. Macroeconomic developments in China

During Q3 of 2017, the Chinese economy witnessed sound performance, with a continuous upgrading of its structure and new growth drivers gaining more momentum, and it exhibited positive signs amidst stabilization. Consumption demand contributed significantly to economic growth, investment growth stabilized around a moderate pace with the upgraded structure, and exports and imports grew rapidly. Industrial production accelerated, with tertiary industry accounting for 52.9 percent of GDP, 12.8 percentage points higher than that of secondary industry. Employment improved slightly and consumer prices rose moderately. During the first three quarters of 2017, total GDP registered RMB59.3 trillion, up 6.9 percent year on year in comparable terms. GDP during Q3 rose by 6.8 percent year on year. The CPI went up 1.5 percent year on year during the first three quarters of 2017 and up 1.6 percent year on year during Q3 of 2017. The trade surplus stood at RMB2.0331 trillion during the first three quarters of 2017.

1. Consumption grew soundly, investment growth stabilized at a moderate pace, and imports and exports expanded rapidly

The income of rural and urban residents grew rapidly and consumption expanded soundly. During the first three quarters of 2017, the per capita disposable income registered RMB19,342, up 9.1 percent on a year-on-year basis, or a real growth of 7.5 percent, excluding the price factor, which was 1.2 percentage points higher than that during the same period of the last year. Based on residence, the per capita disposable income of urban residents registered RMB27,430, and net of price factors it increased 6.6 percent in real terms. The per capita disposable income of rural residents registered RMB9,778, up 7.5 percent in real terms year on year. According to the Q3 Urban Depositors' Survey conducted by the People's Bank of China, the perception index of residents' income was 52.8 percent, 1.5 percentage points higher than that in the previous quarter and 6.7 percentage points higher than that in Q3 of the last year. Consumption remained the main driving force behind the economic growth, and final consumption contributed 64.5 percent to GDP growth during the first three quarters of 2017. According to the Q3 Urban Depositors' Survey conducted by the People's Bank of China, willingness to consume continued to edge up, and the share of consumers inclined to consume posted 26.4 percent, 1.0 percentage point and 5.3 percentage points higher than those quarter on quarter and year on year respectively. During the first three quarters of 2017, retail sales rose to RMB26.3 trillion, or by 10.4 percent year on year, similar to the sales growth during the first three quarters of 2016. Rural retail sales expanded more rapidly than urban retail sales. During the first three quarters of 2017, rural retail sales went up by 12.1 percent year on year, 2 percentage points higher than those in the urban areas. Online sales grew vigorously and offline retail sales recovered. During the first three quarters of 2017, online sales posted RMB4.9 trillion, up 34.2 percent year on year. Sales growth in department stores and shops was 3.3 percentage points and 2.5 percentage points higher respectively year on year.

Fixed-asset investments stabilized at a moderate pace with an improved investment structure. During the first three quarters of 2017, fixed-asset investments (excluding those by rural residents) reached RMB45.8 trillion, up 7.5 percent year on year in nominal terms or 0.7 percentage point lower than that during the first three quarters of 2016. There are several distinct features of current fixed-asset investments. First, investments in high-end manufacturing and technology upgrading have expanded rapidly, while investments in high energy-consuming industries have slowed down. During the first three quarters of 2017, investments in high-tech manufacturing, equipment manufacturing, and upgrading of manufacturing technology went up 18.4 percent, 8.3 percent, and 12.1 percent year on year respectively, whereas investments in high energy-consuming industries decreased by 1.9 percent year on year. Second, the growth of private investments rebounded, up 6 percent in the first three quarters year on year, 3.5 percentage points higher than that in the first three quarters of 2016. Third, during the first three quarters of 2017, infrastructure investments (excluding electricity, heat, gas, and water production and supply) increased by 19.8 percent year on year, 0.4 percentage

Figure 4 Import and Export Growth and the Trade Balance

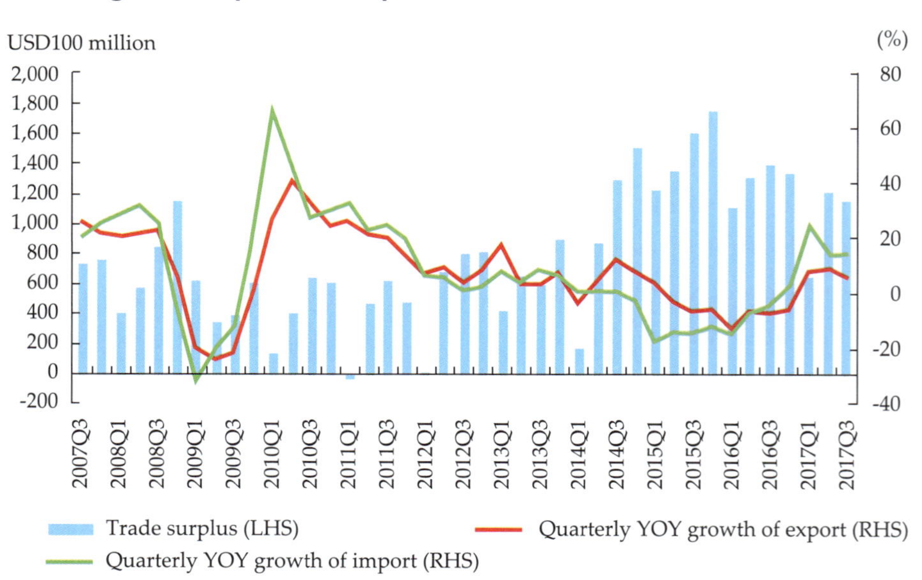

Source: General Administration of Customs.

point higher than that during the first three quarters of 2016. Fourth, the contraction of investments in northeast China narrowed, whereas investment growth in other regions was generally stable.

Imports and exports grew rapidly and the external trade structure improved. Total imports and exports during the first three quarters of 2017 reached RMB20.3 trillion, up 16.6 percent year on year. Exports gained 12.4 percent year on year to reach RMB11.2 trillion, and imports gained 22.3 percent year on year to reach RMB9.1 trillion, resulting in a trade surplus of RMB2.0331 trillion. The trade structure continued to improve. The share of general trade contributed 56.6 percent of the total, 1.1 percentage points higher than that in the first three quarters of 2016. Machinery and electronics remained the major export products, accounting for 57.5 percent of the total. Private sector exports went up 2.3 percent, thus the private sector remained the largest exporter and accounted for 46.5 percent of the total. Exports and imports with some Belt and Road countries increased substantially during the first three quarters of 2017, and exports and imports with Russia, Poland, and Kazakhstan increased by 27.7 percent, 24.8 percent, and 41.1 percent respectively. Imports of some commodities continued to grow.

Foreign direct investments (FDI) continued to focus on high-end industries, and the drop in outbound investments narrowed, thus optimizing the industrial structure. During the first three quarters of 2017, actually utilized FDI rose by 1.6 percent year on year to RMB618.57 billion. In terms of industries, during the first three quarters of 2017, actually utilized FDI in service industries reached RMB428.19 billion, accounting for 69.2 percent of the total, as actually utilized FDI in information transfers, computer services, and software industries increased by 23.1 percent year on year. Actually utilized FDI in the manufacturing industry rose by 7.5 percent year on year to reach RMB181.76 billion, accounting for 29.4 percent of the total, of which the high-tech manufacturing industry gained 27.5 percent to reach RMB52.98 billion. During the first three quarters of 2017, outbound non-financial direct investments by domestic investors registered USD78.03 billion, down by 41.9 percent year on year and 3.9 percentage points narrower than that during the first half of 2017. Direct investments to the countries along the Belt and Road were USD9.6 billion, or 12.3 percent of the total. This was up 4 percentage points year on year, indicating that investment cooperation is advancing soundly. The sectoral structure of outbound investments was further optimized. During the first three quarters of 2017, outbound investments mainly focused on leasing/commercial services, manufacturing, wholesale/retail, and information transfers/software/information technology service industries, accounting for 32 percent, 17.3 percent, 12.2 percent, and 10.5 percent of the total respectively. There were no new projects in outbound investments in the real estate, sports, and entertainment industries.

2. Agricultural production was generally stable and industrial production picked up notably

The value-added of tertiary industry grew faster than that of secondary industry, but the share of secondary industry picked up. During the first three quarters of 2017, the value-added of the primary, secondary, and tertiary industries was RMB4.1 trillion, RMB23.8 trillion, and RMB31.4 trillion respectively, up 3.7 percent, 6.3 percent, and 7.8 percent year on year, and accounting for 6.9 percent, 40.1 percent, and 52.9 percent of GDP. The share of tertiary industry was 12.8 percentage points higher than that of secondary industry, but the share of secondary industry increased by 0.6 percentage point over that during the first three quarters of 2016.

Agricultural production was generally stable. Summer grain crops rose by 0.9 percent year on year to 140.52 million tons. During the first three quarters of 2017, total output of pork, beef, mutton, and poultry increased by 0.8 percent year on year to reach 58.77 million tons.

With the upgraded structure and improved profits, industrial production accelerated. During the first three quarters of 2017, the value-added of statistically large industrial firms (SLIFs) increased by 6.7 percent year on year, 0.7 percentage point higher than that during the first three quarters of 2016. Industry was being upgraded at the mid- and high-ends. Growth of value-added in the high-tech and equipment manufacturing industries expanded 13.4 percent and 11.6 percent respectively, outperforming the SLIFs by 6.7 percentage points and 4.9 percentage points respectively. The sales-to-output ratio of the SLIFs reached 97.8 percent. The profits of the SLIFs surged 22.8 percent year on year to reach RMB5.6 trillion, marking accelerated profit growth for two consecutive months. The profit margins of key businesses of SLIFs stood at 6.17 percent, up 0.51 percentage point over the same period of the last year. According to the Q3 Entrepreneurs' Survey of 5,000 industrial enterprises conducted by the People's Bank of China, the corporate performance index posted 55.5 percent, up 0.9 percentage point and 5.2 percentage points quarter on quarter and year on year respectively and exceeding 50 percent for the fifth consecutive quarter. The corporate profit index reached 57.6 percent, up 1.5 percentage points and 2.9 percentage points quarter on quarter and year on year respectively. The domestic and export order indices posted 50.2 percent and 49.6 percent respectively, down by 0.4 percentage point and 0.8 percentage point quarter on quarter respectively, but up by 4.2 percentage points and 2.6 percentage points year on year respectively.

Box 2 Structural Adjustments, Supply-Demand Improvements, and Economic Growth in China

Economic stability and coordination in China generally improved in 2017. The quarterly annualized GDP growth remained at from 6.8 percent to 6.9 percent. In terms of the demand structure, consumption has become a more important growth driver and the economy's reliance on investments has decreased. During the first three quarters of 2017, final consumption contributed 4.5 percent to GDP growth, 0.2 percentage point higher than that in 2016. Capital formation contributed 2.3 percent to GDP growth, 0.5 percentage point lower than that in 2016. With advances in supply-side structural reforms, there have been more discussions about the adjustments and changes in the economic structure.

One view is that no fundamental change has yet occurred in China's growth pattern and that the stabilization and recovery of the economy has mainly been driven by infrastructure and real estate investments. As the growth of real estate sales has recently slowed down, it is unlikely that real estate investments are driving economic growth. Improvements in the growth of corporate profits are mainly from up-stream enterprises benefiting from the rising prices of raw materials. Growth in the profits of down-stream enterprises is still slowing down or remains flat. Recently, as the growth of railway freight, heavy truck sales, and coal consumption for power generation has begun to fall, it is possible that the economy will turn downward in the future.

Another view is that the economic structure adjustments in China are progressing positively. First, tertiary industry is contributing more to economic growth and the economy's reliance on secondary industry is declining. During the first three quarters of 2017, tertiary industry contributed 4 percent to GDP growth, 0.1 percentage point higher than that in 2016 and 0.5 percentage point higher than that in 2014. Secondary industry contributed 2.5 percent to GDP growth, on par with that in 2016 and 1 percentage point lower than that in 2014. Second, in terms of the structure of capital formation, the economy's reliance on infrastructure and real estate investment has declined. According to preliminary estimates, during the first three quarters of 2017, infrastructure and real estate contributed 0.9 percent and 0.3 percent to GDP growth respectively, 0.4 percentage point and 0.1 percentage point lower than that in 2016 respectively. Third, the emerging industries continue to gain momentum. Modern manufacturing, such as high-speed train equipment and nuclear-powered equipment, has begun to emerge in the global market. Space for the development of strategic emerging industries, such as new energy, new materials, biological engineering, and new energy vehicles, continues to grow. Service industries, such as consumption services, commercial services, and production services, continue to flourish. As the economy is more reliant on resource-efficient emerging industries and less reliant on infrastructure, real estate, and traditional manufacturing, demand for railway freight, heavy trucks, and coal consumption for power generation will decline. It is likely that the decline in related indicators will reveal a change in the industrial structure.

The supply-demand balance has also been improving. First, progress has been made in de-stocking and businesses have moved to the stage of active replenishment. According to preliminary estimates, the contribution of inventories to GDP growth during the first three quarters of 2017 exceeded that during the same period of 2016 by more than one percentage point, reversing the negative picture in the previous two years. Considering the higher revenue growth in key corporate sector businesses and the surging PPI, it is likely that enterprises are actively replenishing their stock. Second, the supply of goods and services has increasingly been personalized and refined to satisfy residents' demand for consumption upgrading. As personal income continues to increase, diversified and personalized consumption demands have gradually become mainstream. Enterprises allocate resources nationwide and even globally through the Internet and they carry out socialized collaborative R&D and customized manufacturing to better meet the consumers' diversified and personalized demands. Third, real estate properties have weakened, residential properties have increased, and there has been a better match with residents' needs for living quarters. With the launch and implementation of the macro-prudential policy for housing financing and improvements in the long-term real estate mechanisms, such as improving the land supply and encouraging real estate leasing and selling, growth in year-on-year prices of newly-built residences in 70 large and medium-sized cities has dropped since 2017, and growth of quarter-on-quarter prices has been flat or has been dropping since Q2. Fourth, enterprises have begun to de-leverage, resources are used more efficiently, and the supply-demand balance is improving for intermediate products. According to preliminary estimates, the level of corporate leveraging has stabilized and began decreasing in 2017.

Improvements in the quality of Chinese economic growth are a dividend of the reforms. They are a result of the supply-side reforms to release and stimulate economic vitality, complemented by an appropriate expansion of aggregate demand, the avoidance of a strong stimulus, letting the market play a decisive role in resource allocations, the deepening of the economic restructuring, and reliance on innovations to promote the transition to a new momentum and structural upgrading. In general, the stability and coordination of Chinese economic growth have improved, and the leverage level has stabilized. This has helped to create a favorable environment to strengthen environmental protection, to establish an effective long-term checking mechanism for real estate development, to regulate local government debt, and so forth.

China's economy has been transitioning from a stage of rapid growth to a stage of high-quality development. This is a pivotal phase for transforming the growth model, improving the economic structure, and fostering new growth drivers. We should refrain from excessive interventions, increase tolerance for local and periodic economic fluctuations, and endeavor to develop a modern economic system with more effective market mechanisms, dynamic micro-entities, and sound macro-management. We should maintain the consistency and stability of macro policies, implement a prudent and neutral monetary policy, build a sound management framework supported by the two pillars of monetary policy and macro-prudential policy, focus on the three key tasks of serving the real economy, preventing financial risks, and deepening the financial reforms, and create an accommodative monetary and financial environment for supply-side structural reforms and high-quality development.

3. Consumer prices rose moderately and growth of producer prices edged higher

Consumer prices rose moderately. During Q3 of 2017, the CPI rose 1.6 percent year on year, up 0.2 percentage point over that in the previous quarter. Monthly growth from July through September registered 1.4 percent, 1.8 percent, and 1.6 percent respectively. In terms of food and non-food items, the drop in food prices narrowed and the growth of non-food prices remained stable. Food prices declined by 0.9 percent year on year, 1.2 percentage points narrower than that in the last quarter. Non-food prices climbed by 2.2 percent year on year, 0.1 percentage point lower than that in the last quarter. Among consumer goods and services, the price growth of both accelerated. The price of consumer goods rose by 0.7 percent year on year, 0.2 percentage point higher than that during the last quarter. The price for services was up 3.1 percent year on year, 0.2 percentage point higher than that during the last quarter.

The growth of producer prices expanded. Monthly growth from July through September stood at 5.5 percent, 6.3 percent, and 6.9 percent respectively, averaging 6.2 percent in Q3, 0.4 percentage point higher than that in the last quarter. In Q3, the price of capital goods rose by 8.2 percent year on year, 0.5 percentage point higher than that in the previous quarter. The price of consumer goods climbed 0.6 percent, similar to that in the previous quarter. During Q3, the Purchasing Price Index for Industrial Products (PPIIP) went up 7.7 percent year on year, down 0.4 percentage point from the previous quarter, with monthly growth from July through September at 7.0 percent, 7.7 percent, and 8.5 percent respectively. Producer prices of agricultural products dropped by 3.2 percent year on year, narrowing by 3.2 percentage points compared with the previous quarter. The price of agricultural capital goods declined by 0.1 percent year on year, which increased 0.1 percent in the last quarter. During Q3 of

2017, the Corporate Goods Price Index (CGPI), compiled by the People's Bank of China, rose by 6.5 percent year on year.

The growth of import prices continued to slow down. During Q3, the average price of ICE Brent oil futures rose by 11.3 percent year on year and 2.7 percent quarter on quarter. On the London Metal Exchange, the average price of spot copper surged 33 percent year on year and 12.3 percent quarter on quarter. Spot aluminum soared by 24.2 percent year on year and 5.4 percent quarter on quarter. Affected by the lagged impact of the previous decline in global commodity prices, growth of import prices generally continued to slow down. The monthly year-on-year growth of import prices from July through September stood at 6.7 percent, 6.4 percent, and 9.0 percent respectively, an average of 7.4 percent, which was 4.4 percentage points lower than that in the last quarter. Monthly year-on-year growth of export prices registered 4.0 percent, 2.9 percent, and 2.7 percent respectively, an average of 3.2 percent, which was 2.6 percentage points lower than that in the last quarter.

The GDP deflator went up. In Q3, it posted growth of 4.1 percent, 0.2 percentage point higher than that in the previous quarter.

The price reforms proceeded steadily. On August 16, on the basis of the completion of the price reform of provincial grid transmission and distribution, the National Development and Reform Commission decided to promote a comprehensive reform of the regional grid network and to improve the power-price adjustment mechanism for trans-provincial/trans-regional specified transmission projects so as to promote trans-provincial/trans-regional power-market transactions..

4. Fiscal revenue and expenditures grew quite rapidly

During the first three quarters of 2017, total fiscal revenue reached RMB13.4 trillion, up by 9.7 percent year on year on a comparable basis[1], which was a year-on-year acceleration of 3.8 percentage points. Fiscal expenditures increased by 11.4 percent year on year to reach RMB15.2 trillion, a year-on-year deceleration of 1.1 percentage points. The fiscal deficit registered RMB1,774.42 billion, up by RMB318.79 billion compared with the same period of the last year.

Tax revenue increased rapidly, whereas non-tax revenue grew slowly. During the first three quarters of 2017, tax revenue rose by 12.1 percent year on year to RMB11.3 trillion whereas non-tax revenue declined by 1.6 percent to RMB2.1 trillion. By categories, the domestic value-added tax, domestic consumption tax, corporate income tax, personal income tax, value-added tax and consumption tax on imports, customs duty and auto-purchase tax were up by 7.2 percent,

1. As of January 1, 2017, three government-managed funds—compensation for additional land designated for construction projects, the South-to-North Water Diversion Project funds, and special revenue submitted by tobacco companies—were transferred to the general public budget. Based on documents issued in March, starting from April the baseline figures for 2016 were adjusted to account for the impact of transferring these three government-managed funds to the general public budget, and year-on-year changes in both the absolute amount and percentage were calculated on this basis.

6.9 percent, 13.1 percent, 18.6 percent, 29.9 percent, 18.6 percent, and 26 percent year on year respectively. In general, major tax revenue continued to increase.

In terms of the expenditure structure, expenses for education, social security and improvements in employment, and urban and rural community affairs were the major items that were growing rapidly, at 13.3 percent, 20 percent, and 12.2 percent respectively year on year.

5. Employment was generally stable

New employment in the urban areas continued to grow, and the Employment Experience Index continued to increase. During the first three quarters of 2017, new employment in the urban areas reached 10.97 million, up by 300,000 year on year. According to the Urban Depositors' Survey conducted by the PBC, the Employment Experience Index registered 42.6 percent during Q3 of 2017, up by 0.7 percentage point quarter on quarter and up by 5.5 percentage points year on year, the fifth consecutive quarterly increase.

According to statistical analyses by China Human Resources Market Information Monitoring Center on data provided by public employment agencies in 97 cities, in Q3 labor demand slightly exceeded supply and the ratio of job vacancies to job seekers was 1.16, which was 0.06 higher year on year and 0.05 higher quarter on quarter. Demand for labor with technical or professional skills exceeded supply.

Box 3 Demographics and Employment Analysis

Demographics and employment is one of the key problems in economic and social development. Experience shows that economic growth is closely related to employment, thus stabilizing growth is aimed at promoting employment. Despite the economic slowdown in recent years, employment has remained strong. According to statistics, new employment in the urban areas remained over 13 million for the four consecutive years from 2013 to 2016, all exceeding the annual targets.

To analyze employment, one should first look at the working-age population. On the basis of current statistical definitions and data, the Chinese working-age population, defined as those between the ages of 16 and 60 (excluding 60), has generally been declining. In 2016, the Chinese working-age population registered 910 million, marking the fifth consecutive year of a decline since 2012 and accounting for 65.6 percent of the total population. The dependency ratio began to rise after reaching its lowest point in 2010. In 2015 the dependency ratio registered 37 percent, 2.7 percentage points higher than that in 2010. The higher dependency ratio indicates that labor supply (the working population) has declined relative to labor demand (the population of net consumption), which will help relieve employment pressures.

While total employment has remained

relatively stable, new employment in the urban areas has risen rapidly due to urbanization. In recent years, the amount of total employment has been stable: 780 million in 2016, up by 1.52 million over the previous year. Due to the urbanization in recent years, urban employment has risen rapidly, adding 13.14 million employees in 2016, the urban population accounted for 57.4 percent of the total population, 21.1 percentage points higher than that in 2000. However, because the data on new urban employment do not exclude those who became unemployed or who were re-employed after resigning during the reporting period, the data may include some repeated calculations. Regarding the net growth of urban employment (the difference between urban employment at the end and at the beginning of the reporting period), in 2016 Chinese urban employment increased by 10.18 million on a net basis, 2.96 million less than the new employment in the urban areas. Meanwhile, since 2010 the net growth of urban employment has been declining, in line with the changes in the working-age population.

At present, there are many favorable factors to stabilize employment. First, urbanization will continue to create a huge demand for labor. The Chinese urbanization rate is still low compared to countries with a comparable income. Urbanization will not only increase urban employment but also promote the division of labor, generate scale efficiencies and network effects, and create a large number of new jobs. Second, tertiary industry has a great potential to absorb employment. Tertiary industry usually accounts for a larger share of the economy when the per capita income reaches a certain level. Development of tertiary industry is also closely aligned with urbanization. The value-added of tertiary industry for the first time accounted for over 50 percent of GDP in 2015 and rose further to 51.6 percent of GDP in 2016, 11.9 percentage points higher than that in 2000. Compared with secondary industry, tertiary industry has a stronger capacity to absorb employment and it can generate more employment opportunities. Third, the transfer of rural surplus labor will gradually decline. In 2016, China had a rural population of 590 million, 270 million less than at its peak. Meanwhile, the number of rural migrant workers reached 280 million, thus there was little possibility for any further increase. Fourth, the average age of the working population has tended to rise. As the proportion of Chinese children and adolescents is rather low, it is expected that the average age of the working population will continue to rise in the future. Considering that the productivity of the middle-aged and the elderly is notably lower than that of young adults, in the future certain jobs might require more labor.

Nonetheless, future employment still faces pressures (mostly due to a structural mismatch). First, rigid employment demands from graduates of universities and technical secondary schools, new rural migrant workers, and demobilized soldiers remain high. Due to the expansion of enrollment, graduates from universities, colleges, and technical secondary schools in China have increased substantially in recent years. In 2016, graduates totaled about 13 million, including 7.0418 million graduates with bachelor's degrees or associate degrees from professional schools, 563,900 graduates with master's degrees, and 5.3362 million graduates from secondary vocational schools. The graduates constituted the main source for new urban employment. In addition, there were 3 million to 4 million new rural migrant workers and demobilized soldiers demanding new employment. Second, removing excess capacity will reduce some jobs. In recent years, China has made remarkable progress in removing excess capacity. During this process, some industries might cut jobs, resulting in a certain amount of demand for employment. Third, the structure of labor supply does not match that of labor demand. With the rapid expansion of the services sector (express delivery, real estate agent services, and so forth) and the retirement of the older generation of technical workers, demand for blue-collar workers and those with advanced skills has increased. In recent years, graduates (including those with master's, bachelor's, or associate degrees) from universities and colleges in China have been increasing continuously, whereas graduates from secondary vocational schools (including technical secondary schools, vocational high schools, and technical schools) have declined. As a result, pressures for graduates from universities and colleges to find job have increased. Fourth, the development of robots and artificial intelligence might also intensify employment pressures from the structural mismatch.

In order to alleviate the structural employment pressures, firstly, efforts should be made to promote urbanization. Work should be done to develop city clusters around central cities, enhance the attraction of small and medium-sized cities around large cities, induce the appropriate people to move to the urban areas, and generate more employment. Secondly, measures should be taken to further promote the economic restructuring. While the manufacturing industry is undergoing transformation and upgrading, access restrictions should be reduced and price controls should be abolished so as to promote the development of the services sector, to strengthen economic resilience, and to enhance the capacity of the services sector to absorb employment. Thirdly, steps should be taken to actively promote reforms of vocational education. Enterprises and industry associations should be encouraged to provide vocational and technical education, enhance the practicality of vocational education, and improve the balance between labor supply and demand.

6. The balance of payments registered surpluses in both the current account and the capital account

The balance of payments maintained surpluses in both the current account and the capital account. During the first three quarters of 2017, the current account surplus reached USD106.3 billion, or 1.2 percent of GDP, which was within the reasonable range. The non-reserve financial account registered a surplus of USD60.8 billion, compared with a deficit of USD389.1 billion during the same period of the last year. At end-September, total foreign-exchange reserves stood at USD3.1085 trillion.

The outstanding external debt continued to grow steadily. At end-June, the total outstanding external debt in both domestic and foreign currencies posted USD1.5628 trillion, which was 8.7 percent more than that at end-March. Among this, the outstanding short-term external debt registered USD1.0079 trillion, accounting for 64 percent of the total external debt.

7. Analysis by sectors

(1) The real-estate sector

In Q3 of 2017, growth of housing sales slowed down. Both month-on-month and year-on-year growth of housing prices in 70 large and medium-sized cities were lower compared with that in Q2. Real-estate investments rose steadily. The growth of real-estate loans continued to moderate.

Fewer cities saw month-on-month rising housing prices, and both month-on-month and year-on-year increases abated. In September, the price of newly-built housing recorded month-on-month growth in 44 out of 70 large and medium-sized cities, 16 cities fewer than in June, and average growth was 0.5 percentage point lower than that in June; it also rose year on year in 67 cities, 10 cities more compared with June, though the average rise was 3 percentage points lower than that in June. The price of used residential housing increased month on month in 49 cities, 11 cities fewer than in June; it also rose year on year in 65 cities, 1 city fewer than in June.

The volume of housing sales continued to grow, though at a slower pace. During the first three quarters of 2017, the total floor area of sold units posted 1.16 billion square meters, up by 10.3 percent year on year, which was 5.8 percentage points less than that during the first half of 2017. Housing sales reached RMB9.2 trillion, up by 14.6 percent year on year, which was 6.9 percentage points less compared with that during the first half of the year. In particular, residential housing accounted for 86.3 percent of the total sold floor area and 83.2 percent of the total housing sales.

Real-estate investments grew steadily. During the first three quarters of 2017, nationwide real-estate investments registered RMB8.0644 trillion, up by 8.1 percent year on year, which was 0.4 percentage point less than that during the first half of the year. Specifically, investments in residential housing grew by 10.4 percent. The floor area of newly started real-estate projects gained 6.8 percent year on year to reach 1.31 billion square meters, which was 3.8 percentage points less than that during the first half of the year. The floor area of real-estate projects under construction grew by 3.1 percent year on year to 7.38 billion square meters, which was 0.3 percentage point less than that during the first half of the year. The floor area of completed real-estate projects posted 580 million square meters, a year-on-year increase of 1.0 percentage point and a deceleration of 4.0 percentage points from the first half of the year.

The growth of real-estate loans continued to slow down. At end-September, outstanding real-estate lending by major financial institutions (including foreign financial institutions) stood at RMB31.1 trillion, up by 22.8 percent year on year, which was 1.4 percentage points less than that at end-June. Outstanding real-estate loans accounted for 26.4 percent of total lending, up by 0.5 percentage point from end-June. Among this, outstanding personal mortgages rose by 26.2 percent year on year to RMB21.1 trillion, 4.6 percentage points less than that at end-June; outstanding housing-development loans increased by 26.0 percent year on year to RMB5.3 trillion, an acceleration of 5.8 percentage points from end-June; outstanding land-development loans registered RMB1.4 trillion, down by 12.8 percent year on year, which was 5.1 percentage points narrower than that at end-June.

Credit support for welfare housing remained strong. At end-September, outstanding loans for welfare-housing development stood at RMB3.2 trillion, up by 37.9 percent year on year, 1.7 percentage points higher than that at end-June. During the first three quarters of 2017, loans for welfare-housing development grew by RMB648.6 billion, accounting for 61.2 percent of the total new real-estate development loans, 0.8 percentage point more than that during the first half of the year. In addition, the pilot lending program financed by housing provident funds to support the construction of welfare housing proceeded steadily. By the end of September, loans for 373 welfare-housing projects in 85 cities had been approved, a total of RMB87.17 billion had been disbursed on progress, and the loan principal of RMB77.63 billion had been recovered.

(2) The auto industry

The auto industry is an important sector driving a new generation in the technological revolution and the industrial transformation. It provides essential support for building China into a strong manufacturing country and it is a key pillar in the national economy. The healthy and sustainable development of the auto industry is of vital importance to public communications, the smooth circulation of social resources, and overall improvements in ecological progress.

During the past decade, China's auto industry has been steadily promoting supply-side structural reforms. With improving supplies quality as the main course, and enhancing the overall quality of products and services as the central task, the auto industry has made substantial progress in structural adjustments, transformation, and upgrading, as evidenced by the continuous rise of localization and of import substitution ratios. Above all, China's auto industry has rapidly become an essential part of the global auto industry, and to some extent it has changed the landscape of the global market. With its continuous development over the years, China's auto industry has gradually evolved into a system that boasts a full range of products and supporting facilities and services. The production volume and sales volume of China's auto industry have ranked first in the world for eight consecutive years, with production hitting a new high of over 28 million in 2016, accounting for 30 percent of the global total. In particular, Chinese-brand vehicles have exceeded 14 million. Chinese brands have gained strong market recognition and can even compete with the top international brands in some market segments. During the first three quarters of 2017, production in China's auto industry reached 20.349 million, up by 4.8 percent year on year, and sales volume registered 20.225 million, up 4.5 percent year on year. Second, the auto industry has become one of the pillar industries in the national economy and it has facilitated the coordinated development of the relevant industries. The ratio of tax revenue from auto-related industries in total tax revenue, the ratio of employment from auto-related industries in urban employment, and the ratio of auto sales in total goods sales have all been over 10 percent for many years. With over 150 up-stream and down-stream industries, the rapid growth of the auto industry has effectively promoted progress and scale economies in national industries and high-tech industries. Third, mergers and acquisitions (M&As) have further consolidated industrial resources, accelerated the removal of outdated capacity, and upgraded the industrial structure. Overseas M&As and investment cooperation have continued to expand, gradually narrowing the gap between China's auto companies and their international counterparts in terms of brands, technology, and channels. Since 2013 Chinese-brand auto companies and auto-parts producers have completed about 60 overseas M&A transactions. Most of these transactions were carried out by spare-parts producers and they were mainly targeted at European and American companies. Meanwhile, focusing on the supply side, the auto industry has accelerated the removal of outdated capacity, improved the exit mechanism of "zombie companies," banned approvals of new investments in traditional fossil-fuel-powered vehicles, and strictly prohibited current auto companies from expanding their manufacturing capacity for traditional fossil-fuel-powered vehicles. Fourth, new-energy vehicles and intelligent and Web-connected vehicles have developed rapidly. In recent years, with the increasingly tight constraints on energy, the environment, and transportation, energy-savings, environment protection, low carbon and green manufacturing have become an inevitable trend. Against this background, China has made good progress in developing new-energy vehicles, as demonstrated by the rapid expansion of capacity and the increasingly complete industrial chain. In 2016, both the production and sales of new-energy vehicles in China exceeded 500,000, ranking first in the world for two consecutive years, accounting for over 50 percent of the global total and placing it in a leading global position in terms of industrial capacity. During the first three quarters of 2017, new-energy vehicles maintained a strong growth momentum, with production and sales reaching 424,000 and 398,000, up by 40.2 percent and 37.7 percent respectively year on year. Technology has improved significantly and it is generally well coordinated with advanced international standards. Products have been sold to over 30 countries and over 100 cities, with coordinated exports of products, technology, standards, and services. China has also become the world's largest power-battery manufacturer. Out of nothing, it has developed its own brand of equipment. The localization rate of equipment in many battery companies exceeds 70 percent and in some cases it even exceeds 90 percent. At the same time, some companies have taken the initiative to increase the scale of some vehicle equipment that has driver-assistance functions and is connected to the Internet. Such developments have strengthened IT capacity in the auto industry in terms of vehicle intelligence and Web-connections.

While acknowledging all these achievements, it also must be recognized that the Chinese auto industry still confronts many problems and challenges. On the one hand, the fact that the auto industry is large but not strong is still a serious problem. In concrete terms, the auto industry does not have an adequate technological capacity as far as the core technologies are concerned; the localization rate of some key spare parts is rather low; and there are weak links within the industrial chain. In addition, the innovation mechanism needs improving, the building of Chinese international brands is sluggish, corporate strength still needs to be enhanced, and a risk of overcapacity is emerging. As the economy slows down, the energy, environment, and transportation problems generated by the massive auto ownership will become increasingly serious. On the other hand, the integration of the auto industry with the new generation of IT, new-energy, and new material technologies has accelerated. As a result, vehicles are rapidly developing features in the direction of new-energy, light weight, intelligence, and Internet connections. Vehicles are being transformed from transportation tools to large mobile intelligence terminals, energy conservation units, and digital space. The production of vehicles is evolving from the previous streamlined mass production to the current intelligent manufacturing systems with sufficient interconnections and collaboration. Personalized and customized production might become a future trend. In such a new context, major countries have strengthened their support for new-energy vehicles and intelligent and Web-connected vehicles. International auto companies have also stepped up their efforts, thus resulting in fiercer competition in the global arena.

From merely being large, the Chinese auto industry has now entered a period of strategic opportunities for industrial transformation, upgrading, and strengthening. In April 2017, with the approval of the State Council, the Ministry of Industry and Information Technology, the National Development and Reform Commission, and the Ministry of Science and Technology jointly issued the *Medium- and Long-term Development Strategy for the Auto Industry*, establishing the general goal of becoming a global auto power within ten years of continuous efforts. During the next stage, efforts will be made to incorporate and implement the concept of innovative, coordinated, green, open, and shared development. Measures will be taken to promote supply-side structural reforms in the auto industry with controlled aggregates, improved structures, coordinated innovations, and an upgraded transformation. In this way, the auto industry will be transformed from an industry driven by scale and speed to an industry driven by quality and efficiency, and China will be transformed from a large auto manufacturer to a strong auto manufacturer.

PART 5 Monetary Policy Stance to be Adopted during the Next Stage

I. Outlook for the Chinese economy

Looking forward, there are many favorable factors to support the steady growth of the Chinese economy. The global economy is projected to continue its momentum for recovery. The International Monetary Fund (IMF) revised upward its projections for global economic growth in 2017 and 2018. On the domestic front, as a big developing country China still has a huge growth potential, with much room for development in terms of new urbanization, services, high-end manufacturing, and consumption upgrading. The economy remains resilient, with a great potential and fairly large room for policy maneuvers. In particular, with advances in the supply-side structural reforms, progress in streamlining government administration and delegating powers, and implementation of an innovation-driven development strategy, supply and demand have become more balanced. Adjustment of the industrial structure has accelerated and progress has been made in removing excess capacity. Industries well adapted to consumption upgrading and emerging strategic industries have developed rapidly, and the organizational structures of industries have improved. During the first three quarters, the industrial utilization ratio reached 76.6 percent, 3.5 percentage points more than that in the same period of 2016 and hitting a five-year high. Deleveraging has made headway and the all-system leveraging ratio has stabilized, albeit at a high level. Progress has also been made in curbing leveraging in the financial system. A series of macro-economic management measures have played an important role in supporting a moderate expansion of aggregate demand. Growth of money, credit, and all-system financing aggregates has been moderate, which has been conducive to achieving medium- and high-level growth. Driven by multiple factors, the Chinese economy has exhibited positive signs amidst stabilization. Notable progress has been made in reducing the overcapacity in the manufacturing industry and improving the industrial concentration and corporate profits. Economic growth has become less reliant on infrastructure investments and instead it is characterized by greater stability, higher quality, and an improved structure. The PBC's *Quarterly Survey of Entrepreneurs and Bankers* during Q3 of 2017 reveals that since 2016 macro-economic indicators, confidence indicators, and other indicators have continued to rise quarter on quarter. The *Survey of Urban Depositors* shows that employment expectations of households have remained generally stable.

Nevertheless, notwithstanding the positive changes in structural adjustments taking place in the economic and financial arenas, some structural problems still remain, there is still a long way to go with the structural adjustments and reforms, and the arduous task of guarding against financial risks and deleveraging remains. Externally, we are still confronted with a highly complex and volatile global environment, as adjustments of monetary policies in the advanced economies might generate shocks to the global economy and capital flows, growth of global trade and investments are not solidly based, and geopolitical risks and uncertainties might escalate. Domestically, to a large extent economic growth is driven by a rebound in external demand as a result of the global recovery and business restocking in the domestic market. The recent improvement in corporate performance is mainly due to upstream and midstream industries, such as the coal, steel, and petrochemical industries, whereas private investment has remained weak, bottlenecks in some weak-link fields have yet to be broken, aggregate leveraging remains elevated, and enterprises, in particular state-owned enterprises (SOEs), face heavy debt burdens. It is important to note that China's economy has been transitioning from a stage of rapid growth to a stage of high-quality development. In this context, efforts should be made to prioritize quality and efficiency and, while moderately expanding domestic demand, to pursue supply-side reforms as a main task. Measures should be taken to promote transformation in terms of quality, efficiency, and drivers of economic development and to raise the total factor productivity. Priority reform items, such as streamlining administrative procedures, delegating powers, and strengthening regulations to improve services and fiscal and tax reforms, will be deepened on a continuous basis. The five major tasks of removing excess capacity, reducing inventories, deleveraging, reducing costs, and shoring up weak spots will be earnestly implemented. Efforts will also be made to tackle the key problem of resolving zombie enterprises, to deepen the reforms of state-owned enterprises, to promote the new type of urbanization, to establish a long-term mechanism that promotes stable development of the real-estate market, to increase labor-market flexibility, to contain the build-up of asset bubbles, and to reduce macro tax burdens. As the market will play a more decisive role in resource allocations, the issue of ill-balanced and inadequate development will be tackled by improving the quality and efficiency of development. Top-level designs and grassroots-level innovations will be combined and intergovernmental fiscal relationships will be improved. New institutional arrangements will be adopted to encourage local initiatives for economic growth, reinforce property-rights protection, improve the business environment, and stabilize market expectations and promote the healthy development of the non-public sector. Continued efforts will be made to substantially strengthen weak links so as to expand consumption and to develop the services sector. The incentives and disciplinary mechanisms of financial institutions will be improved to maintain sustainable financing and to expand the scope and space for the effective allocation of financial resources.

The overall inflation situation is generally stable. Ultimately, inflation is determined by the economic fundamentals and relative changes in supply and demand. Multiple actors are pushing up inflation, such as stabilization of the domestic economy as a whole and the combined effects of reducing inventories and promoting and supervising environmental protection. During Q3 of 2017, the GDP deflator posted 4.1 percent, up by 0.2 percentage point from the previous quarter. That said, it should be noted that inflation in the key economies remains subdued, domestic growth faces downward pressures while being supported by upside forces, and the base effect may slow down the year-on-year rise in the PPI during the upcoming period. The above-mentioned factors amount to generally stable inflationary expectations. According to the *Urban Depositors' Survey* conducted by the PBC in Q3 of 2017, the future price expectation index edged down by 0.1 percentage point from the previous quarter. Continued monitoring of potential uncertainties and changes in the future is warranted.

II. Monetary policy during the next stage

As stressed in the report delivered at the 19th National Congress of the Communist Party of China, socialism with Chinese characteristics has entered a new era, which is a new historic juncture in China's development. The principal contradiction facing Chinese society has evolved into one between unbalanced and inadequate development and the people's ever-growing needs for a better life. China's economy has been transitioning from a stage of rapid growth to a stage of high-quality development. This is a critical juncture for transforming the growth model, improving the economic structure, and fostering new growth drivers, which will require a modernized economic system as China's objective for development. Endeavors will be made to develop an economy with more effective market mechanisms, dynamic micro-entities, and sound macro-regulation. Going forward, the PBC will earnestly implement the decisions of the 19th National Congress of the Communist Party of China and the National Financial Work Conference and will adhere to the guiding principles of seeking progress amidst stability with sound macro-regulation and dynamic micro-entities. Bearing in mind the three major tasks of serving the real economy, guarding against financial risks, and deepening the financial reforms, the PBC will adopt innovative approaches to financial regulation, maintain policy consistency and stability, prioritize quality and efficiency, implement a prudent and neutral monetary policy while coordinating monetary policy with other policies, and accelerate the development of a modernized economy so as to create a neutral and proper monetary and financial environment for structural reforms and high-quality development. The PBC will improve the regulatory framework underpinned by monetary policy and macro-prudential policy, deepen the market-based reforms of interest rates and exchange rates, and improve management approaches, make preemptive adjustments and fine-tunings through a mix of price- and quantity-based instruments to maintain basic stability of liquidity in the banking system, and straighten out the policy transmission channels. It will also promote financial inclusion to improve the efficiency and quality of financial services to support the real economy. Efforts will be made to diligently carry out the mandate of the Office of the State Council Financial Stability and Development Committee, strengthen coordination of financial regulation, and safeguard the bottom line of preventing systemic financial risks.

First, aggregates will be kept at a stable level while a combination of price- and quantity-based tools and macro-prudential policies will be adopted to enhance preemptive adjustments and fine-tunings and to properly manage the supply of money. In view of the changes in how money is supplied and the financial innovations, the PBC will closely monitor the changes in liquidity and market expectations, employ a number of flexible monetary-policy instruments, and arrange a combination of instruments in properly-paced operations to "shave off mountain peaks and fill valleys" in terms of liquidity so as to maintain its stability and to strike a balance between maintaining liquidity stability and deleveraging. Macro-prudential management will be enhanced through effective macro-prudential assessments, and explorations will be conducted to include more financial activities and financial markets in the framework of macro-prudential management, to guide financial institutions to properly manage liquidity, and to maintain the stability and neutrality of the monetary and financial environments.

Second, measures will be adopted to facilitate structural optimization to support economic structural adjustments, transformation, and upgrading. In a bid to provide more efficient and better-quality financial services to the real economy, continued efforts will be made to optimize the direction and structure of liquidity, reinforce the role of credit policy, promote supply-side structural reforms, channel more financial resources to key areas and weak links in economic and social development, and facilitate financing and lower costs in the real economy. Continued support will be given to growth stabilization, structural adjustments, and efficiency improvements in the various industries. Financial services will be provided to support the endeavor to turn China into a manufacturing power. Financial services will be earnestly provided for overcapacity reductions in the iron, steel, and coal and thermal power industries. Financial services will be delivered on a continuous basis for infrastructure building and for the upgrading and transformation of key areas and industries, such as railways and shipbuilding, and financial support to new areas of consumption growth will be beefed up, such as elderly care, education, and health. Greater financial support will be provided to major national strategies, such as the coordinated development of Beijing, Tianjin, and Hebei, the Belt and Road Initiative, and development of the western regions, and to coordinated development of the regional economies. Credit asset securitization can play a positive role in liquidizing stock assets so as to enhance economic efficiencies and promote economic transformation and upgrading. Quality financial services will be provided to new types of entities in the agricultural sector and the pilot program of collateralized lending by contracted farmland operational rights and rural home property rights will be advanced. Financial institutions will be guided to beef up support for agricultural infrastructure, integration of the primary, secondary, and tertiary industries, urbanization, and other key areas. The working mechanism for the involvement of the financial sector in poverty alleviation will be improved through reinforced efforts in extremely poor areas and the establishment of demonstration areas for targeted poverty alleviation to guide financial institutions to beef up credit provisions to poverty-stricken areas. Evaluation of the effects of guiding credit to flow to rural areas, agriculture, farmers, and small and micro enterprises will be improved, alongside with the evaluation of financial services to achieve targeted poverty alleviation, so as to guide financial institutions to beef up credit support to weak links in the economy. Financial support to micro and small businesses will be reinforced to improve their access to financial services. The special project of accounts-receivable financing for small and micro enterprises will be carried out to optimize their financing environment. Efforts will be made to step up financial support for key sectors in the national economy, including science and technology, the cultural industry, information consumption, and the emerging strategic industries.

Third, the market-based interest-rate reform and the RMB exchange-rate regime reform will be continued so as to improve the allocation of financial resources and to improve the financial regulatory system. Financial institutions will be urged to strengthen their internal control systems and to improve their capability for independent and rational pricing and risk management. Measures will be adopted to develop market-based benchmark rates, to improve the yield curves of government securities, and to continuously improve the market-based interest-rate pricing mechanism, in order to deepen the financial market. The PBC will explore the interest-rate corridor mechanism and will enhance the central bank's capacity to make interest-rate adjustments so as to improve transmission of the central bank's policy rates to the financial market and the real economy. Oversight of the irrational pricing behavior of financial institutions will be strengthened. The important role of the market interest-rate self-disciplinary mechanism will be tapped. Effective approaches will be adopted to regulate interest-rate pricing behavior, while industrial self-discipline and risk prevention will be reinforced to maintain order for fair pricing. The market-based RMB exchange-rate regime will be further improved to allow market forces to play a greater role, to enhance the two-way flexibility of the RMB exchange rate, and to keep the RMB exchange rate basically stable at an adaptive and equilibrium level. Development of the foreign-exchange market will be accelerated in accordance with the principle that finance should serve the real economy to support financial institutions to provide reasonable, prudent, and diversified exchange-rate risk-management services to the trade, investment, and financing activities of enterprises. Reform of the foreign-exchange administration regime will be furthered to facilitate trade and investment, support the use of the RMB in cross-border trade and investment, and tap the role of local currencies in the Belt and Road Initiative. Efforts will be made to steadily promote RMB convertibility under the capital account, improve the policy framework and infrastructure for cross-border RMB use, and advance reforms while guarding against risks. The PBC will closely watch the impact of international developments on capital flows, improve macro-prudential management to prevent abrupt changes in cross-border capital flows, and safeguard economic and financial safety.

Fourth, the financial market system will be improved to enhance the role of the financial market to stabilize economic growth, facilitate structural adjustments, promote reforms, and prevent financial risks. Product innovations in the bond market will be facilitated to promote asset securitization and to meet the needs of market entities for diversified investments and financing. Information disclosures and credit- rating mechanisms on the bond market will be improved and greater access will be granted to offshore financial institutions based on the precondition of safeguarding financial safety. Financial market rules will be further aligned with international standards based on country specifics. Continued efforts will be made to promote development of the secondary bond market by streamlining arrangements for trading, clearing, and settlement, which will also improve liquidity. Supporting policies concerning accounting, auditing, and taxation will be enhanced to create a more user-friendly and convenient investment environment. The financial-market infrastructure will be improved and managed in a coordinated manner to safeguard efficient and stable functioning of the market. Coordination of bond market regulation and inter-departmental regulatory cooperation will be enhanced to realize the role of the bond market in increasing the share of direct financing, preventing and resolving financial risks, and optimizing resource allocations.

Fifth, the reform of financial institutions will be deepened and financial services will be improved by increasing supply and enhancing competition. Reform of large commercial banks and other large financial institutions will be advanced continuously by improving the management of state-owned financial assets, the modern financial corporate system, and the legal-person governance structure, streamlining the relationships among the shareholders' general meeting, the board of directors, the board of supervisors, and the management, improving the principal-agent mechanism, establishing effective mechanisms for decision-making, execution, and checks and balances, reinforcing the risk-prevention responsibilities of financial institutions, and maintaining healthy balance sheets while promoting sound corporate governance, international control systems, and trading and clearing of sophisticated financial products. Further reforms to the management and operational mechanisms of the Agricultural and Rural Financial Service Division of the Agricultural Bank of China will be promoted, and the effects of the reforms will be closely monitored and evaluated to improve their capacity to serve the real economy at the county level. Efforts will be made to carry out a comprehensive reform program of development and policy financial institutions. According to the requirements and the division of labor established in the reform programs, the PBC will work with the relevant departments to rapidly complete the follow-up tasks of improving the governance structures, specifying the scope of businesses, strengthening the risk compensation mechanisms, and drafting the rules for prudential regulation. Reforms will be deepened to provide a policy environment for development and policy financial institutions with Chinese characteristics that provides services for economic development and operates on a sustainable basis. In addition, the transformation and development of asset-management companies will be further promoted.

Sixth, based on the principle of making the financial system serve the real economy, continued efforts will be made to earnestly prevent and mitigate systemic financial risks so as to safeguard financial security and stability. In line with the principle that financial services should serve the real economy, efforts will be made to improve monetary-policy transmission channels and mechanisms to maintain the stability of financial aggregates and to optimize their structure. Risk monitoring and assessments will be reinforced, and early warnings and emergency response mechanisms will be improved to prevent and mitigate risks in key areas. Efforts will be beefed up to monitor and mitigate risks emanating from corporate debt, changes in the quality and liquidity of bank assets, the property market, Internet banking, cross-border capital flows, and cross-sector and cross-market products. Rules and standards for the asset- management industry will be harmonized and looking-through regulations will be strengthened. Unified rules will be applied based on products, rather than based on entities, to reduce regulatory arbitrage. Macro-prudential management and functional regulation will be reinforced based on looking-through principles to achieve universal regulatory coverage. Promulgation of regulatory rules for financial holding companies will be accelerated, covering market access, sources of capital, corporate governance, capital adequacy, and connected transactions. Strict rules will be put in place to restrict non-financial enterprises from investing in financial institutions so as to set up an institutional wall between the non-financial corporate sector and the financial sector and to tackle regulatory weaknesses. Unswerving efforts will be made to actively and prudently reduce the leverage ratio. Based on the prerequisite of controlling the aggregate leverage ratio, top priority will be given to lowering the leverage ratio of SOEs, resolving zombie enterprises, and steadily promoting market-based debt equity swaps in accordance with the law. Risks arising from local-government borrowing will be mitigated by effectively regulating local-government financing. The PBC will earnestly fulfill the mandate of the Office of the State Council Financial Stability and Development Committee. Coordination of financial regulation will be reinforced and policies will be carried out with a proper intensity in a well-paced manner so as to prevent overlap and unintended mutual reinforcement of different factors. Well-coordinated regulation of systemically important financial institutions and the financial infrastructure will be strengthened and continued efforts will be made to promote comprehensive statistics on the financial sector and the sharing of regulatory information. Risk surveillance and the early correction mechanism for deposit insurance will be improved in an accelerated manner and the role of deposit insurance in market-based risk mitigation will be tapped. Measures will be taken to develop a multi-layered capital market and to promote the sound development of the capital market, and the market-based default resolution mechanism will be improved in accordance with the laws and regulations. Comprehensive policy measures will be adopted to effectively dissolve financial risks and to defend the bottom line of preventing systemic financial risks.

Box 4 Improve the Two-Pillar Framework of Monetary and Macro-Prudential Policies

Improving the two-pillar adjustment framework of monetary and macro-prudential policies is a clear requirement in the report delivered at the 19th National Congress of the Communist Party of China. This is an important decision based on a global reflection of the lessons of the global financial crisis and in view of China's circumstances. The two-pillar framework will help promote financial stability while maintaining the value of the RMB, enhance the efficacy of financial management, prevent systemic risks, and maintain macro-economic stability and national financial security.

Traditionally, with its policy framework centering on monetary policy, a central bank focuses on the economic cycle and monetary policy. The economic cycle refers to the expansion and subsequent contraction of economic activities. Traditional macroeconomics looks at the impact of capital, labor, and other real economy variables on the economic cycle, and it maintains that in a competitive market, prices are sufficiently flexible to effectively allocate resources. Therefore, to a large extent it is believed that price stability represents macro-economic stability. In such a context, the objective of monetary policy is to smooth out fluctuations in economic cycles with counter-cyclical adjustments and to maintain price stability. Such a framework has been quite effective in addressing high inflation. But the monetary-policy framework with the CPI as an anchor has its own problems, for there can be large fluctuations in asset prices and financial markets, even though the CPI is stable. For example, between 2003 and the outbreak of the sub-prime crisis, the global economy was booming and the CPI inflation was stable, but commodity prices and the MSCI World Index surged 90 percent, while housing prices in medium and large US cities went up more than 50 percent. Massive risks accumulated during this period.

The global financial crisis has prompted the international community to pay more attention to financial cycles. The central banks have also realized that macro-economic management focusing only on economic cycles as expressed by price stability is inadequate. The traditional policy framework with a single target is apparently problematic because it is not effective in addressing systemic financial risks and it might give rise to asset bubbles and an accumulation of financial risks. The financial cycle refers to the cyclical fluctuations as reflected in the expansion and contraction of the financial indicators. In judging the financial cycles, the two essential indicators are broad credit and real-estate prices, the former representing financing conditions and the latter reflecting investors' risk perceptions. Since real estate is important collateral, the two will amplify one another and cause self-reinforcing pro-cyclical fluctuations. Broad credit and asset prices may further link the real economy and the financial sector through the balance sheet and other channels. With the combined effects of coordinated movements of the economic and financial cycles, the degree of expansion and contraction of the economy will be amplified; yet when the two do not move in step, their effects might work in the opposite directions and cause conflicts and even the failure of macro-economic policy. A central bank will find it difficult to strike a balance between adjusting the economic cycle and the financial cycle by relying only on monetary-policy instruments.

Given the growing importance of the financial cycle, it is necessary to introduce a macro-prudential policy to make up for the flaws in the above-mentioned framework and to prevent systemic risks. First, there are major differences between different markets and economic entities. While some markets are still cool, other markets may have become heated. Monetary policy aims to make adjustment at the aggregate level, it is thus difficult for it to take full account of the specific situations in different markets and of diversified entities. Second, real estate and other asset markets can easily build up leverage. Transactions go up when prices go up and they decline when prices decline. Pro-cyclical fluctuations and over-adjustments may easily occur, and it will be difficult for interest rates and other price adjustment mechanisms to work effectively. Therefore, a macro-prudential policy is needed to introduce counter-cyclical leverage adjustments.

To improve the macro-prudential policy framework and to have the two complement one another will help the central bank combine the objectives of preserving the value of currency and maintaining financial stability. Both monetary policy and macro-prudential policy can provide counter-cyclical adjustments and they are both part of macro-economic management. Monetary policy looks at the overall economy and the aggregates with a focus on price stability, growth, and employment. Macro-prudential policy works directly on the financial system and addresses specific situations in the system, with a focus on financial stability and prevention of systemic risks. The two can complement and reinforce each other.

As the importance of macro-prudential policy is increasingly acknowledged, a global trend of integrating monetary policy and macro-prudential policy has emerged. Many central banks have essentially established the components of the two-pillar adjustment framework encompassing monetary and macro-prudential policies. For example, in Britain, the central bank has the functions of monetary policy, macro-prudential policy, and micro-prudential regulation, and it has established a Financial Policy Committee, in addition to the Monetary Policy Committee, to be in charge of macro-prudential regulation; in the Eurozone, a macro-prudential policy framework has been gradually established with the European Central Bank (ECB) at the center and the ECB and the national macro-prudential authorities taking joint responsibility to more closely combine macro-prudential and monetary policies.

In China, we have begun to explore the combining of the two policies and we have made good progress. On the one hand, the monetary-policy framework has gradually evolved, shifting from quantitative adjustments to price adjustments and supported by innovations in numerous monetary policy instruments to keep liquidity basically stable and to build interest-rate adjustments and a transmission capacity. On the other hand, a macro-prudential policy framework has been established and improved. Much of our exploration has been quite innovative even from a global perspective. First, in 2011 the dynamic adjustment mechanism of the differentiated reserve requirement was introduced to align the credit expansion of financial institutions with the rational demand of economic growth and the capital level of financial institutions, i.e., requiring financial institutions to have their business volume compatible with the size of their capital and to refrain from excessive expansion or excessive leveraging. To respond to developments in the financial market and innovations, the dynamic adjustment mechanism of the differentiated reserve requirement ratio was upgraded into the macro-prudential assessment (MPA) to include a larger range of financial activities and asset-expansion behavior into macro-prudential regulation, to guide the behavior of financial institutions from seven perspectives and to introduce counter-cyclical adjustments. In 2017 off-balance-sheet wealth management was included in the MPA broad credit indicator to guide financial institutions to step up risk management in off-balance-sheet businesses. In 2018,inter-bank certificates of deposit will be included in the MPA indicator of the inter-bank liability ratio and its assessment. Second, cross-border capital flows have been included in macro-prudential regulation. Open, transparent and market-based measures have been adopted, targeting the two dimensions of the foreign-exchange market and cross-border financing and two patterns of leverage financing and short-term speculation with financial institutions' proprietary funds as to promote the sound operation of financial institutions and to maintain financial stability. Third, macro-prudential regulation was strengthened in the real-estate market and a housing credit macro-prudential regulatory framework came into being, with a city-specific housing credit policy as a major component. After implementation of these policies, liquidity in the banking system has been generally stable, money, credit and all-system financing aggregates have grown steadily, leveraging and speculative behavior have been curtailed to a certain extent, and the normal financing demands of corporate and household sectors have been met. The combination of monetary and macro-prudential policies has created neutral and adequate monetary and financial environments, prevented systemic financial risks, preserved financial stability, and promoted sustainable and sound macro-economic development.

Going forward, the PBC will continue to improve the two-pillar framework of monetary and macro-prudential policies in accordance with the overall plan of the Central Committee of the Communist Party of China and the State Council. The monetary policy framework will be further improved, including strengthening price-based adjustments and transmission, deepening the market-based interest-rate and exchange-rate regime reforms, and giving price levers a decisive role in optimizing resource allocations; the macro-prudential policy framework will be further improved to cover a larger variety of financial activities, financial markets, financial institutions, and financial infrastructures. Furthermore, the governance structure of the monetary and macro-prudential policies will be improved in the direction of modernizing the financial governance system and financial governance capability.

附录一 2017年第三季度中国货币政策大事记

7月3日，发布中国人民银行公告〔2017〕第7号，推动符合条件的境内外信用评级机构在银行间债券市场开展信用评级业务，促进信用评级行业健康发展。

7月3日，内地与香港债券市场互联互通合作（简称“债券通”）正式上线试运行。

7月4日，经国务院批准，香港人民币合格境外机构投资者（RQFII）额度扩大至5 000亿元人民币。

7月6日，中国人民银行与蒙古银行续签双边本币互换协议，规模为150亿元人民币/5.4万亿蒙古图格里克，有效期3年。

7月17日，中国人民银行向全国人大财经委员会汇报2017年上半年货币政策执行情况。

7月18日，中国人民银行与阿根廷央行续签双边本币互换协议，规模为700亿元人民币/1 750亿阿根廷比索，有效期3年。

7月21日，中国人民银行与瑞士央行续签双边本币互换协议，规模为1 500亿元人民币/210亿瑞士法郎，有效期3年。

8月4日，发布《中国区域金融运行报告（2017）》。

8月11日，发布《2017年第二季度中国货币政策执行报告》。

8月31日，发布中国人民银行公告〔2017〕第12号，为引导同业存单市场规范有序发展，规定自2017年9月1日起，金融机构不得新发行期限超过1年（不含）的同业存单。

9月8日，发布《中国人民银行关于调整外汇风险准备金政策的通知》（银发〔2017〕207号），宣布自2017年9月11日起，将外汇风险准备金征收比例下调至零。

9月8日，中国人民银行取消对境外人民币业务参加行存放境内代理行人民币存款交存准备金实施穿透式管理。

9月27日，中国人民银行货币政策委员会召开2017年第三季度例会。

9月30日，中国人民银行宣布自2018年起，将当前对小微企业和“三农”领域实施的定向降准政策拓展和优化为统一对符合宏观审慎经营要求且普惠金融领域贷款达到一定比例的商业银行实施定向降准政策。

Appendix 1 Highlights of China's Monetary Policy in the Third Quarter of 2017

On July 3, the PBC Public Notice [2017] No. 7 was released to facilitate eligible domestic and overseas credit-rating agencies to conduct rating business in the inter-bank bond market and to promote the sound development of the credit-rating industry.

On July 3, the mutual bond market access between Mainland China and Hong Kong SAR (the Bond Connect) was launched for pilot operations.

On July 4, as approved by the State Council, the RQFII quota for Hong Kong SAR was increased to RMB500 billion.

On July 6, the PBC renewed a bilateral currency swap agreement with the Bank of Mongolia. The size of the swap facility is RMB15 billion/MNT5.4 trillion and the agreement is valid for 3 years.

On July 17, the PBC reported to the Financial and Economic Affairs Committee of the National People's Congress on the conduct of monetary policy during the first half of 2017.

On July 18, the PBC renewed a bilateral currency swap agreement with the central bank of Argentina. The size of the swap facility is RMB70 billion/ARS175 billion and the agreement is valid for 3 years.

On July 21, the PBC renewed a bilateral currency swap agreement with the central bank of Switzerland. The size of the swap facility is RMB150 billion/CHF21 billion and the agreement is valid for 3 years.

On August 4, *China Regional Financial Operations Report of 2017* was released.

On August 11, *China Monetary Policy Report Q2, 2017* was released.

On August 31, PBC Public Notice [2017] No. 12 was released to prohibit financial institutions from issuing Negotiable Certificates of Deposit (NCD) with at maturity of over 1 year (excluding 1 year), effective from September 1, 2017, to promote the sound development of the NCD market.

On September 8, the *Notice on Adjusting Policies on Foreign Exchange Risk Reserves* (PBC Document [2017] No. 207) was released to cut the foreign-exchange risk reserve ratio to zero, effective from September 11, 2017.

On September 8, the PBC discontinued looking-through management on the required reserves of RMB deposits deposited by overseas participating banks with domestic correspondent banks for overseas RMB businesses.

On September 27, the PBC's Monetary Policy Committee held its third quarterly meeting of 2017.

On September 30, the PBC announced it would expand and optimize the policy of targeted required reserve ratio cut, which is currently implemented by assessing commercial bank loans to micro and small enterprises as well as the agricultural sector, rural areas, and farmers, to make it applicable to all commercial banks as long as their inclusive financing loans reach a certain ratio and meet the macro-prudential requirement, to be effective from the beginning of 2018.

附录二　2017年第三季度主要经济体中央银行货币政策

一、美联储

在7月和9月两次例会上，美联储公开市场委员会（FOMC）继续将联邦基金利率维持在1%～1.25%的目标区间不变。在9月20日的例会上，FOMC表示将遵循2017年6月例会公布的《货币政策正常化原则与计划》，自2017年10月开始启动缩减资产负债表计划，将逐步减少到期证券本金再投资，起初每月缩减60亿美元国债、40亿美元机构抵押支持证券（MBS）。9月例会后发布的预测表中，FOMC多数成员对于2017年目标利率区间的预测维持在1.25%～1.50%不变，即第四季度大概率将加息1次。

二、欧洲中央银行

欧央行在7月和9月两次例会上决定，继续将主要再融资操作利率、边际贷款便利利率和存款便利利率维持在0%、0.25%和-0.4%的水平不变。同时，在非常规货币政策措施方面，欧央行决定继续维持每月600亿欧元的净资产购买规模至少至2017年12月，并将视经济前景和金融状况随时准备增加资产购买的规模或持续时间，以期实现通胀目标。

三、日本银行

在7月和9月的两次例会上，日本银行决定继续实施收益率曲线管理下（Yield Curve Control）的量化和质化宽松货币政策（QQE），以期实现2%的价格稳定目标。在收益率曲线管理方面，短期利率上继续将金融机构存放在日本银行的部分超额准备金利率维持在-0.1%不变，同时继续以每年80万亿日元的规模购买日本政府债券，从而将10年期国债收益率维持在0附近，以期实现长期利率目标。在资产购买方面，继续购买交易所基金（ETFs）、日本房地产投资信托（J-REIT）、商业票据和企业债券，年购买规模分别为6万亿日元、900亿日元、2.2万亿日元和3.2万亿日元。

四、英格兰银行

在第三季度的两次例会上，英格兰银行均决定维持基准利率0.25%不变，同时继续维持100亿英镑的投资级非金融公司债券购买计划和4 350亿英镑的资产购买规模。

Appendix 2 Monetary Policies of the Central Banks of Major Economies in the Third Quarter of 2017

1. U.S. Federal Reserve

At its July and September meetings, the Federal Reserve's Federal Open Market Committee (FOMC) decided to maintain the target range for the federal funds rate at 1 percent to 1.25 percent. At its meeting on September 20, the FOMC announced that in October it would begin a balance sheet normalization program, as outlined in the June 2017 *Addendum to the Committee's Policy Normalization Principles and Plans*. According to the balance sheet normalization program, only maturing principals above USD6 billion per month for Treasuries and above USD4 billion per month for agency debts and mortgage-backed securities (MBS) will be reinvested. The projections released later that day revealed that the majority of the FOMC members projected the target range of the federal funds rate in 2017 would be at 1.25~1.50 percent, implying there possibly might be another rate hike in Q4.

2. European Central Bank

At its July and September monetary policy meetings, the European Central Bank (ECB) decided that interest rates on the main refinancing operations, the marginal lending facility, and the deposit facility will remain unchanged at 0 percent, 0.25 percent, and −0.40 percent, respectively. With respect to non-standard monetary policy measures, the ECB decided to maintain net asset purchases at the monthly pace of EUR60 billion until the end of December 2017, or beyond if necessary. It stands ready to increase the program in terms of size and/or duration, contingent on the economic outlook and the financial conditions in order to achieve the inflation targets.

3. Bank of Japan

At its July and September meetings, the Bank of Japan (BOJ) decided to continue its qualitative and quantitative monetary easing (QQE) with yield curve control, with the aim of achieving a price stability target of 2 percent. With respect to yield curve control, the BOJ will continue to apply a negative interest rate of −0.1 percent to the Policy Rate Balances in the current accounts held by financial institutions at the bank, while JGB purchases will continue at an annual rate of 80 trillion yen. Ten-year JGB yields will remain around zero, with a view to achieving the interest rate targets. With regard to asset purchases other than JGB purchases, the BOJ will purchase exchange-traded funds (ETFs), Japan real estate investment trusts (J-REITs), commercial paper, and corporate bonds at annual paces of 6 trillion yen, 90 billion yen, 2.2 trillion yen, and 3.2 trillion yen, respectively.

4. Bank of England

At both meetings in Q3, the Bank of England left the Bank Rate unchanged at 0.25 percent, the stock of sterling non-financial investment-grade corporate bond purchases at GBP10 billion, and the stock of UK government bond purchases at GBP435 billion.

一、经济增长与经济发展水平
1. Economic Growth

1978年以来中国经济增长与宏观经济政策

China's economic growth and macroeconomic policies since 1978

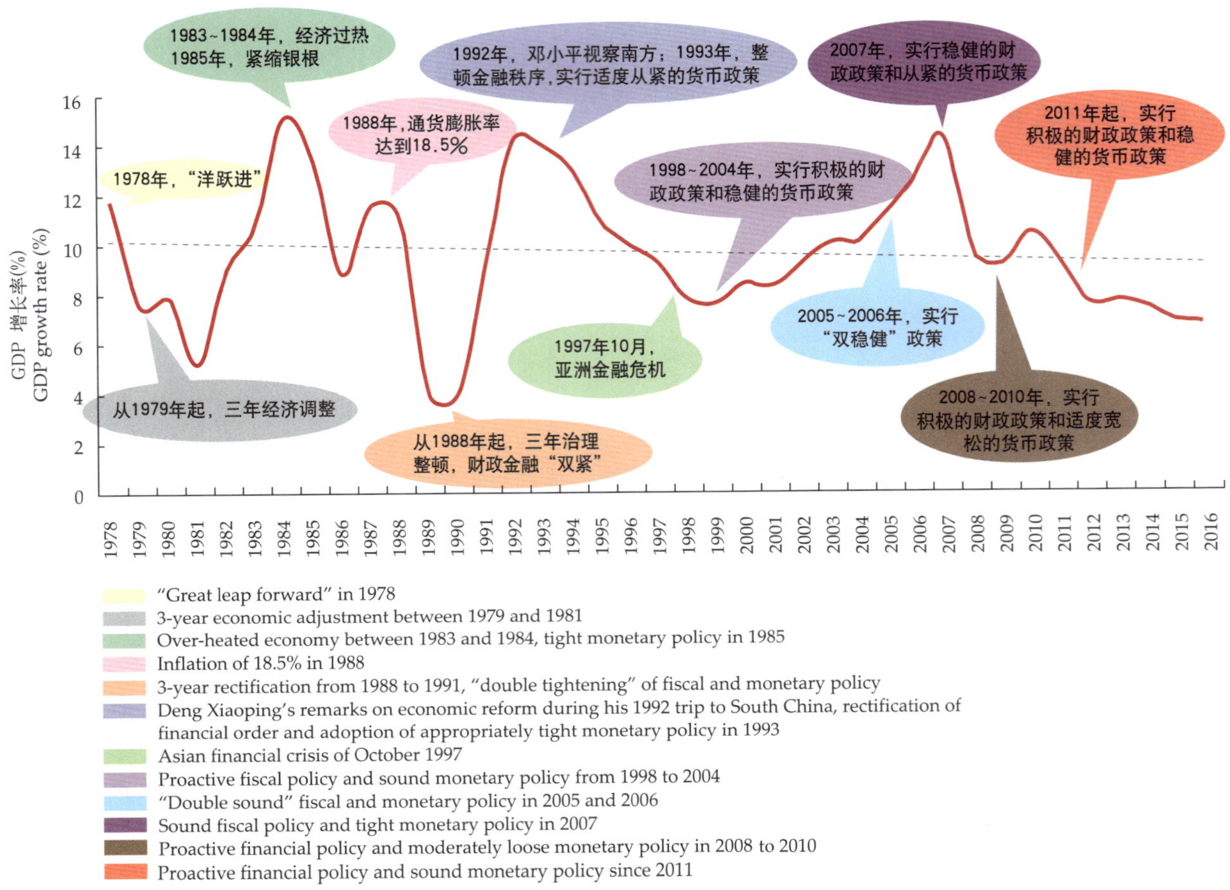

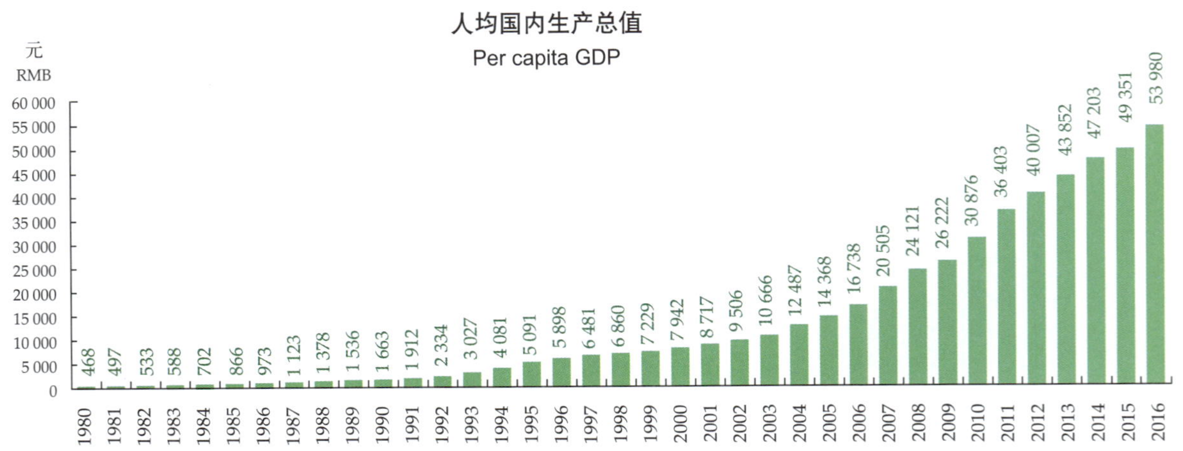

注：图中数据根据国家统计局最新数据修订。

Note: Data are revised by National Bureau of Statistics of China.

GDP总量：据世界银行按汇率折算法测算，2016年中国GDP总量为11.20万亿美元，占世界GDP总量75.64万亿美元的14.8%，位居第二，排在美国之后。根据《2016年世界发展指标》，按购买力平价法估算，2016年中国GDP总量为21.42万亿美元，占世界GDP总量120.09万亿美元的17.8%，位居第一。

人均GDP：2016年，中国人均GDP为53 980元人民币，按年末汇率折算为7 781美元。

人均国民收入：据世界银行按汇率折算法测算，2016年世界人均国民收入为10 302美元，中国人均国民收入为8 260美元，位居世界216个经济体由高向低排列的第93位。按购买力平价法估算，2016年中国人均国民收入为15 500美元，相当于世界人均国民收入16 095美元的96.3%，位居世界216个经济体由高向低排列的第102位。

Gross Domestic Product (GDP): The World Bank estimated that the world total GDP and China's GDP in 2016 were USD75.64 trillion and USD11.20 trillion respectively based on Atlas methodology. Accounting for 14.8 percent of the world total, China's GDP ranked 2nd in the world after U.S.. The World Bank estimated that the world total GDP and China's GDP in 2016 were USD120.09 trillion and USD21.42 trillion respectively based on a PPP basis, according to the *World Development Indicators 2016*. Accounting for 17.8 percent of the world total, China's GDP ranked 1st in the world.

GDP per capita: In 2016, China's GDP per capita reached RMB53,980, or USD7,781 based on the exchange rate at the end of 2016.

Gross National Income (GNI) per capita: The World Bank estimated that in 2016 the GNI per capita for the world as a whole was USD10,302 based on Atlas methodology. The GNI per capita in China was USD8,260, ranking 93th among 216 worldwide economies. In PPP terms, the GNI per capita in China in 2016 was USD15,500, equivalent to 96.3 percent of the world figure which was USD16,095, thus ranking 102th among the 216 worldwide economies.

2016年世界银行按汇率折算法测算的GDP总量前10名排序

Top ten economies in terms of GDP based on Atlas methodology in 2016 (World Bank estimation)

排名 Rank	国家 Country	GDP(万亿美元) GDP (USD1 trillion)	占世界GDP总量的比重(%) As a percent of the world total (%)
1	美国 U.S.	18.57	24.5
2	**中国 China**	**11.20**	**14.8**
3	日本 Japan	4.94	6.5
4	德国 Germany	3.47	4.6
5	英国 U.K.	2.62	3.5
6	法国 France	2.47	3.3
7	印度 India	2.26	3.0
8	意大利 Italy	1.85	2.4
9	巴西 Brazil	1.80	2.4
10	加拿大 Canada	1.53	2.0
世界 World total		**75.64**	**100.0**

2016年世界银行按购买力平价方法估算的GDP总量前10名排序

Top ten economies in terms of GDP based on PPP in 2016 (World Bank estimation)

排名 Rank	国家 Country	GDP(万亿美元) GDP (USD1 trillion)	占世界GDP总量的比重(%) As a percent of the world total (%)
1	**中国 China**	**21.42**	**17.8**
2	美国 U.S.	18.57	15.5
3	印度 India	8.70	7.2
4	日本 Japan	5.27	4.4
5	德国 Germany	4.03	3.4
6	俄罗斯 Russia	3.40	2.8
7	巴西 Brazil	3.14	2.6
8	印度尼西亚 Indonesia	3.03	2.5
9	英国 U.K.	2.80	2.3
10	法国 France	2.77	2.3
世界 World total		**120.09**	**100.0**

世界银行估算的2016年人均国民收入

National income per capita in 2016 (estimated by the World Bank)

单位：美元 Unit: USD

	世界平均 Global average	低收入国家 Low-income countries	中等收入国家 Middle-income countries		高收入国家 High-income countries
			较低收入组 Lower-middle-income countries	较高收入组 Upper-middle-income countries	
汇率折算法 On Atlas methodology	10 302	612	2 079	8 210	41 046
购买力平价法 On a PPP basis	16 095	1 646	6 764	16 537	46 965

国内生产总值
Gross domestic product

年/季度 Year /Quarter		国内生产总值 GDP		第一产业 Primary industry		第二产业 Secondary industry		第三产业 Tertiary industry	
		绝对值(亿元) Absolute value (RMB100 million)	增长(%) Growth(%)	绝对值(亿元) Absolute value (RMB100 million)	增长(%) Growth(%)	绝对值(亿元) Absolute value (RMB100 million)	增长(%) Growth(%)	绝对值(亿元) Absolute value (RMB100 million)	增长(%) Growth(%)
2009	I	74 053	6.4	4 441	3.8	32 550	5.8	37 062	7.2
	I-II	158 035	7.3	11 428	3.7	71 929	7.1	74 678	8.1
	I-III	248 049	8.5	21 594	3.9	113 243	8.7	113 212	9.1
	I-IV	349 081	9.4	34 162	4.0	160 172	10.3	154 748	9.6
2010	I	87 617	12.2	4 945	3.9	39 365	15.4	43 307	10.0
	I-II	187 149	11.4	12 920	3.7	86 788	14.0	87 441	9.8
	I-III	293 388	10.9	24 834	4.0	135 696	13.1	132 858	9.7
	I-IV	413 030	10.6	39 363	4.3	191 630	12.7	182 038	9.7
2011	I	104 641	10.2	5 768	3.2	47 195	11.3	51 679	9.9
	I-II	223 816	10.1	15 194	2.9	104 080	11.1	104 542	10.1
	I-III	350 797	9.8	29 475	3.5	162 703	11.0	158 619	9.9
	I-IV	489 301	9.5	46 163	4.2	227 039	10.7	216 099	9.5
2012	I	117 594	8.1	6 687	3.7	52 317	9.5	58 590	7.3
	I-II	249 276	7.9	16 967	4.3	113 752	8.7	118 558	7.6
	I-III	387 899	7.8	32 164	4.2	176 009	8.3	179 726	7.8
	I-IV	540 367	7.9	50 902	4.5	244 643	8.4	244 822	8.0
2013	I	129 747	7.9	7 170	3.0	55 862	7.8	66 715	8.4
	I-II	273 714	7.7	18 012	2.8	120 994	7.7	134 708	8.3
	I-III	426 619	7.8	34 605	3.3	187 744	7.9	204 271	8.4
	I-IV	595 244	7.8	55 329	3.8	261 956	8.0	277 959	8.3
2014	I	140 618	7.4	7 492	3.2	59 222	7.6	73 905	7.6
	I-II	297 080	7.4	19 145	3.7	128 763	7.7	149 172	7.6
	I-III	462 792	7.3	36 821	4.1	199 787	7.6	226 183	7.6
	I-IV	643 974	7.3	58 344	4.1	277 572	7.4	308 059	7.8
2015	I	150 987	7.0	7 770	3.1	60 725	6.4	82 492	7.8
	I-II	319 490	7.0	20 257	3.5	131 872	6.3	167 361	8.1
	I-III	496 200	6.9	38 345	3.8	203 537	6.2	254 318	8.2
	I-IV	689 052	6.9	60 862	3.9	282 040	6.2	346 150	8.2
2016	I	161 573	6.7	8 803	2.9	61 325	5.9	91 445	7.6
	I-II	342 316	6.7	22 097	3.1	134 978	6.1	185 242	7.5
	I-III	532 846	6.7	40 666	3.5	210 535	6.1	281 646	7.6
	I-IV	744 127	6.7	63 671	3.3	296 236	6.1	384 221	7.8
2017	I	180 683	6.9	8 654	3.0	70 005	6.4	102 024	7.7
	I-II	381 490	6.9	21 987	3.5	152 987	6.4	206 516	7.7
	I-III	593 288	6.9	41 229	3.7	41 229	6.3	313 951	7.8

注：1. 表中绝对数按当年价格计算，“比上年同期增长”按不变价格计算。

2. 表中数据根据国家统计局最新数据修订。

Notes: 1. Absolute figures in this table are calculated at current prices, and the year-on-year growth rates are calculated at constant prices.

2. Data are revised by National Bureau of Statistics of China.

1978年以来GDP及其增长率
GDP and its annual growth rate since 1978

年 Year	GDP(万亿元) GDP(RMB1 trillion)	GDP增长率(%) GDP growth rate(%)
1978	0.4	11.7
1979	0.4	7.6
1980	0.5	7.8
1981	0.5	5.1
1982	0.5	9.0
1983	0.6	10.8
1984	0.7	15.2
1985	0.9	13.4
1986	1.0	8.9
1987	1.2	11.7
1988	1.5	11.2
1989	1.7	4.2
1990	1.9	3.9
1991	2.2	9.3
1992	2.7	14.2
1993	3.6	13.9
1994	4.9	13.0
1995	6.1	11.0
1996	7.2	9.9
1997	8.0	9.2
1998	8.5	7.8
1999	9.1	7.7
2000	10.0	8.5
2001	11.1	8.3
2002	12.2	9.1
2003	13.7	10.0
2004	16.2	10.1
2005	18.7	11.4
2006	21.9	12.7
2007	27.0	14.2
2008	32.0	9.7
2009	34.9	9.4
2010	41.3	10.6
2011	48.9	9.5
2012	54.0	7.9
2013	59.5	7.8
2014	64.4	7.3
2015	68.6	6.9
2016	74.4	6.7

注：表中数据根据国家统计局最新数据修订。
Note: Data are revised by National Bureau of Statistics of China.

GDP及其增长率
GDP and its annual growth rate

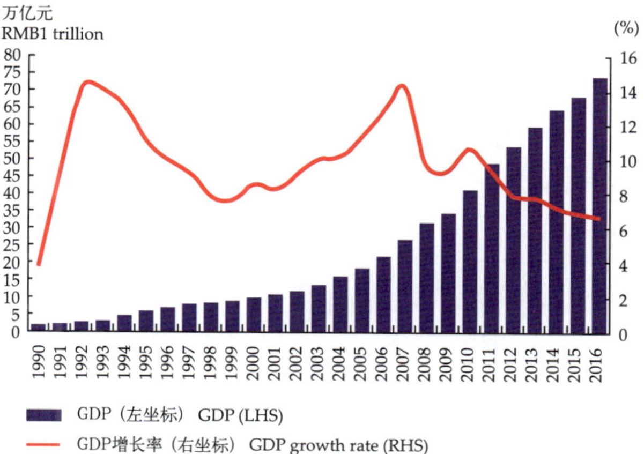

2007年以来GDP季度累计增长率
Quarterly accumulated GDP growth rates since 2007

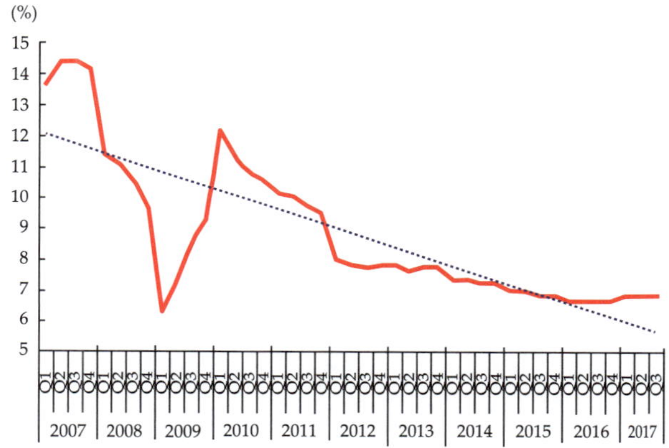

季度GDP三次产业所占的比重与增长率变化
Shares of industries in GDP and their growth rates on a quarterly basis

单位：% Unit: %

年/季度 Year/Quarter	第一产业所占的比重 Share of primary industry	第二产业所占的比重 Share of secondary industry	第三产业所占的比重 Share of tertiary industry	第一产业同比累计增长 YOY accumulated growth of primary industry	第二产业同比累计增长 YOY accumulated growth of secondary industry	第三产业同比累计增长 YOY accumulated growth of tertiary industry
2009Q1	6.0	44.0	50.0	3.8	5.8	7.2
2009Q2	7.2	45.5	47.3	3.7	7.1	8.1
2009Q3	8.7	45.7	45.6	3.9	8.7	9.1
2009Q4	9.8	45.9	44.3	4.0	10.3	9.6
2010Q1	5.7	44.9	49.4	3.9	15.4	10.0
2010Q2	6.9	46.4	46.7	3.7	14.0	9.8
2010Q3	8.4	46.3	45.3	4.0	13.1	9.7
2010Q4	9.5	46.4	44.1	4.3	12.7	9.7
2011Q1	5.5	45.1	49.4	3.2	11.3	9.9
2011Q2	6.8	46.5	46.7	2.9	11.1	10.1
2011Q3	8.4	46.4	45.2	3.5	11.0	9.9
2011Q4	9.4	46.4	44.2	4.2	10.7	9.5
2012Q1	5.7	44.5	49.8	3.7	9.5	7.3
2012Q2	6.8	45.6	47.6	4.3	8.7	7.6
2012Q3	8.3	45.4	46.3	4.2	8.3	7.8
2012Q4	9.4	45.3	45.3	4.5	8.4	8.0
2013Q1	5.5	43.1	51.4	3.0	7.8	8.4
2013Q2	6.6	44.2	49.2	2.8	7.7	8.3
2013Q3	8.1	44.0	47.9	3.3	7.9	8.4
2013Q4	9.3	44.0	46.7	3.8	8.0	8.3
2014Q1	5.3	42.1	52.6	3.2	7.6	7.6
2014Q2	6.5	43.3	50.2	3.7	7.7	7.6
2014Q3	8.0	43.1	48.9	4.1	7.6	7.6
2014Q4	9.1	43.1	47.8	4.1	7.4	7.8
2015Q1	5.2	40.3	54.5	3.1	6.3	8.0
2015Q2	6.4	41.3	52.3	3.5	6.2	8.3
2015Q3	7.8	41.0	51.2	3.8	6.1	8.4
2015Q4	8.9	40.9	50.2	3.9	6.1	8.3
2016Q1	5.5	37.9	56.6	2.9	5.9	7.6
2016Q2	6.5	39.4	54.1	3.1	6.1	7.5
2016Q3	7.7	39.5	52.8	3.5	6.1	7.6
2016Q4	8.6	39.8	51.6	3.3	6.1	7.8
2017Q1	4.8	38.7	56.5	3.0	6.4	7.7
2017Q2	5.8	40.1	54.1	3.5	6.4	7.7
2017Q3	7.0	40.1	52.9	3.7	6.3	7.8

注：表中数据根据国家统计局最新数据修订。
Note: Data are revised by National Bureau of Statistics of China.

季度GDP三次产业所占的比重与增长率变化
Shares of industries in GDP and their growth rates on a quarterly basis

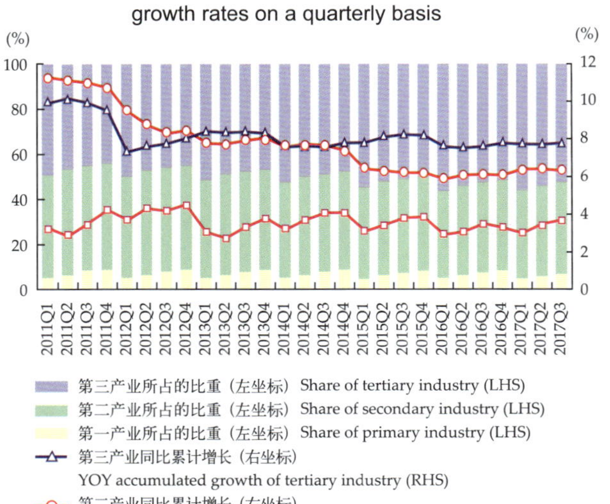

2004年以来年度GDP中三大产业比重
Shares of industries in GDP since 2004

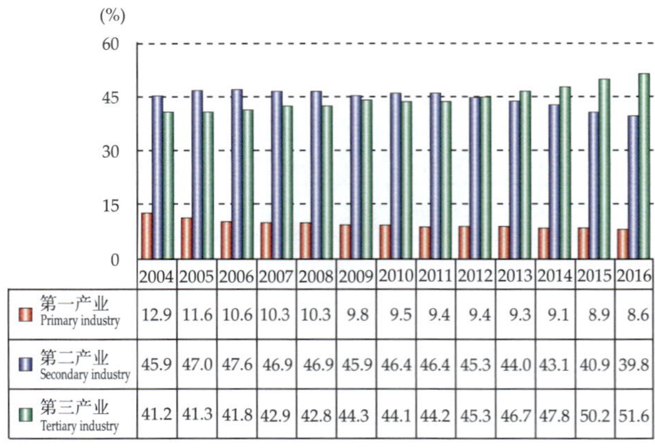

	2004	2005	2006	2007	2008	2009	2010	2011	2012	2013	2014	2015	2016
第一产业 Primary industry	12.9	11.6	10.6	10.3	10.3	9.8	9.5	9.4	9.4	9.3	9.1	8.9	8.6
第二产业 Secondary industry	45.9	47.0	47.6	46.9	46.9	45.9	46.4	46.4	45.3	44.0	43.1	40.9	39.8
第三产业 Tertiary industry	41.2	41.3	41.8	42.9	42.8	44.3	44.1	44.2	45.3	46.7	47.8	50.2	51.6

注：图中数据根据国家统计局最新数据修订。
Note: Data are revised by National Bureau of Statistics of China.

工业增加值增长速度
Growth rate of value added of industry

单位：% Unit: %

年/月 Year/Month		工业增加值 Value added	采矿业 Mining	制造业 Manufacturing	电力、热力、燃气及水生产和供应业 Electricity, gas & water production and supply	国有及国有控股企业 State-owned and state-holding enterprises	集体企业 Collectively-owned enterprises	股份制企业 Joint-stock enterprises	外商及港澳台投资企业 Enterprises with foreign, HongKong, Macau, and Taiwan investment
		比上年同期增长(%) Year-on-year growth rate(%)							
2016	1	—	—	—	—	—	—	—	—
	2	—	—	—	—	—	—	—	—
	3	6.8	3.1	7.2	4.8	3.2	0.2	7.6	4.8
	4	6.0	0.1	6.9	1.9	-0.1	1.6	7.1	2.6
	5	6.0	-2.3	7.2	2.4	-0.5	3.3	7.2	3.1
	6	6.2	-2.4	7.2	4.0	-0.1	3.6	7.4	3.6
	7	6.0	-3.1	7.0	7.4	2.9	-1.5	6.3	5.1
	8	6.3	-1.3	6.8	7.0	3.6	-4.1	6.4	6.7
	9	6.1	0.1	6.5	7.3	3.3	-3.8	6.4	6.2
	10	6.1	-2.2	6.7	7.9	3.2	-3.8	6.8	4.8
	11	6.2	-2.9	6.7	9.9	4.2	-4.4	6.6	5.6
	12	6.0	-2.5	6.3	8.0	6.4	-11.7	6.5	5.2
2017	1	—	—	—	—	—	—	—	—
	2	—	—	—	—	—	—	—	—
	3	7.6	-0.8	8.0	9.7	7.7	1.5	7.9	7.1
	4	6.5	-0.4	6.9	7.8	5.6	1.9	6.9	5.5
	5	6.5	0.5	6.9	6.4	6.2	3.2	6.8	5.9
	6	7.6	-0.1	8.0	7.3	6.8	3.9	7.7	8.0
	7	6.4	-1.3	6.7	9.8	6.7	-3.6	6.7	6.7
	8	6.0	-3.4	6.9	8.7	7.8	-2.1	5.8	7.9
	9	6.6	-3.8	8.1	7.8	9.0	-2.6	7.1	8.9
2016	1~2	5.4	1.5	6.0	1.5	-2.0	3.7	6.9	2.4
	1~3	5.8	2.1	6.5	2.6	-0.1	2.4	7.2	3.3
	1~4	5.8	1.6	6.6	2.5	-0.1	2.2	7.2	3.1
	1~5	5.9	0.7	6.7	2.3	-0.2	2.4	7.2	3.1
	1~6	6.0	0.1	6.9	2.6	-0.2	2.6	7.2	3.2
	1~7	6.0	-0.4	6.9	3.4	0.3	2.0	7.1	3.5
	1~8	6.0	-0.5	6.9	3.9	0.7	1.3	7.0	3.9
	1~9	6.0	-0.4	6.9	4.3	1.0	0.7	6.9	4.2
	1~10	6.0	-0.6	6.9	4.7	1.2	0.2	6.9	4.3
	1~11	6.0	-0.9	6.9	5.2	1.5	-0.3	6.9	4.4
	1~12	6.0	-1.0	6.8	5.5	2.0	-1.3	6.9	4.5
2017	1~2	6.3	-3.6	6.9	8.4	5.4	-0.1	6.2	6.8
	1~3	6.8	-2.4	7.4	8.9	6.2	0.5	6.9	6.9
	1~4	6.7	-1.8	7.3	8.6	6.1	0.9	6.9	6.5
	1~5	6.7	-1.2	7.2	8.2	6.1	1.4	6.9	6.4
	1~6	6.9	-1.0	7.4	8.1	6.2	1.9	7.1	6.7
	1~7	6.8	-1.0	7.3	8.3	6.3	1.1	7.0	6.7
	1~8	6.7	-1.2	7.2	8.4	6.5	0.7	6.8	6.9
	1~9	6.7	-1.6	7.3	8.4	6.8	0.3	6.8	7.1

注：1. 自2011年起，工业统计范围调整为年主营收入2 000万元及以上的工业企业。
2. 本表中"比上年同期增长"按可比价格计算。

Notes: 1. Since 2011, the statistical coverage of industry has been adjusted to industrial enterprises with the annual sales income from main business of RMB20 million and above.
2. The year-on-year changes in this table are calculated at comparable prices.

工业增加值增长速度及工业产品销售率
Growth rate of industrial value added and ratio of sales to output of industrial products

单位：% Unit: %

年/月 Year/Month		当月工业增加值同比增长 YOY growth of monthly industrial value added	工业增加值月度累计同比增长 YOY growth of monthly accumulated industrial value added	当月销售率 Monthly ratio of sales to output
2015	1	—	—	—
	2	—	6.8	—
	3	5.6	6.4	97.1
	4	5.9	6.2	97.7
	5	6.1	6.2	97.5
	6	6.8	6.3	97.0
	7	6.0	6.3	97.7
	8	6.1	6.3	97.9
	9	5.7	6.2	98.0
	10	5.6	6.1	97.7
	11	6.2	6.1	97.4
	12	5.9	6.1	98.6
2016	1	—	—	—
	2	—	5.4	—
	3	6.8	5.8	97.1
	4	6.0	5.8	97.5
	5	6.0	5.9	97.3
	6	6.2	6.0	97.2
	7	6.0	6.0	97.6
	8	6.3	6.0	98.1
	9	6.1	6.0	97.9
	10	6.1	6.0	97.9
	11	6.2	6.0	97.8
	12	6.0	6.0	98.8
2017	1	—	—	—
	2	—	6.3	—
	3	7.6	6.8	96.9
	4	6.5	6.7	97.6
	5	6.5	6.7	97.7
	6	7.6	6.9	97.7
	7	6.4	6.8	97.9
	8	6.0	6.7	98.5
	9	6.6	6.7	98.3

工业增加值增长速度及工业产品销售率
Growth rate of industrial value added and ratio of sales to output of industrial products

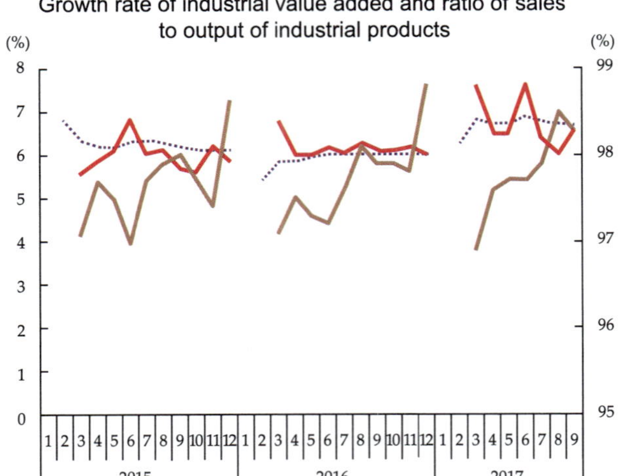

二、价格走势
2. Price Development

1.各种价格指数一览
(1) Overview of price indices

各种价格指数变动表
Changes in price indices

单位：% Unit: %

年/月 Year/Month	居民消费价格指数 Consumer price indices			农业生产资料价格指数 Price indices of mean of agricultural production		工业生产者购进价格指数 Purchasing price index for industrial producers		工业生产者出厂价格指数 Producer price index for manufactured goods		固定资产投资价格指数 Price indices of investment in fixed assets		进出口同比价格指数 Import-export price index (YOY)		
	月环比 MOM	当月同比 YOY	累计同比 Accumulated YOY	当月同比 YOY	累计同比 Accumulated YOY	当月同比 YOY	累计同比 Accumulated YOY	当月同比 YOY	累计同比 Accumulated YOY	当季同比 YOY	累计同比 Accumulated YOY	出口 Exports	进口 Imports	贸易条件 Terms of trade
2015 1	0.3	0.8	0.8	-1.2	-1.2	-5.2	-5.2	-4.3	-4.3			0.4	-9.6	111.1
2	1.2	1.4	1.1	-1.2	-1.2	-5.9	-5.5	-4.8	-4.6			-3.3	-9.3	106.6
3	-0.5	1.4	1.2	-0.4	-0.9	-5.7	-5.6	-4.6	-4.6	-0.9	-0.9	-0.3	-10.5	111.4
4	-0.2	1.5	1.3	0.3	-0.6	-5.5	-5.6	-4.6	-4.6			-1.5	-12.8	113.0
5	-0.2	1.2	1.3	0.6	-0.4	-5.5	-5.5	-4.6	-4.6			-2.3	-12.8	112.0
6	0.0	1.4	1.3	0.9	-0.1	-5.6	-5.5	-4.8	-4.6	-1.2	-1.0	0.5	-9.3	110.8
7	0.3	1.6	1.3	1.2	0.0	-6.1	-5.6	-5.4	-4.7			-0.7	-11.3	112.0
8	0.5	2.0	1.4	1.1	0.2	-6.6	-5.7	-5.9	-4.9			-3.5	-15.0	113.5
9	0.1	1.6	1.4	0.9	0.3	-6.8	-5.9	-5.9	-5.0	-2.3	-1.5	1.1	-13.4	116.7
10	-0.3	1.3	1.4	0.8	0.3	-6.9	-6.0	-5.9	-5.1			1.3	-10.2	112.8
11	0.0	1.5	1.4	0.7	0.3	-6.9	-6.0	-5.9	-5.2			1.0	-12.0	114.8
12	0.5	1.6	1.4	0.7	0.4	-6.8	-6.1	-5.9	-5.2	-2.9	-1.8	-2.9	-12.4	110.8
2016 1	0.5	1.8	1.8	0.3	0.3	-6.3	-6.3	-5.3	-5.3			-6.1	-13.1	108.1
2	1.6	2.3	2.0	0.6	0.4	-5.8	-6.0	-4.9	-5.1			-6.1	-13.1	108.1
3	-0.4	2.3	2.1	0.2	0.4	-5.2	-5.8	-4.3	-4.8	-2.7	-2.7	-3.7	-11.6	108.9
4	-0.2	2.3	2.2	0.1	0.3	-4.4	-5.4	-3.4	-4.5			-2.6	-3.9	101.4
5	-0.5	2.0	2.1	0.3	0.3	-3.8	-5.1	-2.8	-4.1			-3.3	-4.8	101.6
6	-0.1	1.9	2.1	0.6	0.3	-3.4	-4.8	-2.6	-3.9	-0.8	-1.8	-2.3	-3.4	101.1
7	0.2	1.8	2.1	0.2	0.3	-2.6	-4.5	-1.7	-3.6			-1.9	-2.9	101.0
8	0.1	1.3	2.0	-0.3	0.2	-1.7	-4.1	-0.8	-3.2			-0.9	1.0	98.1
9	0.7	1.9	2.0	-0.3	0.2	-0.6	-3.8	0.1	-2.9	-0.1	-1.2	-3.1	-0.8	97.7
10	-0.1	2.1	2.0	-0.5	0.1	0.9	-3.3	1.2	-2.5			-1.3	1.0	97.7
11	0.1	2.3	2.0	-0.1	0.1	3.5	-2.7	3.3	-2.0			-2.1	4.0	94.1
12	0.2	2.1	2.0	0.6	0.1	6.3	-2.0	5.5	-1.4	1.4	-0.6	2.1	8.1	94.4
2017 1	1.0	2.5	2.5	1.1	1.1	8.4	8.4	6.9	6.9			4.1	12.8	92.3
2	-0.2	0.8	1.7	1.2	1.1	9.9	9.1	7.8	7.3			6.7	13.9	93.7
3	-0.3	0.9	1.4	1.4	1.2	10.0	9.4	7.6	7.4	4.5	4.5	4.5	13.6	92.0
4	0.1	1.2	1.4	1.1	1.2	9.0	9.3	6.4	7.2			6.9	13.5	94.2
5	-0.1	1.5	1.4	0.1	1.0	8.0	9.0	5.5	6.8			5.4	12.4	93.8
6	-0.2	1.5	1.4	-0.9	0.7	7.3	8.7	5.5	6.6	4.7	4.6	5.1	9.5	96.0
7	0.1	1.4	1.4	-0.7	0.5	7.0	8.5	5.5	6.4			4.0	6.7	97.5
8	0.4	1.8	1.5	0.0	0.4	7.7	8.4	6.3	6.4			2.9	6.4	96.7
9	0.5	1.6	1.5	0.4	0.4	8.5	8.4	6.9	6.5	6.5	5.2	2.7	9.0	94.2

注：国家统计局从2011年1月开始实施新的工业生产者价格统计调查制度方法。“工业品价格统计”改称为“工业生产者价格统计”，相应地将“原材料、燃料、动力购进价格指数”改称为“工业生产者购进价格指数”，将“工业品出厂价格指数”改称为“工业生产者出厂价格指数”。

Note: Since January 2011, NBS begins to conduct new statistical system and survey methods on PPI. "Prices statistics on industrial goods" is renamed to "prices statistics on industrial producers". Accordingly, "purchasing prices for raw material,fuels and power" is renamed to "purchasing price for industrial producers", "producer price index of industrial products" is renamed to "producer price index for manufactured goods".

居民消费价格月环比指数变动
Change in CPI (month-on-month)

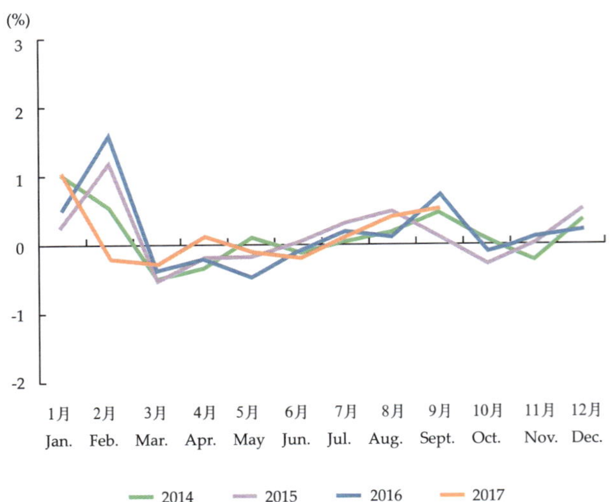

居民消费价格同比指数变动
Change in CPI (year-on-year)

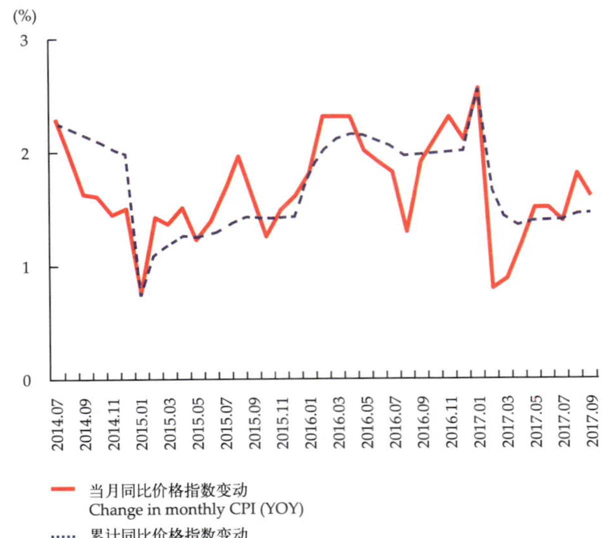

居民消费价格指数与生产价格指数的比较
Comparison between changes in CPI and PPI

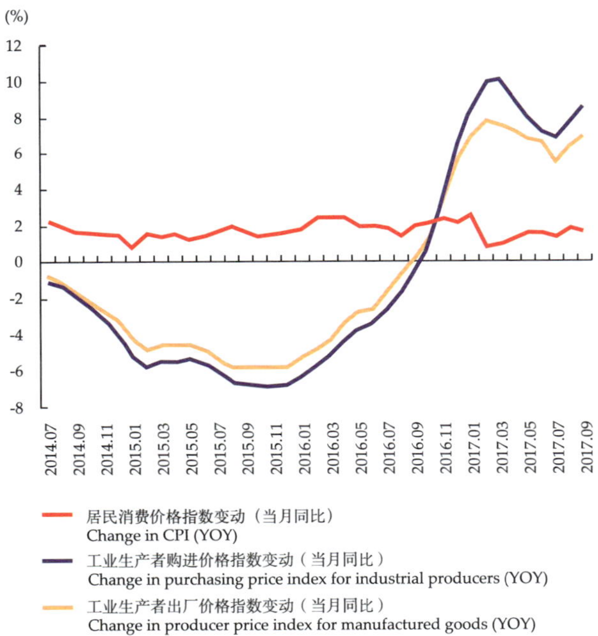

进出口价格指数和贸易条件
Import-export price index and terms of trade

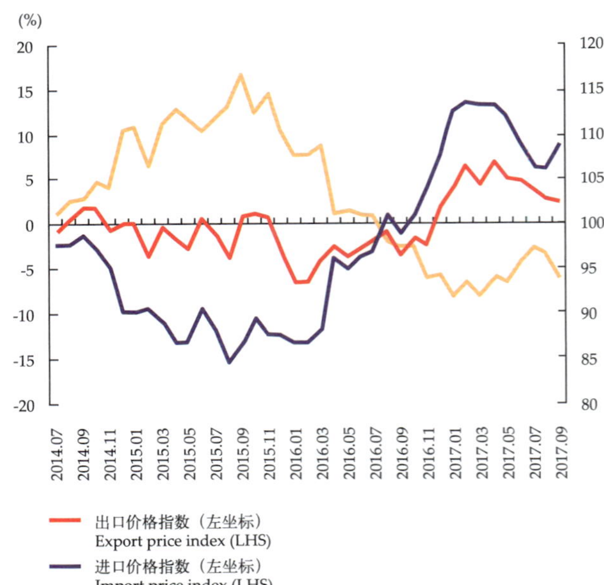

2.分类指数
(2) Breakdown of indices

居民消费价格当月同比分类指数变动
Breakdown of changes in CPI (YOY)

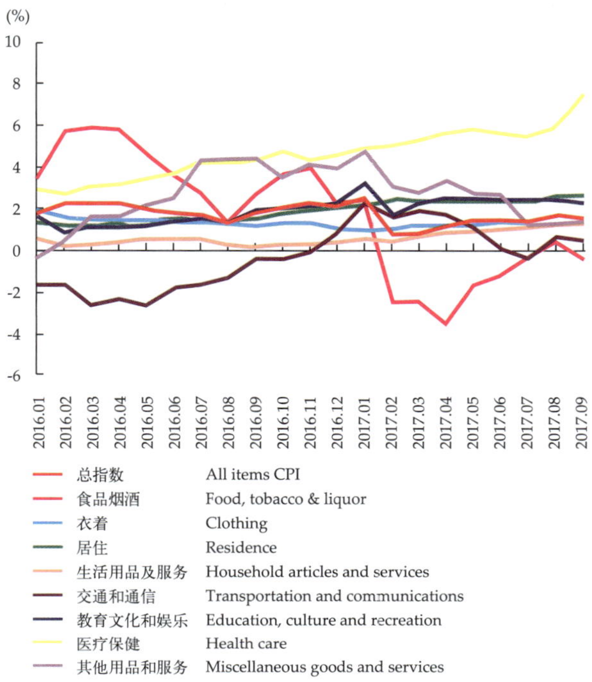

注：国家统计局于2016年1月调整了CPI构成，数据和以前年度不可比。
Note: NBS adjusted the composition of CPI in January 2016, which made the data uncomparable.

工业生产者出厂价格当月同比指数变动按生产资料和生活资料分类
Breakdown of changes in producer price index (PPI) for manufactured goods by means of production and means of consumer goods (YOY)

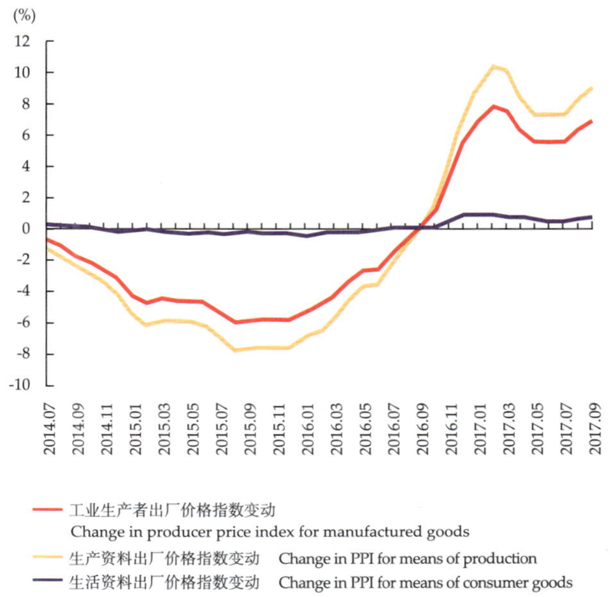

生活资料出厂价格当月同比分类指数变动
Breakdown of changes in PPI for means of consumer goods (YOY)

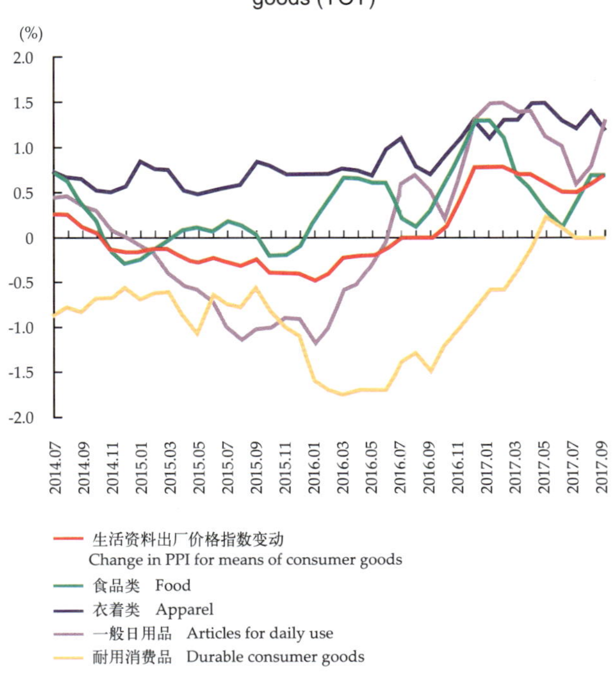

生产资料出厂价格当月同比分类指数变动
Breakdown of changes in PPI for means of production (YOY)

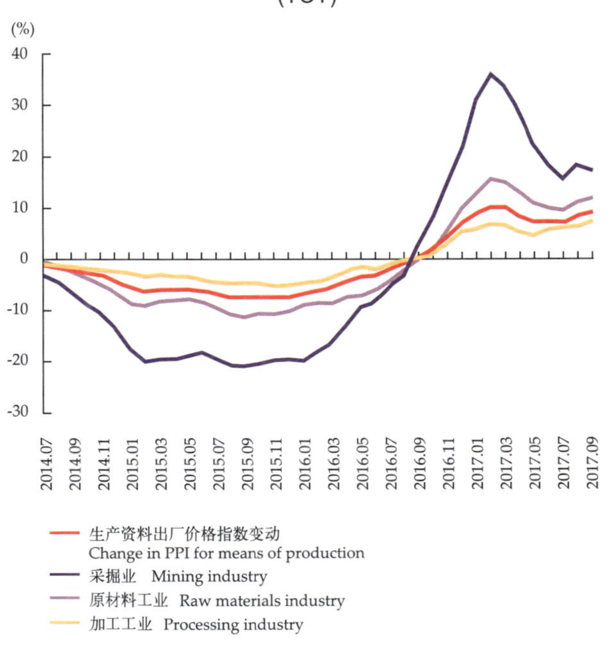

三、就业、失业与收入
3. Employment, Unemployment and Income

人口与就业基本情况
Population and employment

年 Year	年底总人口（亿人） Population at the end of the year (100 million people)					15～64岁 人口数(亿人) Population between 15~64 years of age (100 million people)	就业人员(亿人) Employment (100 million people)
		城镇 Urban	比重(%) Share (%)	乡村 Rural	比重(%) Share (%)		
2001	12.8	4.8	38	8.0	62		7.3
2002	12.8	5.0	39	7.8	61	9.0	7.3
2003	12.9	5.2	41	7.7	59	9.1	7.4
2004	13.0	5.4	42	7.6	58	9.2	7.4
2005	13.1	5.6	43	7.5	57	9.4	7.5
2006	13.1	5.8	44	7.3	56	9.5	7.5
2007	13.2	6.1	46	7.1	54	9.6	7.5
2008	13.3	6.2	47	7.0	53	9.7	7.6
2009	13.3	6.5	48	6.9	52	9.7	7.6
2010	13.4	6.7	50	6.7	50	10.0	7.6
2011	13.5	6.9	51	6.6	49	10.0	7.6
2012	13.5	7.1	53	6.4	47	10.0	7.7
2013	13.6	7.3	54	6.3	46	10.1	7.7
2014	13.7	7.5	55	6.2	45	10.0	7.7
2015	13.7	7.7	56	6.0	44	10.0	7.7
2016	13.8	7.9	57	5.9	43	10.0	7.8

注：表中数据根据第六次人口普查数据重新修订。
Note:Data are revised according to the 6th National Population Census.

就业人员按城乡和产业分类
Employment in urban and rural areas and in industries

年 Year	就业人员(亿人) Employment (100 million people)										
		按城乡分 Urban & rural				按产业分 Industries					
		城镇 Urban	比重(%) Share (%)	乡村 Rural	比重(%) Share (%)	第一产业 Primary industry	比重(%) Share (%)	第二产业 Secondary industry	比重(%) Share (%)	第三产业 Tertiary industry	比重(%) Share (%)
2001	7.28	2.41	33.1	4.87	66.9	3.64	50.0	1.62	22.3	2.02	27.7
2002	7.33	2.52	34.3	4.81	65.7	3.66	50.0	1.57	21.4	2.10	28.6
2003	7.37	2.62	35.6	4.75	64.4	3.62	49.1	1.59	21.6	2.16	29.3
2004	7.43	2.73	36.8	4.70	63.2	3.48	46.9	1.67	22.5	2.27	30.6
2005	7.46	2.84	38.0	4.63	62.0	3.34	44.8	1.78	23.8	2.34	31.4
2006	7.50	2.96	39.5	4.53	60.5	3.19	42.6	1.89	25.2	2.41	32.2
2007	7.53	3.10	41.1	4.44	58.9	3.07	40.8	2.02	26.8	2.44	32.4
2008	7.56	3.21	42.5	4.35	57.5	2.99	39.6	2.06	27.2	2.51	33.2
2009	7.58	3.33	43.9	4.25	56.1	2.89	38.1	2.11	27.8	2.59	34.1
2010	7.61	3.47	45.6	4.14	54.4	2.79	36.7	2.18	28.7	2.63	34.6
2011	7.64	3.59	47.0	4.05	53.0	2.66	34.8	2.25	29.5	2.73	35.7
2012	7.67	3.71	48.4	3.96	51.6	2.58	33.6	2.32	30.3	2.77	36.1
2013	7.70	3.82	49.7	3.87	50.3	2.42	31.4	2.32	30.1	2.96	38.5
2014	7.73	3.93	50.9	3.79	49.1	2.28	29.5	2.31	29.9	3.14	40.6
2015	7.75	4.04	52.2	3.70	47.8	2.19	28.3	2.27	29.3	3.28	42.4
2016	7.76	4.14	53.4	3.62	46.6	2.15	27.7	2.23	28.8	3.38	43.5

居民人均可支配收入
Per capita disposable income

年/季度 Year/Quarter	农村居民人均可支配收入 Per capita disposable income in rural area		城镇居民人均可支配收入 Per capita disposable income in urban area	
	绝对值(元) Absolute value (RMB)	同比实际增长(%) Growth in real terms (YOY) (%)	绝对值(元) Absolute value (RMB)	同比实际增长(%) Growth in real terms (YOY) (%)
2014 I	2 980	10.1	7 912	7.2
I~II	5 074	9.8	14 520	7.1
I~III	7 574	9.7	21 697	6.9
I~IV	10 489	9.2	28 844	6.8
2015 I	3 279	8.9	8 572	7.0
I~II	5 554	8.3	15 699	6.7
I~III	8 297	8.1	23 512	6.8
I~IV	11 422	7.5	31 195	6.6
2016 I	3 578	7.0	9 255	5.8
I~II	6 050	6.7	16 957	5.8
I~III	8 998	6.5	25 337	5.7
I~IV	12 363	6.2	33 616	5.6
2017 I	3 880	7.2	9 986	6.3
I~II	6 562	7.4	18 322	6.5
I~III	9 778	8.7	27 430	6.6

城镇失业人数和失业率
Unemployed urban population and unemployment rate

年/季度末 Year/End of quarter		城镇登记失业人数(万人) Registered unemployment in urban areas (10 000 people)	城镇登记失业率(%) Registered unemployment rate in urban areas(%)
2014	I	940	4.1
	II	949	4.1
	III	947	4.1
	IV	952	4.1
2015	I	952	4.1
	II	952	4.0
	III	962	4.1
	IV	966	4.1
2016	I	972	4.0
	II	978	4.1
	III	983	4.0
	IV	982	4.0
2017	I	976	4.0
	II	976	4.0
	III	979	4.0

四、国内需求
4. Domestic Demand

1.按支出法计算的国内生产总值
(1) Expenditure-based GDP

按支出法计算的国内生产总值及其构成
Expenditure-based GDP and its composition

年 Year	按支出法计算的国内生产总值 Expenditure-based GDP	最终消费 Final consumption	居民消费 Household consumption	城镇居民 Urban	农村居民 Rural	政府消费 Government consumption	资本形成总额 Total capital formation	固定资本形成 Fixed capital formation	存货增加 Increased inventory	货物和服务净出口 Net exports of goods and services
	绝对值(亿元) Absolute value (RMB100 million)									
2001	111 250	68 547	50 709	34 411	16 298	17 838	40 379	38 064	2 315	2 325
2002	122 292	74 068	55 076	38 060	17 017	18 992	45 130	43 797	1 333	3 094
2003	138 315	79 513	59 344	41 569	17 775	20 169	55 837	53 964	1 872	2 965
2004	162 742	89 086	66 587	47 354	19 233	22 499	69 421	65 670	3 751	4 236
2005	189 190	101 448	75 232	54 320	20 912	26 215	77 534	75 810	1 724	10 209
2006	221 207	114 729	84 119	61 480	22 640	30 610	89 823	87 223	2 600	16 655
2007	271 699	136 229	99 793	74 205	25 589	36 436	112 047	105 052	6 995	23 423
2008	319 936	157 466	115 338	86 498	28 841	42 128	138 243	128 002	10 241	24 227
2009	349 883	172 728	126 661	95 995	30 666	46 067	162 118	156 735	5 383	15 037
2010	410 708	198 998	146 058	112 447	33 610	52 941	196 653	185 827	10 826	15 057
2011	486 038	241 022	176 532	135 457	41 075	64 490	233 327	219 671	13 656	11 689
2012	540 989	271 113	198 537	153 314	45 223	72 576	255 240	244 601	10 639	14 636
2013	596 963	300 338	219 763	170 330	49 432	80 575	282 073	270 924	11 149	14 552
2014	647 182	328 313	242 540	188 174	54 366	85 773	302 718	290 053	12 664	16 152
2015	699 109	362 267	265 980	205 912	58 846	96 286	312 836	301 503	11 333	24 007
2016	746 315	400 176	292 661	—	—	107 514	329 727	318 912	10 816	16 412
	构成(%) Composition (%)									
2001	100.0	61.6	45.6	30.9	14.6	16.0	36.3	34.2	2.1	2.1
2002	100.0	60.6	45.0	31.1	13.9	15.5	36.9	35.8	1.1	2.5
2003	100.0	57.5	42.9	30.1	12.9	14.6	40.4	39.0	1.4	2.1
2004	100.0	54.7	40.9	29.1	11.8	13.8	42.7	40.4	2.3	2.6
2005	100.0	53.6	39.8	28.7	11.1	13.9	41.0	40.1	0.9	5.4
2006	100.0	51.9	38.0	27.8	10.2	13.8	40.6	39.4	1.2	7.5
2007	100.0	50.1	36.7	27.3	9.4	13.4	41.2	38.7	2.6	8.6
2008	100.0	49.2	36.1	27.0	9.0	13.2	43.2	40.0	3.2	7.6
2009	100.0	49.4	36.2	27.4	8.8	13.2	46.3	44.8	1.5	4.3
2010	100.0	48.5	35.6	27.4	8.2	12.9	47.9	45.2	2.6	3.7
2011	100.0	49.6	36.3	27.9	8.5	13.3	48.0	45.2	2.8	2.4
2012	100.0	50.1	36.7	28.3	8.4	13.4	47.2	45.2	2.0	2.7
2013	100.0	50.3	36.8	28.5	8.3	13.5	47.3	45.4	1.9	2.4
2014	100.0	50.7	37.5	29.1	8.4	13.3	46.8	44.8	2.0	2.5
2015	100.0	51.8	38.0	29.5	8.4	13.8	44.7	43.1	1.6	3.4
2016	100.0	53.6	39.2	–	–	14.4	44.2	42.7	1.4	2.2

注：表中数据根据国家统计局最新数据修订。
Note: Data are revised by National Bureau of Statistics of China.

按支出法计算的国内生产总值构成变化
Changes in the composition of GDP (based on expenditures)

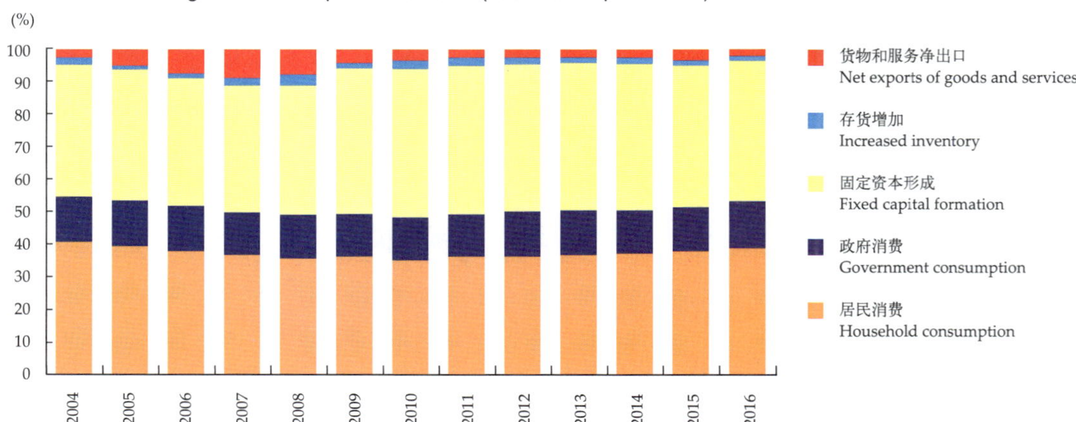

投资率和消费率
Investment ratio and consumption ratio

单位：% Unit: %

年 Year	资本形成率(投资率) Capital formation ratio (investment ratio)	最终消费率(消费率) Final consumption ratio (consumption ratio)
1986	38.2	64.2
1987	37.8	62.1
1988	39.5	61.5
1989	37.5	63.6
1990	34.4	62.9
1991	35.7	61.5
1992	39.6	59.4
1993	44.0	57.9
1994	40.8	57.9
1995	39.6	58.8
1996	38.2	59.8
1997	36.2	59.4
1998	35.6	60.2
1999	34.9	62.3
2000	34.3	63.3
2001	36.3	61.6
2002	36.9	60.6
2003	40.4	57.5
2004	42.7	54.7
2005	41.0	53.6
2006	40.6	51.9
2007	41.2	50.1
2008	43.2	49.2
2009	46.3	49.4
2010	47.9	48.5
2011	48.0	49.6
2012	47.2	50.1
2013	47.3	50.3
2014	46.8	50.7
2015	44.7	51.8
2016	44.2	53.6

注：表中数据根据国家统计局最新数据修订。
Note: Data are revised by National Bureau of Statistics of China.

生产法现价GDP与支出法现价GDP及其增长率比较
Comparison between production-based GDP and expenditure-based GDP at current price

年 Year	(1)生产法GDP Production-based GDP		(2)支出法GDP Expenditure-based GDP		(1)−(2)	
	绝对量(亿元) Absolute value (RMB100 million)	现价增速(%) Growth rate at current price(%)	绝对量(亿元) Absolute value (RMB100 million)	现价增速(%) Growth rate at current price(%)	绝对量(亿元) Absolute value (RMB100 million)	现价增速(%) Growth rate at current price(%)
1991	22 006	16.6	22 124	16.0	-119	0.56
1992	27 195	23.6	27 334	23.5	-140	0.03
1993	35 673	31.2	35 900	31.3	-227	-0.16
1994	48 638	36.3	48 823	36.0	-185	0.35
1995	61 340	26.1	61 539	26.0	-199	0.07
1996	71 814	17.1	72 103	17.2	-289	-0.09
1997	79 715	11.0	80 025	11.0	-310	0.02
1998	85 196	6.9	85 486	6.8	-291	0.05
1999	90 564	6.3	90 824	6.2	-259	0.06
2000	100 280	10.7	100 577	10.7	-297	-0.01
2001	110 863	10.6	111 250	10.6	-387	-0.06
2002	121 717	9.8	122 292	9.9	-575	-0.13
2003	137 422	12.9	138 315	13.1	-893	-0.20
2004	161 840	17.8	162 742	17.7	-902	0.11
2005	187 319	15.7	189 190	16.3	-1 872	-0.51
2006	219 439	17.1	221 207	16.9	-1 768	0.22
2007	270 232	23.1	271 699	22.8	-1 467	0.32
2008	319 516	18.2	319 936	17.8	-420	0.48
2009	349 081	9.3	349 883	9.4	-802	-0.11
2010	413 030	18.3	410 708	17.4	2 322	0.93
2011	489 301	18.5	486 038	18.3	3 263	0.12
2012	540 367	10.4	540 989	11.3	-622	-0.87
2013	595 244	10.2	596 963	10.3	-1 719	-0.19
2014	643 974	8.2	647 182	8.4	-3 208	-0.23
2015	689 052	7.0	699 109	8.0	-10 057	-1.02
2016	744 127	8.0	746 315	6.8	-2 188	1.24

注：表中数据根据国家统计局最新数据修订。
Note: Data are revised by National Bureau of Statistics of China.

投资率和消费率
Investment ratio and consumption ratio

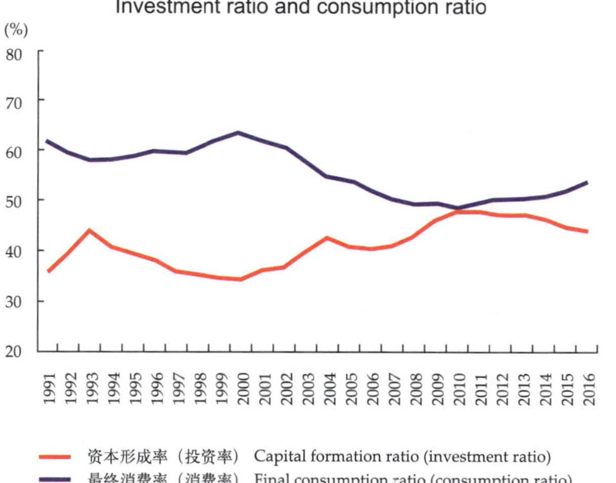

生产法现价GDP与支出法现价GDP增速比较
Comparison of growth rate at current prices between production-based GDP and expenditure-based GDP

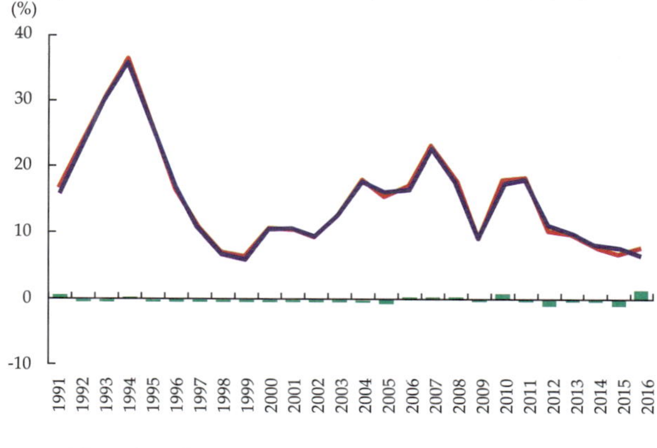

2.社会消费品零售额

(2) Retail sales of consumer goods

社会消费品零售总额
Retail sales of consumer goods

单位：亿元
Unit: RMB100 million

年/月 Year/Month	当月社会消费品零售总额 Monthly retail sales of consumer goods	当月同比增长率(%) Monthly growth rate (YOY)(%)	社会消费品零售总额累计 Accumulative retail sales of consumer goods	累计同比增长率(%) Accumulative growth rate (YOY)(%)
2015.01	—	—	—	—
2015.02	—	—	47 993	10.7
2015.03	22 723	10.2	70 715	10.6
2015.04	22 387	10.0	93 102	10.4
2015.05	24 195	10.1	117 297	10.4
2015.06	24 280	10.6	141 577	10.4
2015.07	24 339	10.5	165 916	10.4
2015.08	24 893	10.8	190 809	10.5
2015.09	25 271	10.9	216 080	10.5
2015.10	28 279	11.0	244 359	10.6
2015.11	27 937	11.2	272 296	10.6
2015.12	28 635	11.1	300 931	10.7
2016.01	—	—	—	—
2016.02	—	—	52 910	10.2
2016.03	25 114	10.5	78 024	10.3
2016.04	24 646	10.1	102 670	10.3
2016.05	26 611	10.0	129 281	10.2
2016.06	26 857	10.6	156 138	10.3
2016.07	26 827	10.2	182 966	10.3
2016.08	27 540	10.6	210 505	10.3
2016.09	27 976	10.7	238 482	10.4
2016.10	31 119	10.0	269 601	10.3
2016.11	30 959	10.8	300 560	10.4
2016.12	31 757	10.9	332 316	10.4
2017.01	—	—	—	—
2017.02	—	—	57 960	9.5
2017.03	27 864	10.9	85 823	10.0
2017.04	27 279	10.7	113 102	10.2
2017.05	29 459	10.7	142 561	10.3
2017.06	29 808	11.0	172 369	10.4
2017.07	29 610	10.4	201 979	10.4
2017.08	30 330	10.1	232 308	10.4
2017.09	30 870	10.3	263 178	10.4

注：为消除春节日期不固定因素带来的影响，增强数据的可比性，按照国家统计制度，历年1~2月数据一起调查、一起发布。
Note: In order to eliminate the impact of the different date of "Spring Festival" of each year,and enhance the comparability of data, in accordance with the national statistical system,the data in January and February was investigated and released together.

累计社会消费品零售总额及其增长率
Accumulative retail sales and growth rates of consumer goods

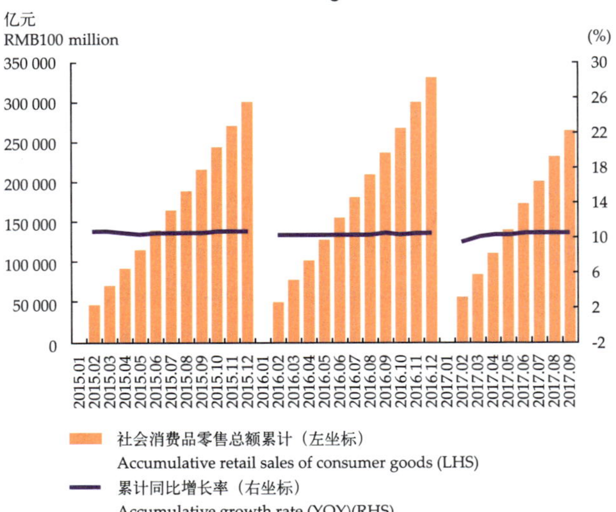

社会消费品零售总额与最终消费增长率的比较
Comparison of growth rate at current prices between retail sales of consumer goods and final consumption expenditure

单位：万亿元
Unit: RMB1 trillion

年 Year	社会消费品零售总额 Retail sales of consumer goods	最终消费 Final consumption	社会消费品零售总额现价增长率(%) Growth rate at current prices of retail sales of consumer goods(%)	最终消费现价增长率(%) Growth rate at current prices of final consumption expenditure(%)
1991	0.94	1.36	13.4	13.5
1992	1.10	1.62	16.8	19.2
1993	1.43	2.08	29.8	28.2
1994	1.86	2.83	30.5	35.9
1995	2.36	3.62	26.8	28.0
1996	2.84	4.31	20.1	19.0
1997	3.13	4.75	10.2	10.3
1998	3.34	5.15	6.8	8.3
1999	3.56	5.66	6.8	10.0
2000	3.91	6.37	9.7	12.4
2001	4.31	6.85	10.1	7.7
2002	4.81	7.41	11.8	8.1
2003	5.25	7.95	9.1	7.4
2004	5.95	8.91	13.3	12.0
2005	6.84	10.14	14.9	13.9
2006	7.91	11.47	15.8	13.1
2007	9.36	13.62	18.2	18.7
2008	11.48	15.75	22.7	15.6
2009	13.27	17.27	15.5	9.7
2010	15.70	19.90	18.3	15.2
2011	18.39	24.10	17.1	21.1
2012	21.03	27.11	14.3	12.5
2013	24.28	30.03	15.5	10.8
2014	27.19	32.83	12.0	9.3
2015	30.09	35.95	10.7	9.5
2015	30.09	36.23	10.7	10.3
2016	33.23	40.02	10.4	10.5

注：表中数据根据国家统计局最新数据修订。
Note: Data are revised by National Bureau of Statistics of China.

社会消费品零售总额及最终消费增长趋势
Growth trend of retail sales of consumer goods and final consumption expenditure

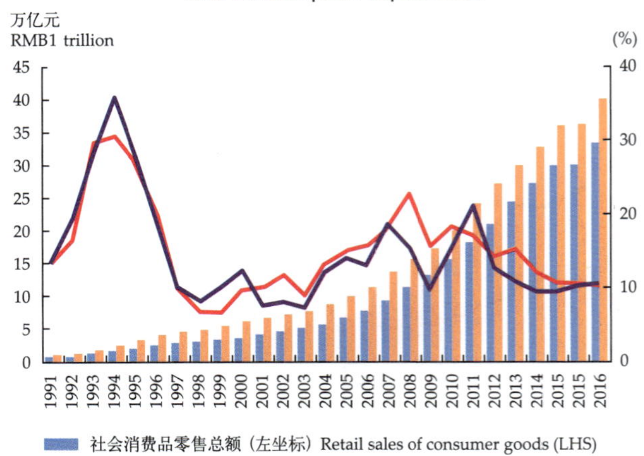

社会消费品零售总额（左坐标）Retail sales of consumer goods (LHS)
最终消费（左坐标）Final consumption (LHS)
社会消费品零售总额现价增长率（右坐标）
Growth rate at current prices of retail sales of consumer goods (RHS)
最终消费现价增长率（右坐标）
Growth rate at current prices of final consumption expenditure (RHS)

3.固定资产投资完成额

(3) Completed fixed-asset investment

固定资产投资（不含农户）完成额
Completed investment in fixed assets (excluding rural households)

单位：亿元
Unit: RMB100 million

年/月 Year/Month	投资完成额 Investment completed	增长率(%) Growth rate (%)
2015 1~2	34 477.4	13.9
1~3	77 511.3	13.5
1~4	119 978.5	12.0
1~5	171 245.4	11.4
1~6	237 131.9	11.4
1~7	288 468.5	11.2
1~8	338 977.4	10.9
1~9	394 531.0	10.3
1~10	447 424.9	10.2
1~11	497 182.2	10.2
1~12	551 590.0	10.0
2016 1~2	38 007.8	10.2
1~3	85 842.8	10.7
1~4	132 592.0	10.5
1~5	187 671.0	9.6
1~6	258 360.0	9.0
1~7	311 694.3	8.1
1~8	366 339.2	8.1
1~9	426 906.4	8.2
1~10	484 429.0	8.3
1~11	538 548.0	8.3
1~12	596 500.8	8.1
2017 1~2	41 377.9	8.9
1~3	93 777.1	9.2
1~4	144 326.8	8.9
1~5	203 718.3	8.6
1~6	280 604.8	8.6
1~7	337 409.5	8.3
1~8	394 150.1	7.8
1~9	458 478.2	7.5

注：自2011年起，投资项目统计起点标准由原来的50万元调整为500万元，"固定资产投资（不含农户）"等于原口径的城镇固定资产投资加上农村企事业组织项目投资。
Notes: Since 2011, investment indicators are calculated using new threshold criteria of RMB5 million instead of RMB500 thousand in the past. "Investment in fixed assets (excluding rural households)" equals to "investment in fixed assets in urban area" under the old criteria plus "investment of rural enterprises and institutions".

固定资产投资（不含农户）完成额
Completed investment in fixed assets (excluding rural households)

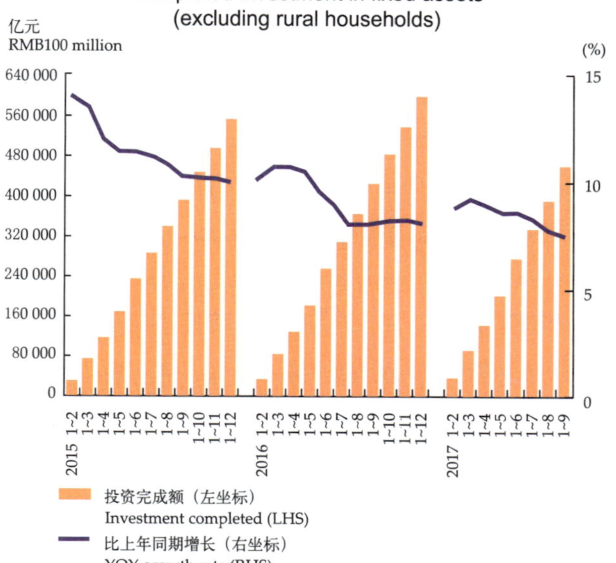

固定资产投资完成额和固定资本形成总额的比较
Comparison of completed fixed-asset investment and gross capital formation

单位：万亿元
Unit: RMB1 trillion

年 Year	全社会固定资产投资完成额 Total completed fixed-asset investment	固定资本形成总额 Gross capital formation	全社会固定资产投资现价增长率(%) Growth rate of total fixed-asset investment at current prices(%)	固定资本形成总额现价增长率(%) Growth rate of gross capital formation at current prices(%)
1991	0.56	0.61	23.9	25.7
1992	0.81	0.85	44.4	46.0
1993	1.31	1.36	61.8	60.4
1994	1.70	1.72	30.4	26.6
1995	2.00	2.04	17.5	18.4
1996	2.29	2.33	14.5	14.6
1997	2.49	2.54	8.8	8.8
1998	2.84	2.88	13.9	13.4
1999	2.99	3.02	5.1	5.2
2000	3.29	3.35	10.3	10.9
2001	3.72	3.81	13.1	13.5
2002	4.35	4.38	16.9	15.1
2003	5.56	5.40	27.7	23.2
2004	7.05	6.57	26.8	21.7
2005	8.88	7.58	26.0	15.4
2006	11.00	8.72	23.9	15.1
2007	13.73	10.51	24.8	20.4
2008	17.28	12.80	25.9	21.8
2009	22.46	15.67	30.0	22.4
2010	25.17	18.58	12.1	18.6
2011	31.15	21.97	23.8	18.2
2012	37.47	24.46	20.3	11.3
2013	44.63	27.09	19.1	10.8
2014	51.20	29.01	14.7	7.1
2015	56.20	30.15	9.8	3.9
2016	60.65	31.89	7.9	5.8

注：表中数据根据国家统计局最新数据修订。
Note: Data are revised by National Bureau of Statistics of China.

固定资产投资完成额和固定资本形成总额
Completed fixed-asset investment and gross capital formation

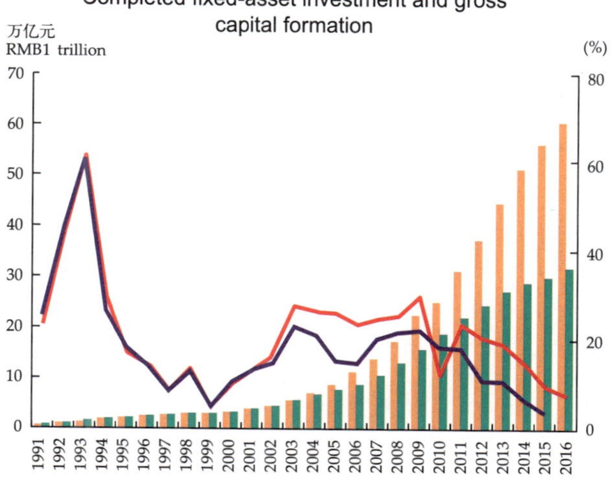

全社会固定资产投资完成额（左坐标）
Total completed fixed-asset investment (LHS)
固定资本形成总额（左坐标）
Gross capital formation (LHS)
全社会固定资产投资现价增长率（右坐标）
Growth rate of total fixed-asset investment at current prices (RHS)
固定资本形成总额现价增长率（右坐标）
Growth rate of gross capital formation at current prices (RHS)

按建设性质分固定资产投资（不含农户）累计完成额及增长率

Completed investment in fixed assets (excluding rural households) and growth rate by type of construction

年/月 Year/Month	绝对值(亿元) Absolute value (RMB100 million)			增长率(%) Growth rate (%)		
	新建 New construction	扩建 Expansion	改建 Transformation	新建 New construction	扩建 Expansion	改建 Transformation
2015 1~2	16 509.1	4 018.9	4 125.8	15.0	18.4	13.5
1~3	38 420.7	9 391.7	10 293.9	13.6	16.2	16.5
1~4	60 978.6	14 883.0	16 164.1	12.1	16.6	16.0
1~5	88 238.9	21 069.3	23 410.4	11.5	15.0	16.4
1~6	122 724.1	28 590.1	32 748.8	11.4	13.9	17.8
1~7	149 126.3	35 020.0	40 375.3	11.1	12.3	18.3
1~8	175 884.9	41 044.4	47 643.5	11.0	11.8	18.2
1~9	205 175.5	47 484.0	55 712.1	10.2	11.1	18.6
1~10	232 238.7	54 267.9	64 135.1	10.1	11.7	18.7
1~11	257 213.7	60 334.3	71 821.9	10.6	12.1	18.1
1~12	284 980.1	67 268.8	80 583.0	11.4	11.4	13.4
2016 1~2	19 225.6	3 947.0	4 583.9	16.5	-1.8	11.1
1~3	44 455.8	9 561.0	11 331.0	15.7	1.8	10.1
1~4	69 917.3	15 024.8	17 957.5	14.7	1.0	11.1
1~5	99 886.4	21 616.4	25 486.5	13.2	2.6	8.9
1~6	138 324.3	29 653.7	35 033.4	12.7	3.7	7.0
1~7	166 514.7	36 085.4	42 959.1	11.7	3.0	6.4
1~8	196 111.6	42 517.4	50 779.5	11.5	3.6	6.6
1~9	229 502.7	48 963.5	59 414.5	11.9	3.1	6.6
1~10	259 412.4	55 839.1	68 488.6	11.7	2.9	6.8
1~11	287 835.1	62 076.9	76 760.5	11.9	2.9	6.9
1~12	318 579.7	68 981.9	85 391.5	11.8	2.5	4.3
2017 1~2	21 131.4	4 119.2	5 145.0	9.9	4.4	12.2
1~3	49 416.8	9 782.9	12 637.7	11.2	2.3	11.5
1~4	77 393.1	15 417.7	19 824.5	10.7	2.6	10.4
1~5	110 435.4	21 719.1	28 247.9	10.6	0.5	10.8
1~6	153 658.1	29 376.3	38 845.0	11.1	-0.9	10.9
1~7	184 592.5	35 909.1	47 205.5	10.9	-0.5	9.9
1~8	216 084.4	41 624.6	55 312.0	10.4	-1.9	9.0
1~9	251 356.0	48 152.0	64 720.8	9.6	-1.6	9.0

注：按建设性质分组的投资不含房地产投资。
Note: Investment grouped by type of construction does not include real estate investment.

按建筑性质分固定资产投资（不含农户）完成额构成变化

Completed investment in fixed assets (excluding rural households) by type of construction

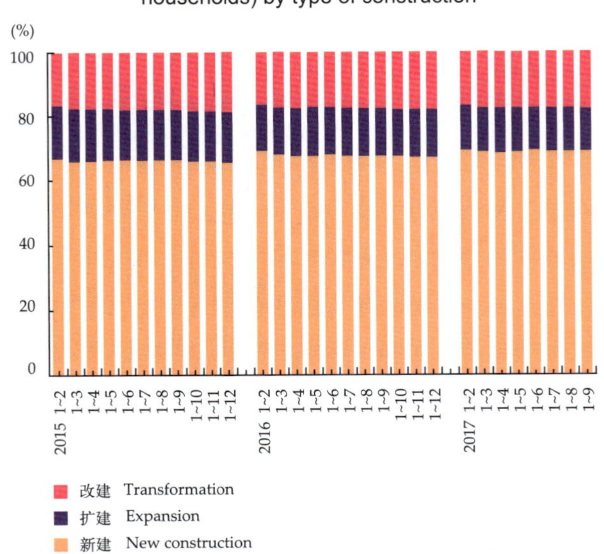

按建筑性质分固定资产投资（不含农户）完成额增长趋势

Growth of monthly accumulated completed investment in fixed assets (excluding rural households) by type of construction

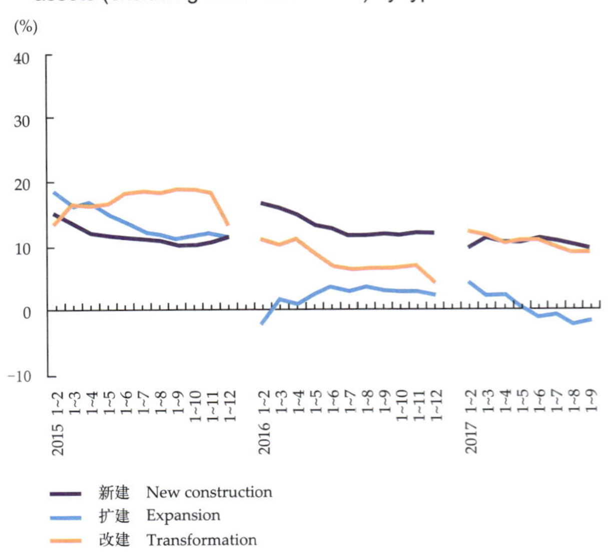

按隶属关系分固定资产投资（不含农户）累计完成额及增长率

Composition of monthly accumulated completed investment in fixed assets (excluding rural households) and growth rate by administrative relationship

年/月 Year/Month	绝对值(亿元) Absolute value (RMB100 million)		增长率(%) Growth rate (%)	
	中央项目 Central government projects	地方项目 Local government projects	中央项目 Central government projects	地方项目 Local government projects
2015 1~2	1 579	32 899	6.0	14.3
1~3	3 371	74 141	12.8	13.5
1~4	4 996	114 982	8.1	12.2
1~5	7 097	164 149	6.9	11.6
1~6	9 653	227 478	1.0	11.9
1~7	12 144	276 325	3.9	11.5
1~8	14 429	324 549	2.7	11.2
1~9	17 046	377 485	1.6	10.7
1~10	19 631	427 794	1.2	10.6
1~11	22 107	475 076	0.2	10.7
1~12	26 224	525 366	6.4	10.2
2016 1~2	1 509	36 499	-4.4	10.9
1~3	3 464	82 379	2.8	11.1
1~4	5 497	127 095	10.0	10.5
1~5	7 833	179 838	10.4	9.6
1~6	10 821	247 539	12.1	8.8
1~7	13 005	298 690	7.1	8.1
1~8	15 814	350 525	9.6	8.0
1~9	17 166	409 741	6.6	8.5
1~10	19 354	465 075	2.6	8.7
1~11	21 515	517 033	0.7	8.8
1~12	25 164	571 337	4.9	8.3
2017 1~2	1 403	39 975	-7.0	9.5
1~3	3 219	90 558	-7.1	9.9
1~4	4 994	139 333	-9.2	9.6
1~5	7 035	196 683	-10.2	9.4
1~6	9 640	270 965	-10.9	9.5
1~7	12 064	325 345	-7.2	8.9
1~8	13 632	380 518	-27.6	9.7
1~9	16 133	442 345	-6.0	8.0

按隶属关系分固定资产投资（不含农户）完成额

Completed investment in fixed assets (excluding rural households) by administrative relationship

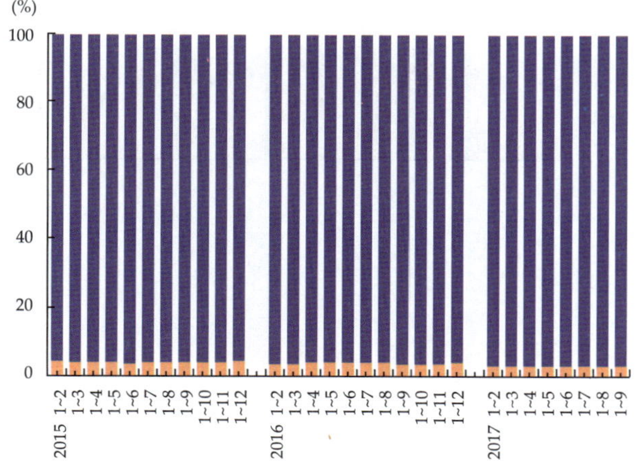

按隶属关系分固定资产投资（不含农户）完成额增长趋势

Growth of monthly accumulated completed investment in fixed assets (excluding rural households) by administrative relationship

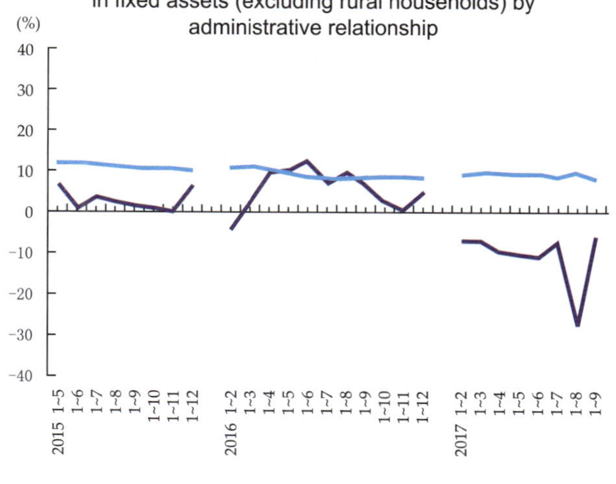

固定资产投资月度累计新开工项目数
Number of monthly accumulated urban newly started projects of fixed-asset investment

单位：万个 Unit: 10 000

	2013	2014	2015	2016	2017
1月 Jan.	—	—	—	—	—
2月 Feb.	2.43	2.69	2.77	4.28	3.25
3月 Mar.	6.77	7.09	7.69	10.73	9.38
4月 Apr.	10.74	10.97	12.01	16.33	15.07
5月 May	15.24	15.45	17.10	22.67	21.95
6月 Jun.	19.98	21.03	23.18	30.16	30.88
7月 Jul.	23.03	24.34	27.53	35.01	36.52
8月 Aug.	26.29	28.22	31.88	40.76	42.12
9月 Sept.	30.15	32.11	36.84	47.02	48.39
10月 Oct.	33.51	35.76	41.60	52.78	—
11月 Nov.	36.50	38.89	45.54	57.50	—
12月 Dec.	38.93	41.55	48.61	61.75	—

注：自2011年起，固定资产投资等于原口径的城镇固定资产投资加上农村企事业组织项目投资（不含农户）。
Note: Since 2011, "investment in fixed assets" equals to "investment in fixed assets in urban area" under the old criteria plus "investment of rural enterprises and institutions(excluding rural households)".

固定资产投资月度累计施工项目数
Number of monthly accumulated urban under-construction projects of fixed-asset investment

单位：万个 Unit: 10 000

	2013	2014	2015	2016	2017
1月 Jan.	—	—	—	—	—
2月 Feb.	12.12	13.43	13.11	15.41	18.77
3月 Mar.	19.11	20.58	20.77	24.17	28.38
4月 Apr.	24.55	25.84	26.39	30.97	35.79
5月 May	29.89	31.15	32.33	37.99	43.70
6月 Jun.	35.27	37.48	38.95	46.06	53.41
7月 Jul.	38.58	41.09	43.61	51.26	59.44
8月 Aug.	42.05	45.66	48.21	57.40	65.36
9月 Sept.	46.15	49.93	53.39	63.88	71.93
10月 Oct.	49.65	53.80	58.37	69.67	—
11月 Nov.	52.76	57.11	62.48	74.52	—
12月 Dec.	55.47	61.60	65.82	79.03	—

固定资产投资月度累计新开工项目数
Number of monthly accumulated newly started projects of fixed-asset investment

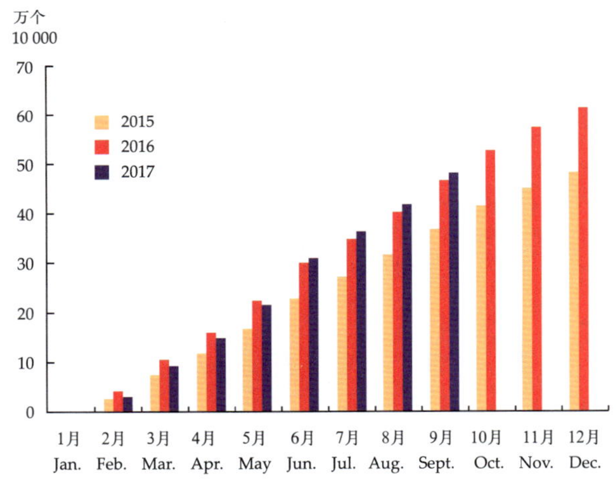

固定资产投资月度累计施工项目数
Number of monthly accumulated under-construction projects of fixed-asset investment

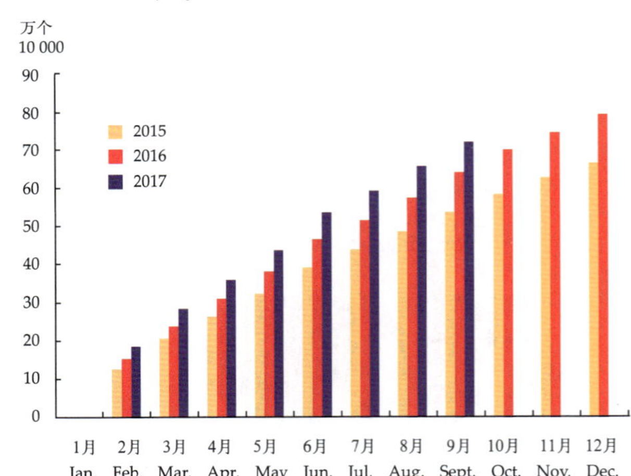

2017年前三个季度分省固定资产投资（不含农户）完成额及增长率
Accumulated completed investment in fixed assets (excluding rural households) and growth rate by province in the first three quarters of 2017

单位：亿元 Unit: RMB100 million

	固定资产投资（不含农户）累计完成额 Accumulated completed investment in fixed assets (excluding rural households)	增长率(%) Growth rate (%)
Xinjiang 新疆	10 376.5	31.0
Tibet 西藏	1 387.2	21.2
Guizhou 贵州	9 541.6	20.5
Yunnan 云南	12 463.5	17.0
Guangdong 广东	25 549.0	14.6
Shaanxi 陕西	16 671.1	14.6
Fujian 福建	19 026.6	13.9
Hunan 湖南	20 709.5	12.6
Jiangxi 江西	16 278.3	12.6
Guangxi 广西	13 689.5	12.5
Hubei 湖北	23 668.1	12.0
Hainan 海南	2 799.1	11.6
Sichuan 四川	23 723.9	10.8
Henan 河南	30 823.2	10.8
Chongqing 重庆	11 934.7	10.1
Zhejiang 浙江	23 205.9	9.6
Anhui 安徽	21 169.4	8.5
Shandong 山东	39 797.8	8.0
Heilongjiang 黑龙江	6 543.9	7.5
Jiangsu 江苏	37 498.2	7.5
Beijing 北京	5 509.1	7.0
Shanghai 上海	4 703.0	6.4
Hebei 河北	24 787.9	5.1
Qinghai 青海	2 825.9	5.0
Ningxia 宁夏	2 744.9	1.5
Inner Mongolia 内蒙古	12 413.2	0.4
Jilin 吉林	10 636.8	0.0
Tianjin 天津	10 458.8	-0.3
Liaoning 辽宁	5 143.7	-15.4
Gansu 甘肃	4 565.7	-38.7
Shanxi 山西	4 669.8	-52.3

2017年前三个季度分省固定资产投资（不含农户）完成额及增长率
Accumulated completed investment in fixed assets (excluding rural households) and growth rate by province in the first three quarters of 2017

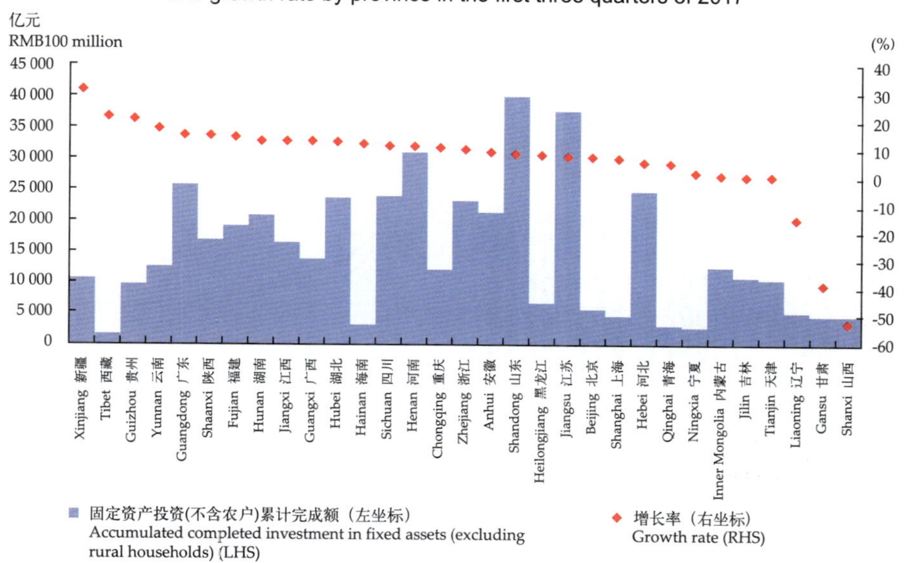

4.房地产

(4) Real estate development

房地产开发投资按工程用途分的完成额及增长率
Real estate development investment completed and growth rate by purpose of engineering

单位：亿元 Unit: RMB100 million

年/月 Year/Month	房地产开发投资完成额 Real estate development investment completed		按工程用途分 By purpose of engineering							
			住宅投资 Residential building investment		办公楼投资 Office building investment		商业用房投资 Commercial and business building investment		其他投资 Other investment	
	绝对值 Absolute value	增长率(%) Growth rate (%)	绝对值 Absolute value	增长率(%) Growth rate (%)	绝对值 Absolute value	增长率(%) Growth rate (%)	绝对值 Absolute value	增长率(%) Growth rate (%)	绝对值 Absolute value	增长率(%) Growth rate (%)
2015 1~2	8 786	10.4	5 922	9.1	567	14.9	1 321	18.2	976	6.3
1~3	16 651	8.5	11 156	5.9	1 088	20.6	2 532	17.2	1 875	7.4
1~4	23 669	6.0	15 870	3.7	1 488	13.6	3 638	13.9	2 673	6.1
1~5	32 292	5.1	21 645	2.9	1 999	12.8	4 955	11.9	3 693	5.6
1~6	43 955	4.6	29 506	2.8	2 739	14.4	6 705	8.6	5 005	5.1
1~7	52 562	4.3	35 380	3.0	3 264	13.5	8 021	7.6	5 897	3.7
1~8	61 063	3.5	41 098	2.3	3 865	14.2	9 291	5.4	6 809	2.9
1~9	70 535	2.6	47 505	1.7	4 453	11.1	10 752	4.0	7 824	1.9
1~10	78 801	2.0	53 150	1.3	5 000	10.7	12 010	2.8	8 641	1.0
1~11	87 702	1.3	59 069	0.7	5 652	10.3	13 354	1.9	9 627	-0.8
1~12	95 979	1.0	64 595	0.4	6 210	10.1	14 607	1.8	10 566	-1.2
2016 1~2	9 052	3.0	6 028	1.8	658	16.1	1 356	2.7	1 010	3.4
1~3	17 677	6.2	11 670	4.6	1 242	14.2	2 712	7.1	2 053	9.5
1~4	25 376	7.2	16 887	6.4	1 717	15.4	3 915	7.6	2 857	6.9
1~5	34 564	7.0	23 118	6.8	2 256	12.8	5 361	8.2	3 828	3.7
1~6	46 631	6.1	31 149	5.6	3 016	10.1	7 229	7.8	5 236	4.6
1~7	55 361	5.3	36 981	4.5	3 541	8.5	8 573	6.9	6 265	6.2
1~8	64 387	5.4	43 076	4.8	4 086	5.7	9 954	7.1	7 271	6.8
1~9	74 598	5.8	49 931	5.1	4 722	6.0	11 543	7.3	8 402	7.4
1~10	83 975	6.6	56 294	5.9	5 308	6.2	12 941	7.8	9 431	9.1
1~11	93 387	6.5	62 588	6.0	5 934	5.0	14 377	7.7	10 488	8.9
1~12	102 581	6.9	68 704	6.4	6 533	5.2	15 838	8.4	11 507	8.9
2017 1~2	9 854	8.9	6 571	9.0	654	-0.6	1 517	11.8	1 112	10.1
1~3	19 292	9.1	12 981	11.2	1 194	-3.8	2 935	8.2	2 182	6.3
1~4	27 732	9.3	18 671	10.6	1 736	1.1	4 222	7.8	3 103	8.6
1~5	37 595	8.8	25 423	10.0	2 371	5.1	5 678	5.9	4 123	7.7
1~6	50 610	8.5	34 318	10.2	3 159	4.8	7 589	5.0	5 543	5.9
1~7	59 761	7.9	40 683	10.0	3 708	4.7	8 834	3.0	6 535	4.3
1~8	69 494	7.9	47 440	10.1	4 284	4.8	10 195	2.4	7 575	4.2
1~9	80 644	8.1	55 109	10.4	4 978	5.4	11 710	1.4	8 847	5.3

房地产开发投资按工程用途分的构成变化
Change in composition of real estate development investment by purpose of engineering

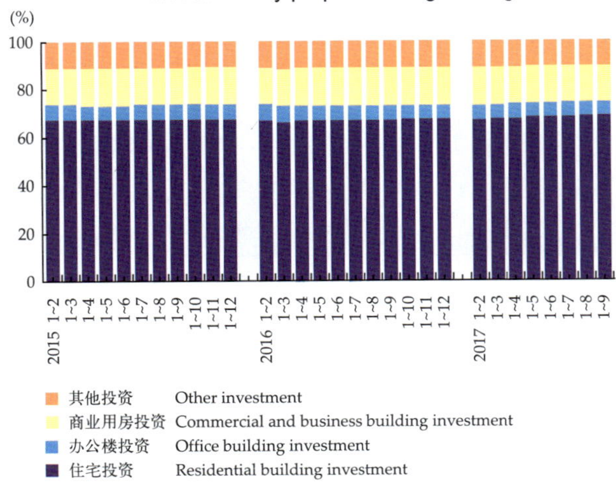

房地产开发投资按工程用途分的增长趋势
Growth of composition of real estate development investment by purpose of engineering

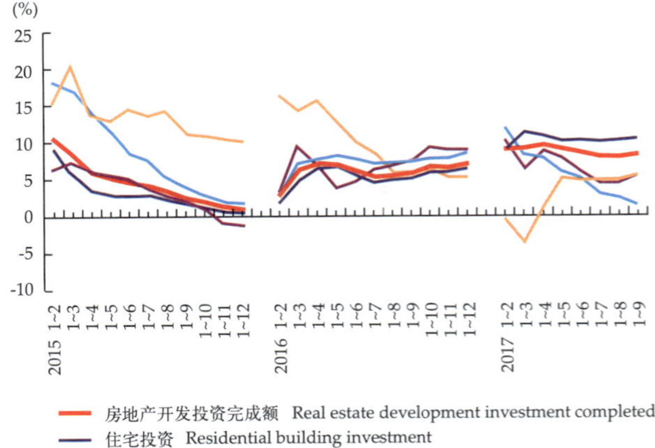

房地产开发投资按地区分的完成额及增长率
Real estate development investment completed and growth rate by region

单位：亿元 Unit: RMB100 million

年/月 Year/Month	东部地区投资 Investment in eastern area		中部地区投资 Investment in central area		西部地区投资 Investment in western area	
	绝对值 Absolute value	增长率(%) Growth rate(%)	绝对值 Absolute value	增长率(%) Growth rate(%)	绝对值 Absolute value	增长率(%) Growth rate(%)
2015 1~2	5 338	11.4	1 609	6.7	1 840	11.1
1~3	10 003	9.5	3 116	6.9	3 531	7.5
1~4	14 109	6.6	4 517	5.8	5 043	4.6
1~5	18 984	5.5	6 309	4.9	6 999	4.0
1~6	25 421	4.9	8 864	3.6	9 670	4.7
1~7	30 186	4.7	10 781	3.9	11 596	3.8
1~8	34 754	3.7	12 717	3.5	13 591	3.3
1~9	39 865	2.9	14 871	2.3	15 799	2.1
1~10	44 193	2.3	16 851	2.0	17 757	1.5
1~11	48 789	1.1	18 988	1.8	19 926	1.1
1~12	53 231	0.5	21 038	1.8	21 709	1.3
2016 1~2	5 536	3.7	1 678	4.3	1 838	-0.1
1~3	10 539	5.4	3 411	9.5	3 726	5.5
1~4	14 927	5.8	5 071	12.3	5 378	6.6
1~5	20 118	6.0	7 044	11.6	7 402	5.8
1~6	26 589	4.6	9 747	10.0	10 294	6.5
1~7	31 201	3.4	11 881	10.2	12 279	5.9
1~8	35 915	3.3	14 078	10.7	14 394	5.9
1~9	41 303	3.6	16 493	10.9	16 802	6.3
1~10	46 416	5.0	18 727	11.1	18 832	6.1
1~11	51 307	5.2	21 001	10.6	21 080	5.8
1~12	56 233	5.6	23 286	10.7	23 061	6.2
2017 1~2	5 966	7.8	1 907	13.7	1 982	7.8
1~3	11 373	7.9	3 914	14.7	4 005	7.5
1~4	15 437	8.7	5 755	16.8	5 794	7.7
1~5	20 659	8.4	7 853	16.9	7 918	7.0
1~6	27 252	8.4	10 631	16.0	10 991	6.8
1~7	32 069	8.5	12 612	13.8	12 901	5.1
1~8	37 099	8.8	14 773	13.3	14 966	4.0
1~9	42 869	9.0	17 169	13.3	17 410	3.6

房地产开发投资按地区分的构成变化
Change in composition of real estate development investment by region

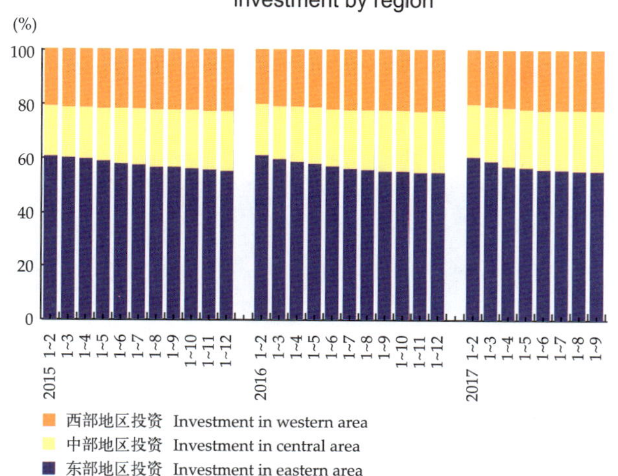

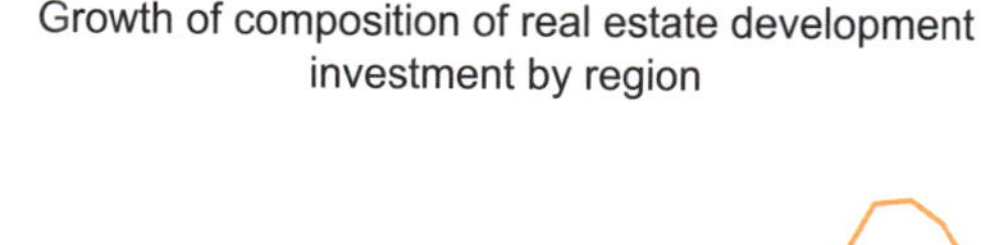

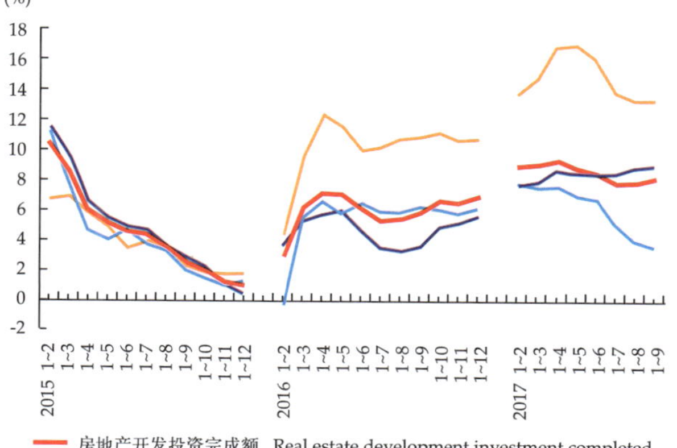

商品房建筑与销售
Construction and sales of commercial buildings

单位：亿平方米、亿元
Unit: 100 million square meters, RMB100 million

年/月 Year/Month	施工面积 Area under construction	同比增长(%) YOY growth(%)	竣工面积 Area completed	同比增长(%) YOY growth(%)	销售面积 Area sold	同比增长(%) YOY growth(%)	销售面积与竣工面积之比(%) Ratio of sold to completed areas(%)	月度累计销售额 Monthly accumulated sales volume	增长率(%) Growth rate (%)
2015 1~2	57.0	7.6	1.1	-12.9	0.9	-16.3	81	5 972	-15.8
1~3	58.4	6.8	1.7	-8.2	1.8	-9.2	107	12 023	-9.3
1~4	60.0	6.2	2.1	-10.5	2.6	-4.8	124	17 739	-3.1
1~5	61.7	5.3	2.7	-13.3	3.6	-0.2	135	24 409	3.1
1~6	63.8	4.3	3.3	-13.8	5.0	3.9	153	34 259	10.0
1~7	65.4	3.4	3.8	-13.1	6.0	6.1	158	41 171	13.4
1~8	66.9	2.5	4.2	-14.6	7.0	7.2	164	48 042	15.3
1~9	69.4	3.0	5.1	-9.8	8.3	7.5	163	56 745	15.3
1~10	70.8	2.3	6.1	-4.2	9.5	7.2	155	64 790	14.9
1~11	72.4	1.8	7.2	-3.5	10.9	7.4	151	74 522	15.6
1~12	73.6	1.3	10.0	-6.9	12.8	6.5	128	87 281	14.4
2016 1~2	60.4	5.9	1.4	28.9	1.1	28.2	81	8 577	43.6
1~3	61.8	5.8	2.0	17.7	2.4	33.1	121	18 524	54.1
1~4	63.4	5.8	2.5	20.1	3.6	36.5	141	27 656	55.9
1~5	65.1	5.6	3.2	20.4	4.8	33.2	150	36 775	50.7
1~6	67.0	5.0	4.0	20.0	6.4	27.9	163	48 682	42.1
1~7	68.6	4.8	4.6	21.3	7.6	26.4	165	57 569	39.8
1~8	70.0	4.6	5.1	19.1	8.7	25.5	173	66 623	38.7
1~9	71.6	3.2	5.7	12.1	10.5	26.9	184	80 208	41.3
1~10	73.1	3.3	6.5	6.6	12.0	26.8	185	91 482	41.2
1~11	74.5	2.9	7.7	6.4	13.6	24.3	176	102 503	37.5
1~12	75.9	3.2	10.6	6.1	15.7	22.5	148	117 627	34.8
2017 1~2	62.3	3.2	1.6	15.8	1.4	25.1	87	10 806	26.0
1~3	63.7	3.1	2.3	15.1	2.9	19.5	126	23 182	25.1
1~4	65.4	3.1	2.8	10.6	4.2	15.7	148	33 223	20.1
1~5	67.1	3.1	3.4	5.9	5.5	14.3	162	43 632	18.6
1~6	69.2	3.4	4.2	5.0	7.5	16.1	180	59 152	21.5
1~7	70.7	3.2	4.7	2.4	8.6	14.0	184	68 461	18.9
1~8	72.2	3.1	5.2	3.4	9.9	12.7	188	78 096	17.2
1~9	73.8	3.1	5.8	1.0	11.6	10.3	201	91 904	14.6

商品房施工面积、竣工面积与销售面积
Area of commercial housing under construction, completed, and sold

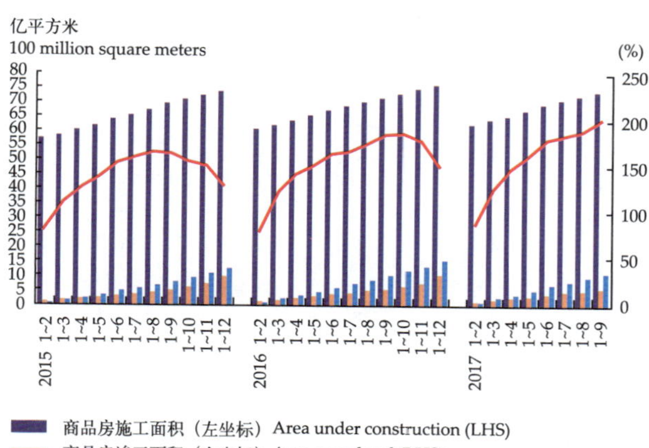

商品房施工面积、竣工面积与销售面积增长趋势
Growth of area of commercial housing under construction, completed, and sold

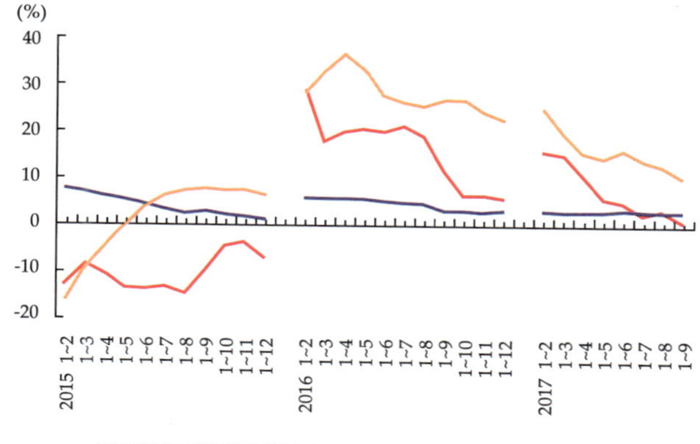

商品房销售额及其增长率
Sales volume of commercial housing and its growth rate

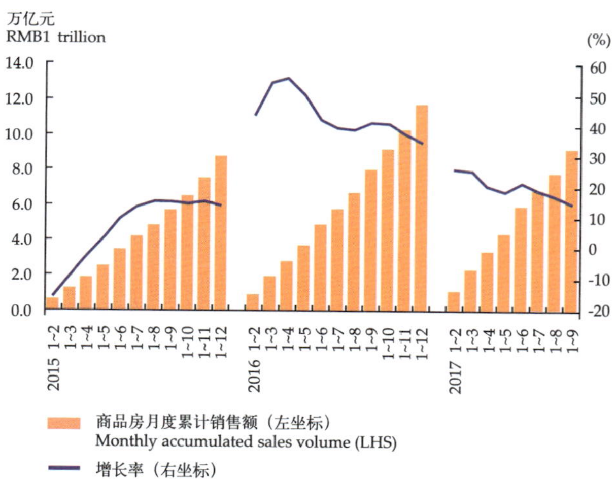

住宅在商品房施工面积、竣工面积与销售面积中所占的比重
Share of residences in commercial housing under construction, completed, and sold

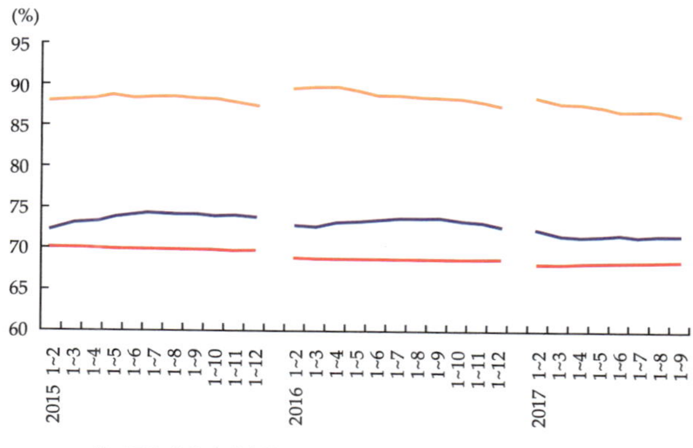

主要经济指标环比增速
MOM growth rates of main economic indicators

年/季度 Year/Quarter	国内生产总值（%） Gross domestic product (%)	年/月 Year/Month		规模以上工业增加值（%） Value added of industry (%)	固定资产投资（不含农户）（%） Completed investment in fixed assets (excluding rural households) (%)	社会消费品零售总额（%） Retail sales of consumer goods (%)
2014		2014	1	0.55	1.49	0.85
			2	0.58	1.22	0.91
I	1.6		3	0.92	1.09	1.10
			4	0.57	1.16	0.81
			5	0.58	0.97	1.01
II	1.8		6	0.55	1.04	0.79
			7	0.76	0.91	0.94
			8	0.13	0.92	0.80
III	1.8		9	0.90	1.01	0.79
			10	0.43	0.95	0.91
			11	0.35	0.94	0.87
IV	1.8		12	0.74	0.94	0.96
2015		2015	1	0.45	0.88	0.80
			2	0.42	0.76	0.84
I	2.0		3	0.28	0.92	0.86
			4	0.52	0.85	0.74
			5	0.51	0.98	0.81
II	1.7		6	0.71	0.99	0.93
			7	0.20	0.95	0.79
			8	0.50	0.95	0.89
III	1.8		9	0.52	0.90	0.83
			10	0.40	0.98	0.81
			11	0.58	0.91	0.91
IV	1.5		12	0.49	0.90	0.82
2016		2016	1	0.49	0.75	0.83
			2	0.39	0.63	0.60
I	1.3		3	0.62	0.88	0.90
			4	0.42	0.91	0.81
			5	0.45	0.73	0.80
II	1.9		6	0.50	0.69	0.91
			7	0.51	0.55	0.79
			8	0.56	0.66	0.89
III	1.8		9	0.45	0.58	0.81
			10	0.50	0.59	0.72
			11	0.54	0.58	0.96
IV	1.7		12	0.49	0.58	0.86
2017		2017	1	0.58	0.57	0.56
			2	0.59	0.61	1.15
I	1.4		3	0.79	0.60	0.66
			4	0.48	0.59	0.76
			5	0.50	0.58	0.80
II	1.8		6	0.81	0.60	0.84
			7	0.40	0.55	0.71
			8	0.46	0.53	0.70
III	1.7		9	0.55	0.55	0.89

注：1. 自2011年4月起，国家统计局对外公布国内生产总值、规模以上工业增加值、固定资产投资（不含农户）、社会消费品零售总额四项统计指标的经季节调整的环比数据。
2. 表中数据根据国家统计局最新数据修订。

Notes:1. From April 2011, National Bureau of Statistics began to publish four seasonally-adjusted MOM indices, namely: gross domestic product, value added of industry, completed investment in fixed assets (excluding rural households), retail sales of consumer goods.
2. Data are revised by National Bureau of Statistics of China.

五、对外部门
5. External Sector

1.外贸
(1)Foreign trade

据世界贸易组织统计，2016年，中国货物贸易出口总值为2.10万亿美元，占世界货物贸易出口总值15.96万亿美元的13.2%，比2015年降低0.6个百分点，在全球货物贸易出口排名中位居第一。2016年，中国货物贸易进口总值为1.59万亿美元，占世界货物贸易进口总值16.23万亿美元的9.8%，比2015年降低0.3个百分点，在全球货物贸易进口中排名第二，位于美国之后。

According to WTO statistics, in 2016, China's export volume of goods totaled USD2.10 trillion, accounting for 13.2 percent of the world total of USD15.96 trillion, 0.6 percentage point lower than that in 2015. China's goods export ranked 1st in the world. China's import volume of goods reached USD1.59 trillion, accounting for 9.8 percent of the world total of USD16.23 trillion, 0.3 percentage point lower than that in 2015. China ranked 2nd in the world after the U.S. in terms of goods imports.

2016年世界货物贸易出口前十位排名
Top ten economies in the world in terms of goods exported in 2016

	出口(10亿美元) Exports (USD1 billion)	比重(%) Share (%)
世界 World total	15 955	100.0
1 中国 China	2 098	13.2
2 美国 U.S.	1 455	9.1
3 德国 Germany	1 340	8.4
4 日本 Japan	645	4.0
5 荷兰 Netherlands	570	3.6
6 中国香港 HK SAR of China	517	3.2
7 法国 France	501	3.1
8 韩国 Korea	495	3.1
9 意大利 Italy	462	2.9
10 英国 U.K.	409	2.6

2016年世界货物贸易进口前十位排名
Top ten economies in the world in terms of goods imported in 2016

	进口(10亿美元) Imports (USD1 billion)	比重(%) Share (%)
世界 World total	16 225	100.0
1 美国 U.S.	2 251	13.9
2 中国 China	1 587	9.8
3 德国 Germany	1 055	6.5
4 英国 U.K.	636	3.9
5 日本 Japan	607	3.7
6 法国 France	573	3.5
7 中国香港 HK SAR of China	547	3.4
8 荷兰 Netherlands	503	3.1
9 加拿大 Canada	417	2.6
10 韩国 Korea	406	2.5

年度进出口额及其增长率
Annual imports & exports and growth rates

单位：亿美元
Unit: USD100 million

年 Year	进出口 Imports & Exports		出口 Exports		进口 Imports		进出口差额 Trade balance
	总额 Total value	增长率(%) Growth rate (%)	总额 Total value	增长率(%) Growth rate (%)	总额 Total value	增长率(%) Growth rate (%)	
1991	1 357	17.6	719	15.8	638	19.6	81
1992	1 655	22.0	849	18.1	806	26.3	44
1993	1 957	18.2	917	8.0	1 040	29.0	-122
1994	2 366	20.9	1 210	31.9	1 156	11.2	54
1995	2 809	18.7	1 488	23.0	1 321	14.2	167
1996	2 899	3.2	1 510	1.5	1 388	5.1	122
1997	3 252	12.2	1 828	21.0	1 424	2.5	404
1998	3 239	-0.4	1 837	0.5	1 402	-1.5	435
1999	3 606	11.3	1 949	6.1	1 657	18.2	292
2000	4 743	31.5	2 492	27.8	2 251	35.8	241
2001	5 097	7.5	2 661	6.8	2 436	8.2	225
2002	6 208	21.8	3 256	22.4	2 952	21.2	304
2003	8 510	37.1	4 382	34.6	4 128	39.8	255
2004	11 546	35.7	5 933	35.4	5 612	36.0	321
2005	14 219	23.2	7 620	28.4	6 600	17.6	1 020
2006	17 604	23.8	9 689	27.2	7 915	19.9	1 775
2007	21 766	23.6	12 205	25.9	9 561	20.8	2 643
2008	25 633	17.8	14 307	17.2	11 326	18.5	2 981
2009	22 075	-13.9	12 016	-16.0	10 059	-11.2	1 957
2010	29 740	34.7	15 778	31.3	13 962	38.8	1 815
2011	36 419	22.5	18 986	20.3	17 433	24.9	1 549
2012	38 671	6.2	20 487	7.9	18 184	4.3	2 303
2013	41 590	7.5	22 090	7.8	19 500	7.2	2 590
2014	43 015	3.4	23 423	6.0	19 592	0.4	3 831
2015	39 530	-8.0	22 735	-2.9	16 796	-14.2	5 939
2016	36 856	-6.8	20 976	-7.7	15 879	-5.5	5 097

注：表中数据根据海关总署最新数据修订。
Note: Data are revised by General Administration of Customs of the People's Republic of China.

出口总值与GDP之比
Total exports over GDP

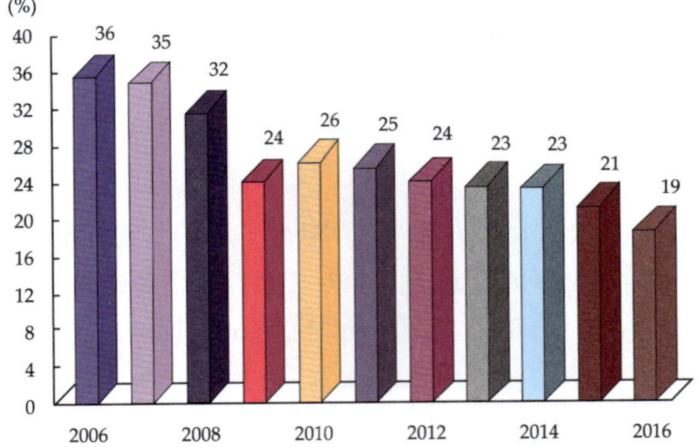

注：图中数据根据国家统计局最新数据修订。
Note: Data are revised by National Bureau of Statistics of China.

贸易差额
Trade balance

亿美元
USD100 million

1 775
2 643
2 981
1 957
1 815
1 549
2 303
2 590
3 831
5 939
5 097

2006 2008 2010 2012 2014 2016

贸易总额及其增长趋势
Total trade volume and growth rates

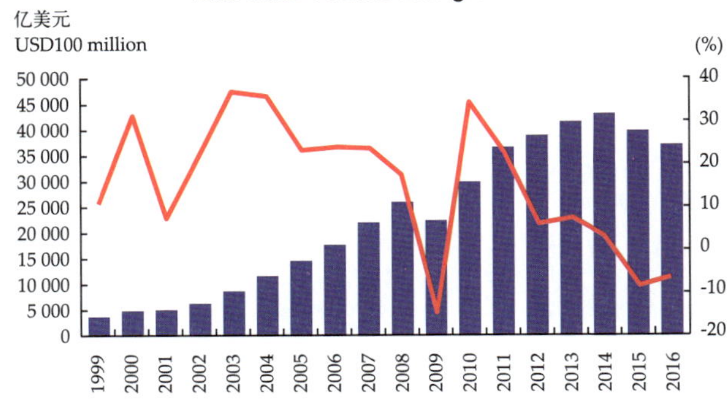

贸易总额与GDP之比
Total trade volume over GDP

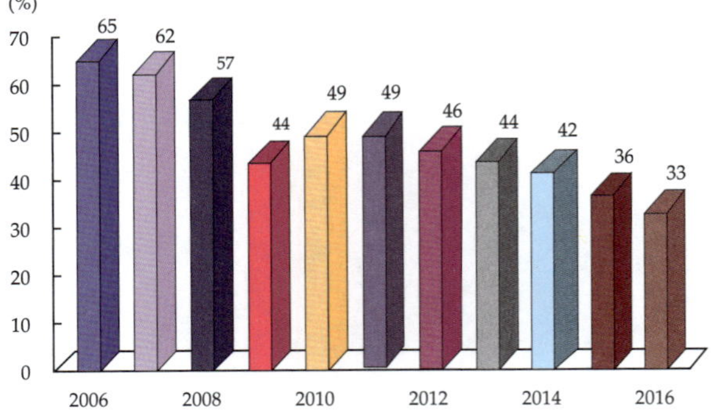

注：图中数据根据国家统计局最新数据修订。
Note: Data are revised by National Bureau of Statistics of China.

当月进出口总值及其增长率
Total monthly imports, exports, and growth rates

单位：亿美元
Unit: USD100 million

年／月 Year/Month	出口总值 Total exports	进口总值 Total imports	出口同比增长率(%) Growth rate of exports (YOY)(%)	进口同比增长率(%) Growth rate of imports (YOY)(%)	当月差额 Monthly trade balance
2015.01	1 999	1 406	-3.5	-19.7	593
2015.02	1 689	1 085	48.1	-20.6	605
2015.03	1 442	1 417	-15.2	-12.5	25
2015.04	1 759	1 427	-6.7	-16.0	332
2015.05	1 888	1 316	-3.5	-17.4	572
2015.06	1 895	1 443	1.5	-6.8	452
2015.07	1 932	1 513	-9.2	-8.5	419
2015.08	1 962	1 365	-5.8	-13.9	597
2015.09	2 049	1 453	-4.1	-20.3	596
2015.10	1 922	1 309	-7.1	-18.7	613
2015.11	1 966	1 426	-7.1	-9.0	540
2015.12	2 231	1 635	-1.9	-7.9	596
2016.01	1 694	1 125	-15.3	-19.9	569
2016.02	1 217	936	-28.0	-13.8	281
2016.03	1 551	1 302	7.5	-8.1	249
2016.04	1 667	1 268	-5.2	-11.1	399
2016.05	1 757	1 309	-6.9	-0.6	448
2016.06	1 766	1 313	-6.8	-9.1	453
2016.07	1 807	1 323	-6.5	-12.5	483
2016.08	1 888	1 387	-3.7	1.7	501
2016.09	1 834	1 430	-10.5	-1.6	404
2016.10	1 768	1 287	-8.0	-1.7	482
2016.11	1 936	1 505	-1.5	5.5	431
2016.12	2 091	1 695	-6.3	3.7	396
2017.01	1 816	1 319	7.2	17.2	497
2017.02	1 191	1 295	-2.1	38.4	-104
2017.03	1 793	1 564	15.6	20.1	229
2017.04	1 782	1 415	6.9	11.6	367
2017.05	1 896	1 494	7.9	14.1	402
2017.06	1 956	1 537	10.8	17.1	419
2017.07	1 924	1 469	6.5	11.0	454
2017.08	1 985	1 573	5.1	13.4	412
2017.09	1 982	1 696	8.1	18.6	286

月度累计进出口总值及其增长率
Total accumulated monthly imports,exports, and growth rates

单位：亿美元
Unit: USD100 million

年／月 Year/Month	累计出口总值 Accumulated total exports	累计进口总值 Accumulated total imports	累计出口同比增长率(%) Growth rate of accumulated exports (YOY) (%)	累计进口同比增长率(%) Growth rate of accumulated imports (YOY) (%)	累计贸易差额 Accumulated trade balance
2015.01	1 999	1 406	-3.5	-19.7	593
2015.02	3 688	2 490	14.9	-20.1	1 198
2015.03	5 131	3 908	4.5	-17.5	1 223
2015.04	6 890	5 335	1.4	-17.1	1 555
2015.05	8 778	6 651	0.3	-17.2	2 126
2015.06	10 673	8 095	0.5	-15.5	2 578
2015.07	12 605	9 607	-1.1	-14.5	2 997
2015.08	14 566	10 972	-1.8	-14.4	3 594
2015.09	16 616	12 425	-2.1	-15.1	4 190
2015.10	18 537	13 734	-2.6	-15.5	4 803
2015.11	20 503	15 161	-3.1	-14.9	5 343
2015.12	22 735	16 796	-2.9	-14.3	5 939
2016.01	1 694	1 125	-15.3	-19.9	569
2016.02	2 911	2 061	-21.1	-17.2	850
2016.03	4 462	3 363	-13.0	-13.9	1 099
2016.04	6 129	4 631	-11.0	-13.2	1 498
2016.05	7 886	5 940	-10.2	-10.7	1 946
2016.06	9 652	7 253	-9.6	-10.4	2 400
2016.07	11 459	8 576	-9.1	-10.7	2 883
2016.08	13 347	9 963	-8.4	-9.2	3 384
2016.09	15 181	11 393	-8.6	-8.3	3 788
2016.10	16 950	12 680	-8.6	-7.7	4 270
2016.11	18 885	14 185	-7.9	-6.4	4 701
2016.12	20 976	15 879	-7.7	-5.5	5 097
2017.01	1 816	1 319	7.2	17.2	497
2017.02	3 007	2 614	3.3	26.8	393
2017.03	4 800	4 178	7.6	24.2	622
2017.04	6 582	5 593	7.4	20.8	988
2017.05	8 477	7 087	7.5	19.3	1 390
2017.06	10 433	8 624	8.1	18.9	1 809
2017.07	12 357	10 093	7.8	17.7	2 263
2017.08	14 342	11 667	7.5	17.1	2 675
2017.09	16 324	13 363	7.5	17.3	2 961

注：表中数据根据海关总署最新数据修订。
Note: Data are revised by General Administration of Customs of the People's Republic of China.

当月进出口总值及其增长率
Total monthly imports, exports, and growth rates

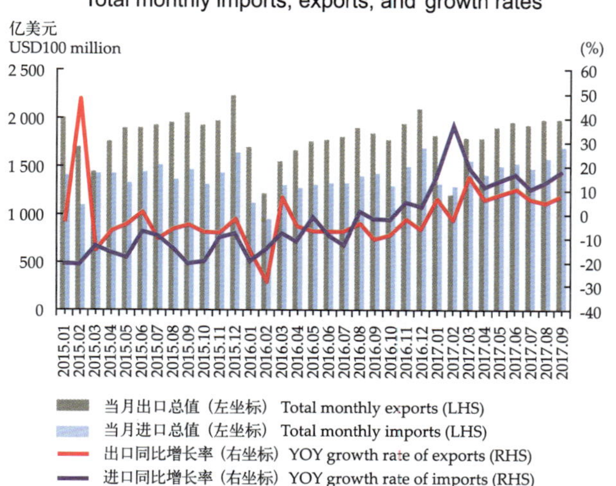

月度累计进出口总值及其增长率
Total accumulated monthly imports, exports, and growth rates

贸易差额月度变动趋势
Movement of monthly trade balance

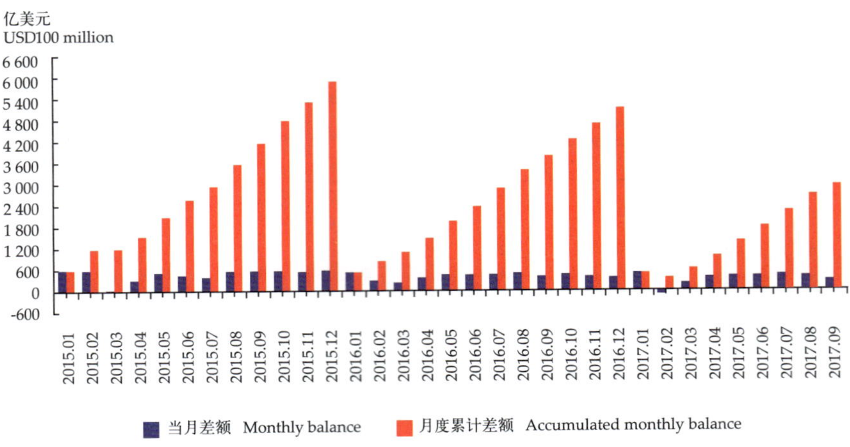

贸易差额构成
Composition of trade balance

单位：亿美元
Unit: USD100 million

年 Year	贸易差额总计 Total trade balance	一般贸易 General trade	加工贸易 Processing trade	其他贸易 Other trade
1998	435	306	359	-229
1999	292	121	373	-202
2000	241	51	451	-261
2001	225	-16	535	-293
2002	304	71	577	-344
2003	255	-57	789	-478
2004	321	-45	1 063	-696
2005	1 020	354	1 425	-759
2006	1 775	832	1 889	-946
2007	2 643	1 107	2 491	-954
2008	2 981	908	2 967	-894
2009	1 957	-47	2 646	-642
2010	1 815	-487	3 228	-926
2011	1 549	-906	3 655	-1 200
2012	2 303	-345	3 814	-1 166
2013	2 590	-225	3 634	-818
2014	3 831	942	3 600	-710
2015	5 939	2 941	3 508	-509
2016	5 097	2 304	3 192	-399

注：“贸易差额总计”根据《海关统计》月报修订。
Note: "Total trade balance" are revised by *China Monthly Exports and Imports*.

月度累计贸易差额按企业性质分
Accumulated monthly trade balance by enterprise

单位：亿美元
Unit: USD100 million

年/月 Year/Month	国有企业 State-owned enterprises	外资企业 Foreign-funded enterprises	其他企业 Other enterprises
2015.01	-145	162	577
2015.02	-234	333	1 099
2015.03	-435	386	1 272
2015.04	-601	490	1 666
2015.05	-705	658	2 174
2015.06	-865	769	2 675
2015.07	-1 041	853	3 185
2015.08	-1 156	1 013	3 738
2015.09	-1 285	1 203	4 272
2015.10	-1 393	1 418	4 777
2015.11	-1 504	1 568	5 279
2015.12	-1 654	1 748	5 845
2016.01	-79	163	484
2016.02	-151	245	756
2016.03	-261	330	1 030
2016.04	-351	435	1 414
2016.05	-472	545	1 873
2016.06	-585	660	2 325
2016.07	-724	811	2 796
2016.08	-843	935	3 291
2016.09	-989	1 066	3 711
2016.10	-1 110	1 224	4 156
2016.11	-1 250	1 369	4 582
2016.12	-1 452	1 465	5 084
2017.01	-159	155	506
2017.02	-339	129	614
2017.03	-553	212	982
2017.04	-727	307	1 436
2017.05	-895	384	1 932
2017.06		487	
2017.07		604	
2017.08		683	
2017.09		735	

贸易差额构成
Composition of trade balance

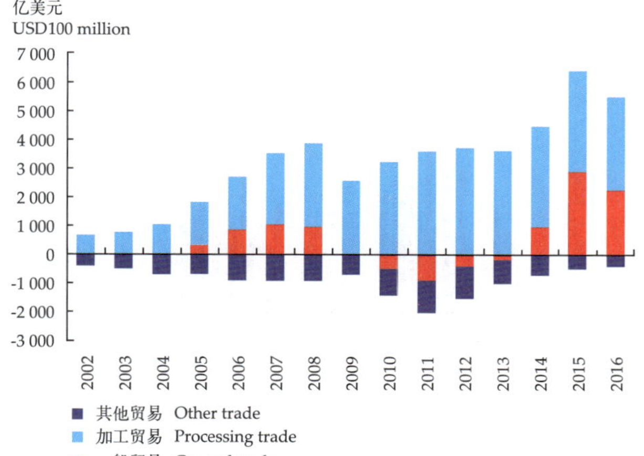

月度累计贸易差额按企业性质分
Accumulated monthly trade balance by enterprise

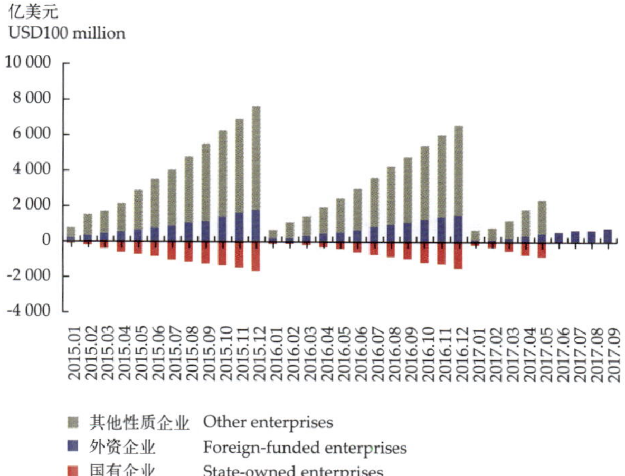

一般贸易累计进出口及其增长率
Accumulated imports and exports under general trade and growth rates

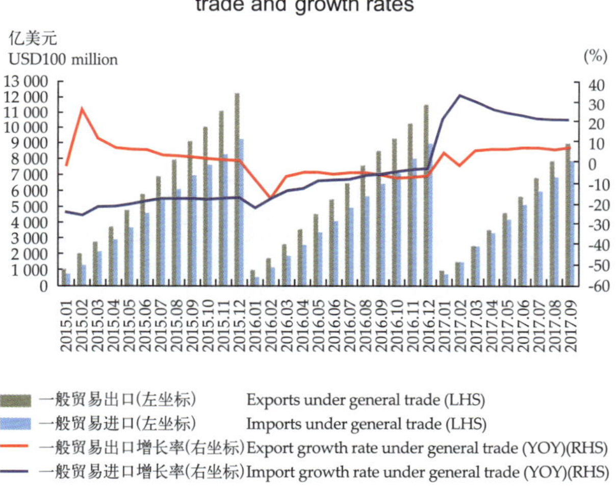

加工贸易累计进出口及其增长率
Accumulated imports and exports under processing trade and growth rates

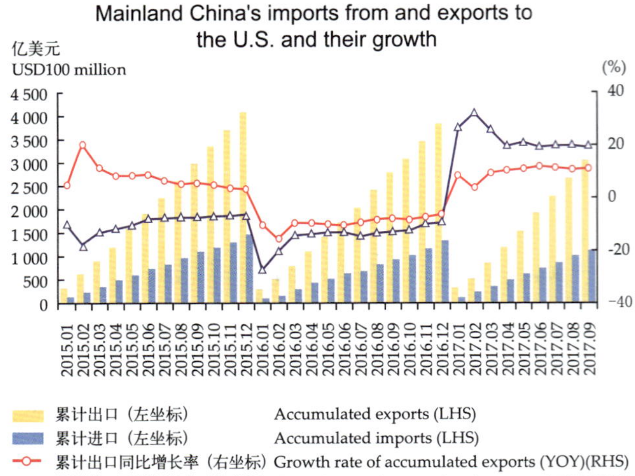

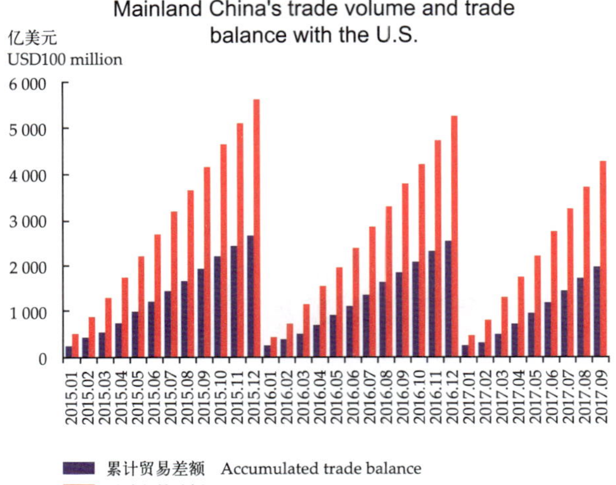

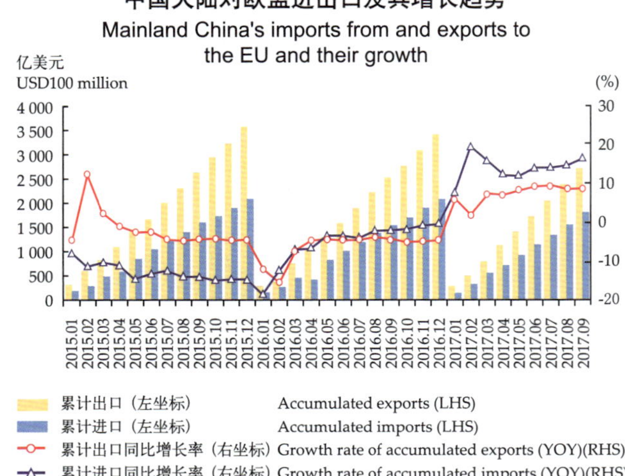

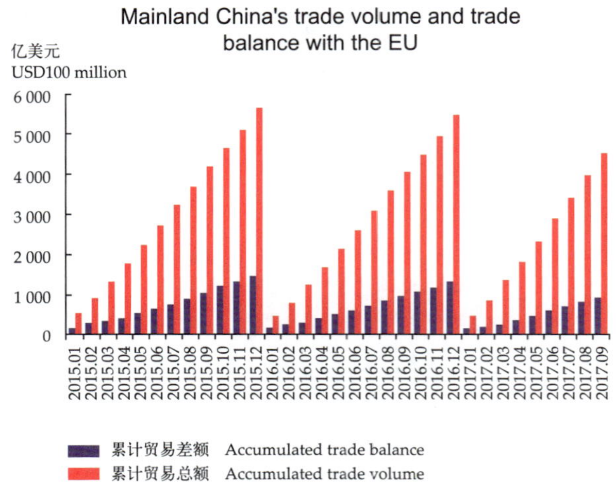

中国大陆对日本进出口及其增长趋势
Mainland China's imports from and exports to Japan and their growth

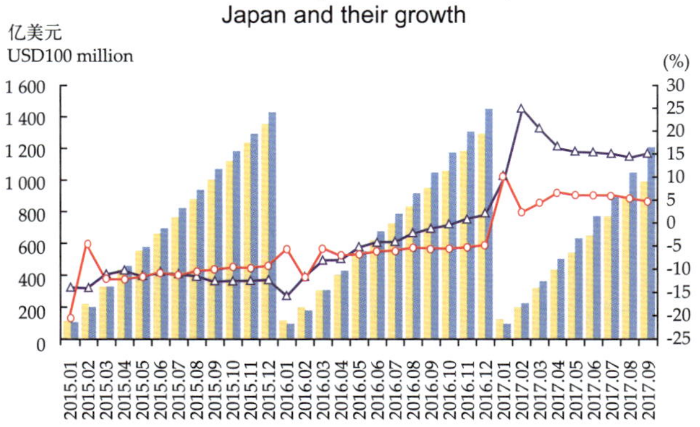

亿美元
USD100 million
(%)

累计出口（左坐标） Accumulated exports (LHS)
累计进口（左坐标） Accumulated imports (LHS)
累计出口同比增长率（右坐标） Growth rate of accumulated exports (YOY)(RHS)
累计进口同比增长率（右坐标） Growth rate of accumulated imports (YOY)(RHS)

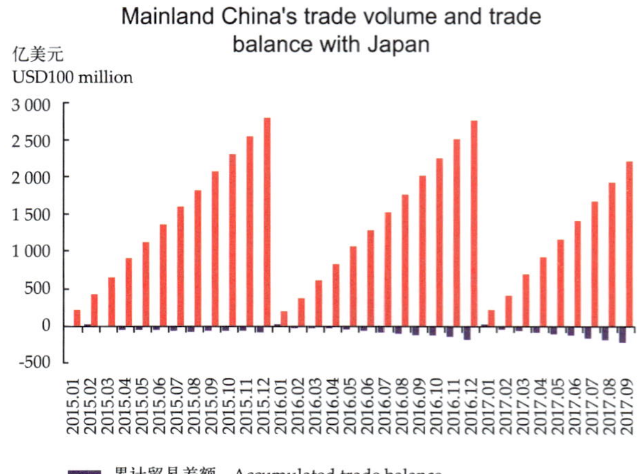

中国大陆对东盟进出口及其增长趋势
Mainland China's imports from and exports to ASEAN and their growth

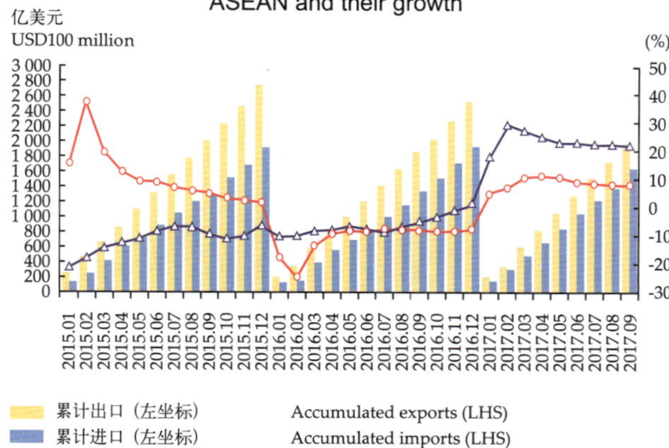

累计出口（左坐标） Accumulated exports (LHS)
累计进口（左坐标） Accumulated imports (LHS)
累计出口同比增长率（右坐标） Growth rate of accumulated exports (YOY)(RHS)
累计进口同比增长率（右坐标） Growth rate of accumulated imports (YOY)(RHS)

中国大陆对东盟贸易总额和贸易差额
Mainland China's trade volume and trade balance with ASEAN

亿美元
USD100 million

累计贸易差额 Accumulated trade balance
累计贸易总额 Accumulated trade volume

中国大陆对中国香港地区进出口及其增长趋势
Mainland China's imports from and exports to Hong Kong SAR of China and their growth

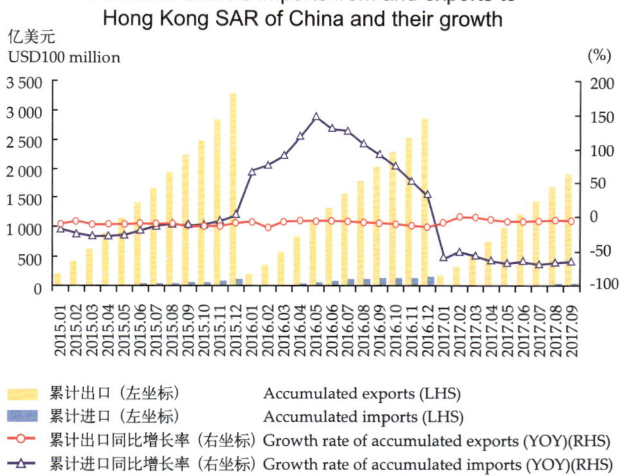

累计出口（左坐标） Accumulated exports (LHS)
累计进口（左坐标） Accumulated imports (LHS)
累计出口同比增长率（右坐标） Growth rate of accumulated exports (YOY)(RHS)
累计进口同比增长率（右坐标） Growth rate of accumulated imports (YOY)(RHS)

中国大陆对中国香港地区贸易总额和贸易差额
Mainland China's trade volume and trade balance with Hong Kong SAR of China

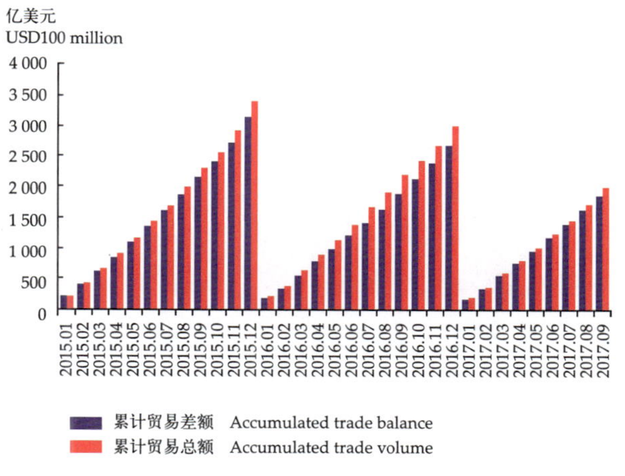

累计贸易差额 Accumulated trade balance
累计贸易总额 Accumulated trade volume

中国大陆对中国台湾地区进出口及其增长趋势
Mainland China's imports from and exports to China Taiwan and their growth

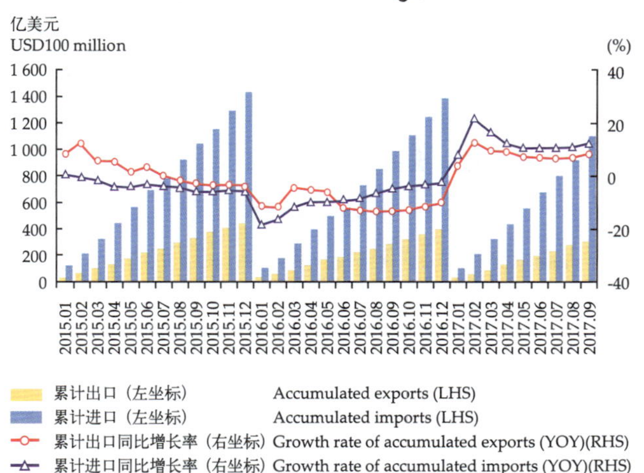

累计出口（左坐标） Accumulated exports (LHS)
累计进口（左坐标） Accumulated imports (LHS)
累计出口同比增长率（右坐标） Growth rate of accumulated exports (YOY)(RHS)
累计进口同比增长率（右坐标） Growth rate of accumulated imports (YOY)(RHS)

中国大陆对中国台湾地区贸易总额和贸易差额
Mainland China's trade volume and trade balance with China Taiwan

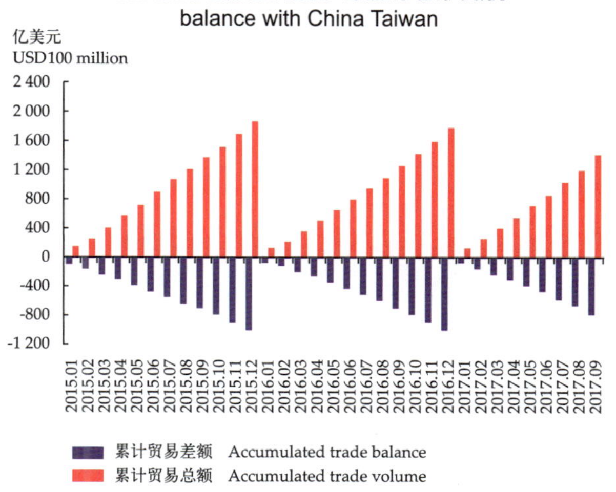

累计贸易差额 Accumulated trade balance
累计贸易总额 Accumulated trade volume

2.外资

(2) Foreign investment

据联合国贸易与发展会议2017年6月发布的《2017年世界投资报告》，2016年中国吸收外资全球排名第三，流入1 340亿美元，报告指出：2016年全球外国直接投资流入量为1.75万亿美元，较上年下降2%。

另据商务部统计，2016年，新批设立外商投资企业27 900家，实际使用外资金额1 260亿美元。

According to the UNCTAD's *World Investment Report 2017* published in June 2017, China ranked world's No.3 recipient of foreign direct investment (FDI) in 2016, with capital inflows of USD134.0 billion. It is pointed out in the report that global FDI inflows decreased by 2% to USD1.75 trillion in 2016.

According to statistics of the Ministry of Commerce, in 2016, 27,900 foreign-invested enterprises were approved for incorporation in China, with actual utilized FDI reaching USD126.0 billion.

实际利用外商直接投资及其增长趋势

Actual utilized foreign direct investments and growth rates

单位：亿美元
Unit: USD100 million

年 Year	绝对值 Absolute value	增长率(%) Growth rates (%)
1991	43.7	25.2
1992	110.1	152.1
1993	275.2	150.0
1994	337.7	22.7
1995	375.2	11.1
1996	417.3	11.2
1997	452.6	8.5
1998	454.6	0.5
1999	403.2	-11.3
2000	407.2	1.0
2001	468.8	15.1
2002	527.4	12.5
2003	535.1	1.4
2004	606.3	13.3
2005	603.3	-0.5
2006	630.2	4.5
2007	747.7	18.6
2008	924.0	23.6
2009	900.3	-2.6
2010	1 057.4	17.4
2011	1 160.1	9.7
2012	1 117.2	-3.7
2013	1 175.9	5.3
2014	1 195.6	1.7
2015	1 262.7	5.6
2016	1 260.0	-0.2

实际利用外商直接投资及其增长率

Actual utilized foreign direct investments and growth rates

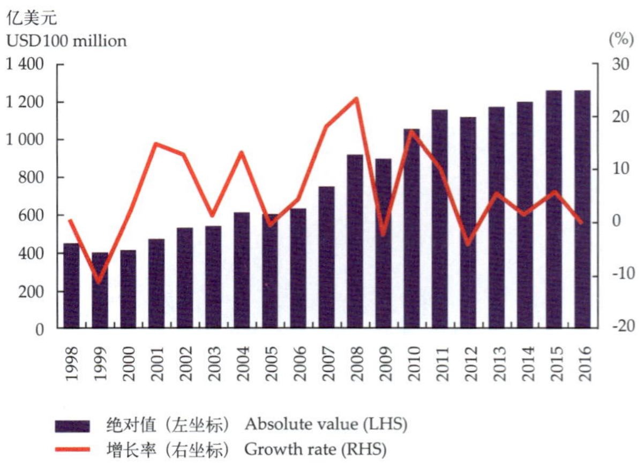

月度累计实际外商直接投资
Accumulated utilized FDI on a monthly basis

单位：亿美元
Unit: USD100 million

年/月 Year/Month	实际外商直接投资累计金额 Accumulated utilized FDI	实际外商直接投资累计同比增长率(%) Growth rate of accumulated utilized FDI (%)
2015.01	139	29.3
2015.02	225	16.4
2015.03	349	10.6
2015.04	445	10.5
2015.05	538	10.1
2015.06	684	8.0
2015.07	766	7.7
2015.08	853	8.9
2015.09	949	8.6
2015.10	1 037	8.1
2015.11	1 140	7.3
2015.12	1 263	5.6
2016.01	141	1.1
2016.02	225	0.2
2016.03	354	1.5
2016.04	453	1.8
2016:05	542	0.7
2016.06	694	1.5
2016.07	771	0.7
2016.08	859	0.6
2016.09	951	0.2
2016.10	1 039	0.2
2016.11	1 138	-0.2
2016.12	1 260	-0.2
2017.01	120	-14.7
2017.02	207	-8.1
2017.03	338	-4.5
2017.04	427	-5.7
2017.05	509	-6.2
2017.06	657	-5.4
2017.07	721	-6.5
2017.08	815	-5.1
2017.09	921	-3.2

月度累计实际外商直接投资
Accumulated utilized FDI on a monthly basis

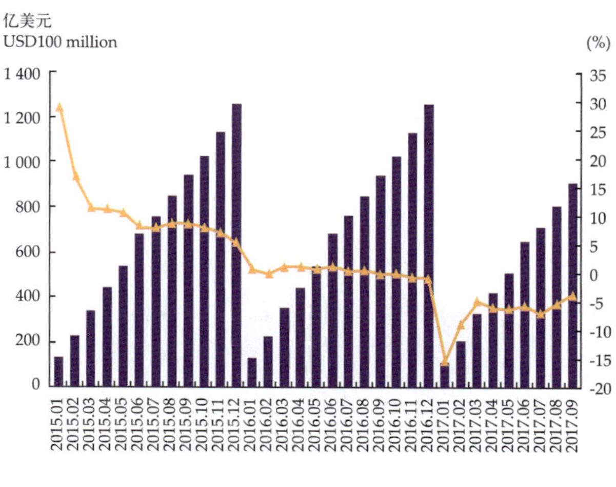

3.国际收支
(3) Balance of payments (BOP)

中国国际收支变化趋势
Movement of China's balance of payments

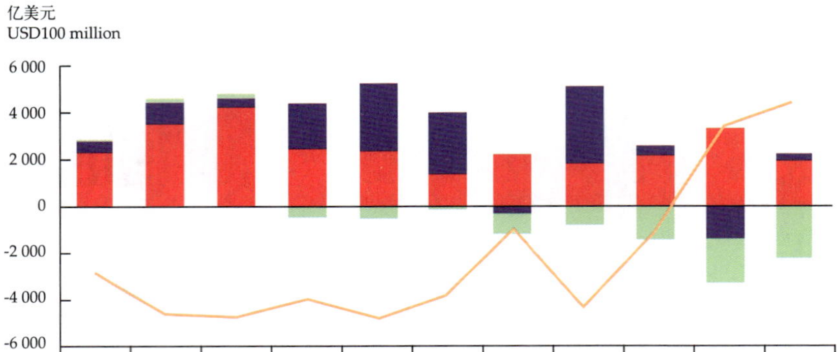

亿美元
USD100 million

	2006	2007	2008	2009	2010	2011	2012	2013	2014	2015	2016
净误差与遗漏差额 Balance of errors and omissions (net)	37	133	188	-434	-530	-138	-870	-776	-1 401	-1 882	-2 227
资本和金融项目差额 Balance of capital and financial accounts	493	942	401	1 985	2 869	2 655	-318	3 262	382	-1 424	263
经常项目差额 Balance of current account	2 318	3 532	4 206	2 433	2 378	1 361	2 154	1 828	2 197	3 306	1 964
储备资产差额 Balance of reserve assets	-2 848	-4 607	-4 795	-3 984	-4 717	-3 878	-966	-4 314	-1 178	3 429	4 437

注：1. 储备资产的增加用负值表示，储备资产的减少用正值表示。
2. 图中数据根据国家外汇管理局最新数据修订。

Notes: 1. The increase in the reserve assets is expressed in a negative figure and the decrease in the reserve assets is expressed in a positive figure.
2. Data are revised by State Administration of Foreign Exchange.

2017年前三季度国际收支平衡表简表
BOP sheet in the first three quarters of 2017

单位：亿美元
Unit: USD100 million

项　目 Items		金　额 Amounts
一、经常账户 Current account		1 098
	贷方 credit	19 630
	借方 debit	-18 532
1.1 货物和服务 Goods and Services		1 368
	贷方 credit	17 494
	借方 debit	-16 126
1.1.1 货物 Goods		3 347
	贷方 credit	15 953
	借方 debit	-12 605
1.1.2 服务 Services		-1 979
	贷方 credit	1 542
	借方 debit	-3 521
1.2 初次收入 Primary income		-178
	贷方 credit	1 923
	借方 debit	-2 100
1.3 二次收入 Secondary income		-93
	贷方 credit	213
	借方 debit	-306
二、资本和金融账户 Capital and financial account		531
2.1 资本账户 Capital account		-1
	贷方 credit	2
	借方 debit	-3
2.2 金融账户 Financial account		532
资产 Assets		-2 719
负债 Liabilities		3 251
2.2.1 非储备性质的金融账户 Financial account excluding reserve assets		1 121
2.2.1.1 直接投资 Direct investment		228
资产 Assets		-651
负债 Liabilities		879
2.2.1.2 证券投资 Portfolio investment		180
资产 Assets		-641
负债 Liabilities		821
2.2.1.3 金融衍生工具 Financial derivatives		12
资产 Assets		20
负债 Liabilities		-8
2.2.1.4 其他投资 Other investment		701
资产 Assets		-858
负债 Liabilities		1 559
2.2.2 储备资产 Reserve assets		-589
三、净误差与遗漏 Net errors and omissions		-1 628

注：根据《国际收支和国际投资头寸手册》（第六版）编制。
Note: Compiled in accordance with the sixth edition of *Balance of Payments and International Investment Position Manual* (BPM6).

4.外汇储备
(4) Foreign exchange reserves

外汇储备及其增长率
Foreign exchange reserves and growth rates

单位：亿美元
Unit: USD100 million

年/月 Year/Month	外汇储备 Foreign exchange reserves	同比增长(%) Growth rate (YOY)(%)
2015.01	38 134	-1.4
2015.02	38 015	-2.9
2015.03	37 300	-5.5
2015.04	37 481	-5.8
2015.05	37 111	-6.8
2015.06	36 938	-7.5
2015.07	36 513	-7.9
2015.08	35 574	-10.4
2015.09	35 141	-9.6
2015.10	35 255	-8.5
2015.11	34 383	-10.6
2015.12	33 304	-13.3
2016.01	32 309	-15.3
2016.02	32 023	-15.8
2016.03	32 126	-13.9
2016.04	32 197	-14.1
2016.05	31 917	-14.0
2016.06	32 052	-13.2
2016.07	32 011	-12.3
2016.08	31 852	-10.5
2016.09	31 664	-9.9
2016.10	31 207	-11.5
2016.11	30 516	-11.2
2016.12	30 105	-9.6
2017.01	29 982	-7.2
2017.02	30 051	-6.2
2017.03	30 091	-6.3
2017.04	30 295	-5.9
2017.05	30 536	-4.3
2017.06	30 568	-4.6
2017.07	30 807	-3.8
2017.08	30 915	-2.9
2017.09	31 085	-1.8

外汇储备及其增长率
Foreign exchange reserves and growth rates

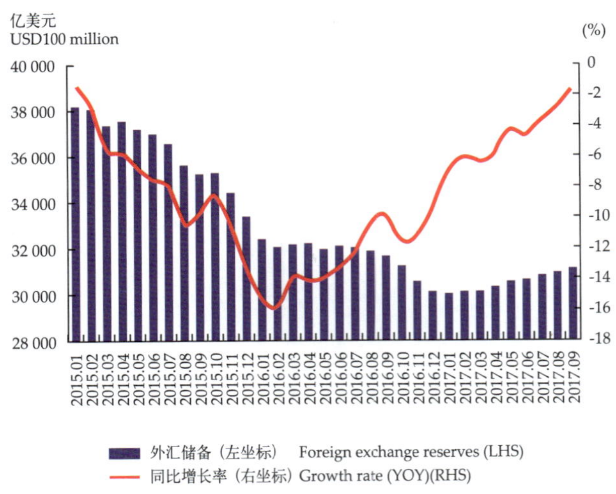

5.外债
(5) External debt

外币外债余额与债务率
Balance and ratio of external debt to foreign exchange income

外币外债余额与负债率
Balance and ratio of external debt to GDP

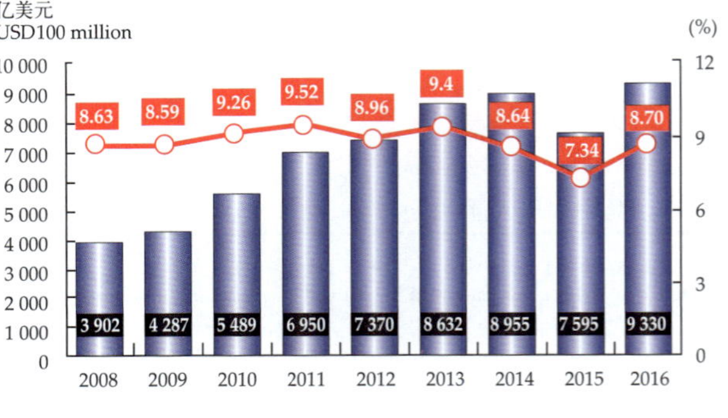

注：图中数据根据国家外汇管理局最新数据修订。
Note: Data are revised by State Administration of Foreign Exchange.

2017年9月末外债数据
External debt balance at the end of September, 2017

单位：亿美元
Unit: USD100 million

	外债余额 Outstanding external debt	广义政府债务 General government debt	中央银行债务 Monetary authority debt	银行债务 Bank debt	其他部门债务 Other sectors debt	直接投资：公司间贷款 Direct investment intercompany lending
债务余额 Debt balance	16 800	1 548	253	8 392	4 453	2 154
比重(%) Share (%)	100.0	9.21	1.51	49.95	26.51	12.82

注：2014年年末，国家外汇管理局按照国际货币基金组织“数据公布特殊标准”（SDDS）的分类标准公布我国外币外债数据，机构部门的分类相应进行了调整。
Note: At the end of 2014, State Administration of Foreign Exchange (SAFE) started to publish the data of China's external debts denominated in foreign currencies according to IMF's SDDS classification standards. The classification of sectors and departments were also adjusted accordingly.

2017年9月末外债结构
External debt structure at the end of September, 2017

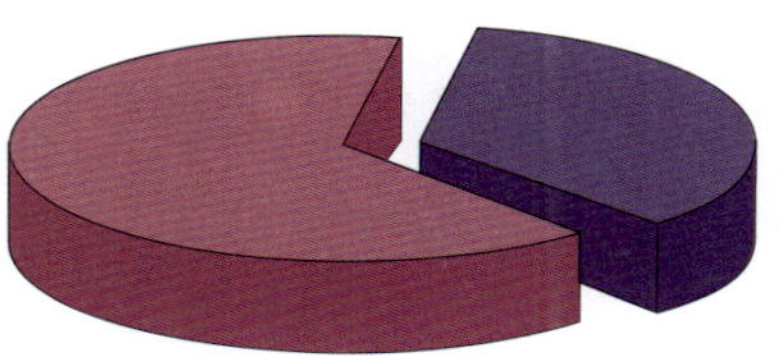

2017年9月末，中国外债余额为16 800亿美元，其中，中长期外债余额为5 861亿美元，占外债余额的34.89%；短期外债余额为10 939亿美元，占外债余额的65.11%。
China's outstanding balance of external debt was USD1,680.0 billion at the end of September 2017, among which USD586.1 billion or 34.89 percent was medium- and long-term debt, and USD1,093.9 billion or 65.11 percent was short-term debt.

六、财政收支与债务
6. Fiscal Revenue, Expenditure and Debt

年度财政收入、财政支出及其增长趋势
Annual budgetary revenue, budgetary expenditure, and their growth

单位：亿元
Unit: RMB100 million

年 Year	财政收入 Budgetary revenue	财政支出 Budgetary expenditure	财政收入同比增长率(%) Growth rate of budgetary revenue (YOY) (%)	财政支出同比增长率(%) Growth rate of budgetary expenditure (YOY)(%)
1994	5 218	5 793	20.0	24.8
1995	6 242	6 824	19.6	17.8
1996	7 408	7 938	18.7	16.3
1997	8 651	9 234	16.8	16.3
1998	9 876	10 798	14.2	16.9
1999	11 444	13 188	15.9	22.1
2000	13 395	15 887	17.0	20.5
2001	16 386	18 903	22.3	19.0
2002	18 904	22 053	15.4	16.7
2003	21 715	24 650	14.9	11.8
2004	26 396	28 487	21.6	15.6
2005	31 649	33 930	19.9	19.1
2006	38 760	40 423	22.5	19.1
2007	51 322	49 781	32.4	23.2
2008	61 330	62 593	19.5	25.4
2009	68 518	76 300	11.7	21.9
2010	83 080	89 575	21.3	17.4
2011	103 740	108 930	24.8	21.2
2012	117 210	125 712	12.8	15.1
2013	129 143	139 744	10.2	11.2
2014	140 350	151 662	8.6	8.2
2015	152 217	175 768	8.4	15.8
2016	159 552	187 841	4.5	6.4

注：表中数据根据财政部最新数据修订。
Note: Data are revised by Ministry of Finance.

月度累计财政收支增长率与收支差额
Monthly growth rates and balance of accumulated fiscal revenue and expenditure

单位：亿元
Unit: RMB100 million

年/月 Year/Month	财政收入累计同比增长率(%) Growth rate of accumulated fiscal revenue(YOY)(%)	财政支出累计同比增长率(%) Growth rate of accumulated fiscal expenditure(YOY)(%)	累计财政收支总量差额 Balance of accumulated fiscal revenue and expenditure
2015.01	5.0	-19.9	8 067
2015.02	3.2	10.5	6 851
2015.03	3.9	7.8	3 592
2015.04	5.1	13.8	4 559
2015.05	5.0	11.1	5 791
2015.06	6.6	11.8	2 312
2015.07	7.5	13.4	3 829
2015.08	7.4	14.8	657
2015.09	7.6	16.4	-6 250
2015.10	7.7	18.1	-5 306
2015.11	8.0	18.9	-10 288
2015.12	8.4	15.8	-23 551
2016.01	5.8	24.3	7 032
2016.02	6.3	12.0	6 215
2016.03	6.5	15.4	938
2016.04	8.6	12.4	3 351
2016.05	8.3	13.6	3 352
2016.06	7.1	15.1	-3 651
2016.07	6.5	13.0	-1 649
2016.08	6.0	12.7	-5 942
2016.09	5.9	12.5	-14 556
2016.10	5.9	10.0	-11 016
2016.11	5.7	10.2	-17 588
2016.12	4.5	6.4	-28 289
2017.01	17.7	37.5	6 273
2017.02	14.9	17.4	6 594
2017.03	14.1	21.0	-1 551
2017.04	11.8	16.3	1 598
2017.05	10.0	14.7	756
2017.06	9.8	15.8	-9 177
2017.07	10.0	14.5	-6 217
2017.08	9.8	13.1	-10 212
2017.09	9.7	11.4	-17 744

注：表中数据根据财政部最新数据修订。
Note: Data are revised by Ministry of Finance.

年度财政收入、财政支出及其增长趋势
Annual budgetary revenue, budgetary expenditure, and their growth

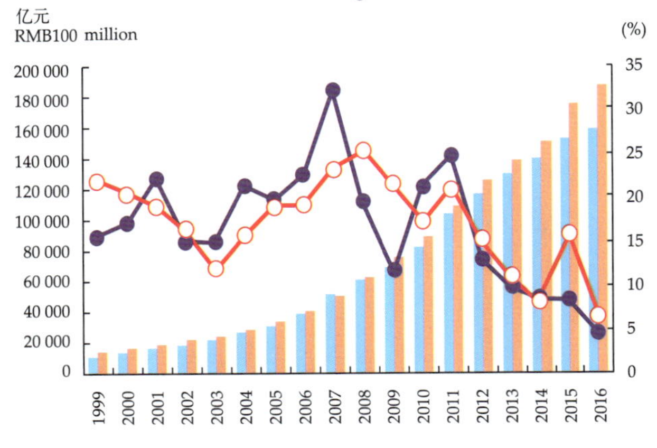

财政收入(左坐标) Budgetary revenue (LHS)
财政支出(左坐标) Budgetary expenditure (LHS)
财政收入同比增长率(右坐标) Growth rate of budgetary revenue (YOY)(RHS)
财政支出同比增长率(右坐标) Growth rate of budgetary expenditure (YOY)(RHS)

月度累计财政收支增长率与收支差额
Monthly growth rates and balance of accumulated fiscal revenue and expenditure

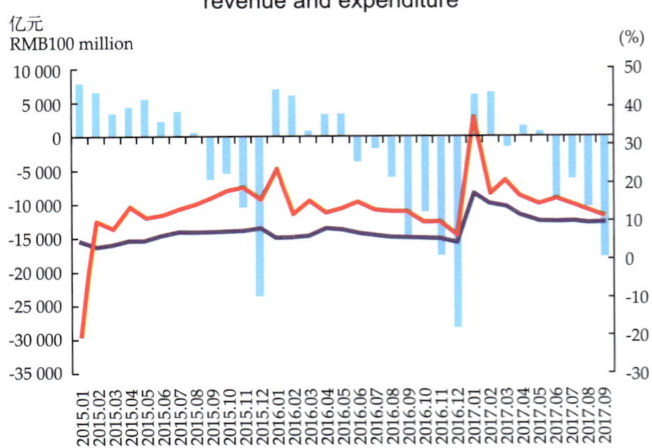

累计财政收支差额（左坐标）
Balance of accumulated fiscal revenue and expenditure (LHS)
财政收入累计同比增长率（右坐标）
Growth rate of accumulated fiscal revenue (YOY)(RHS)
财政支出累计同比增长率（右坐标）
Growth rate of accumulated fiscal expenditure (YOY)(RHS)

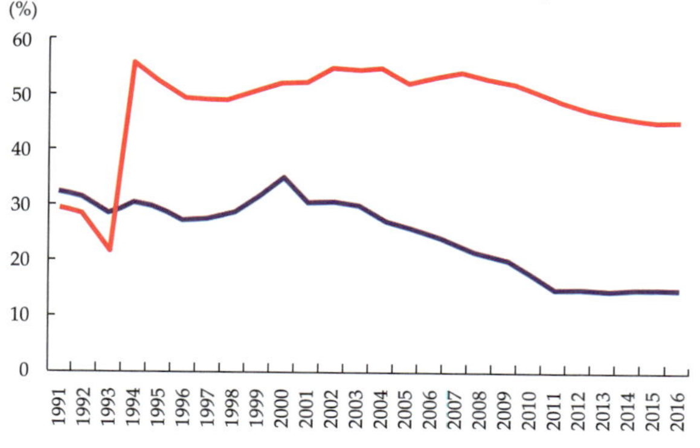

2017年主要预算指标：

2017年，中央财政预算收入为78 612亿元，比2016年执行数（下同）增长3.8%。从中央预算稳定调节基金调入1 350亿元，从中央政府性基金预算、中央国有资本经营预算调入283亿元，合计收入总量为80 245亿元。中央一般公共预算支出95 745亿元，增长6.1%。中央财政收支总量相抵，赤字为15 500亿元，比上年预算数增加1 500亿元。中央财政国债余额限额为141 408.35亿元。

汇总中央预算和地方预算安排，全国一般公共预算收入168 630亿元，增长5%。加上调入资金2 433亿元，可安排的收入总量为171 063亿元。全国一般公共预算支出194 863亿元，增长6.5%。赤字23 800亿元，比2016年增加2 000亿元。

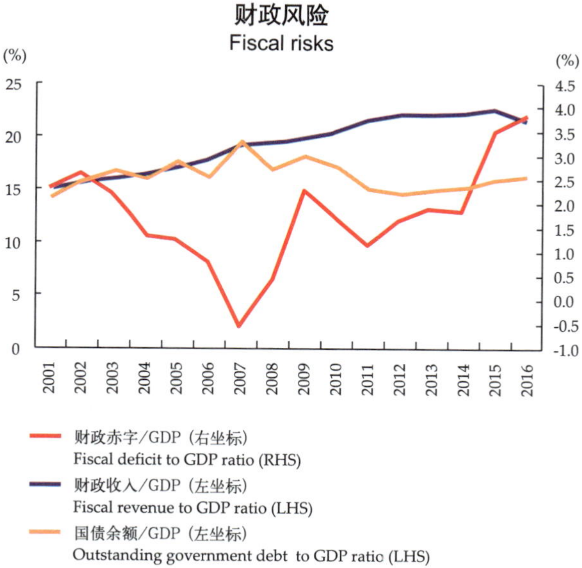

Budgetary targets for 2017:

In 2017, revenue in the central government's general public budget is expected to reach RMB7.8612 trillion, an increase of 3.8% over the actual figure for 2016. Adding in the RMB135 billion from the Central Budget Stabilization Fund and the RMB28.3 billion from the budgets of central government-managed funds and central government state capital operations, total revenue in 2017 should amount to RMB8.0245 trillion. Expenditures from the central government's general public budget are projected to reach RMB9.5745 trillion, an increase of 6.1%. Total expenditures are projected to exceed total revenue leaving a deficit of RMB1.55 trillion, an increase of RMB150 billion over last year. The ceiling for the outstanding balance of central government bonds will be RMB14.140835 trillion.

Combining the general public budgets of the central and local governments, it is projected that nationwide revenue will amount to RMB16.863 trillion, up 5% from last year. Adding in the RMB243.3 billion transferred from other sources, total revenue available is expected to reach RMB17.1063 trillion. Nationwide expenditures are budgeted at RMB19.4863 trillion, an increase of 6.5%. This will produce a national deficit of RMB2.38 trillion, an increase of RMB200 billion over 2016.

七、货币银行
7. Money and Banking

1.货币供应量
(1) Money supply

年度M0、M1、M2及其变化趋势
Annual M0, M1, and M2 and their changes

单位：万亿元 Unit: RMB1 trillion

年 Year	M0	M1	M2	M0同比增长率(%) Growth rate of M0 (YOY)(%)	M1同比增长率(%) Growth rate of M1 (YOY)(%)	M2同比增长率(%) Growth rate of M2 (YOY)(%)
1999	1.3	4.6	12.0	20.1	17.7	14.7
2000	1.5	5.3	13.8	8.9	16.0	14.0
2001	1.6	6.0	15.8	7.1	12.7	14.4
2002	1.7	7.1	18.5	10.1	16.8	16.8
2003	2.0	8.4	22.1	14.3	18.7	19.6
2004	2.1	9.6	25.3	8.7	13.6	14.6
2005	2.4	10.7	29.9	11.9	11.8	17.6
2006	2.7	12.6	34.6	12.7	17.5	16.9
2007	3.0	15.3	40.3	12.1	21.0	16.7
2008	3.4	16.6	47.5	12.7	9.1	17.8
2009	3.8	22.1	61.0	11.8	32.4	27.7
2010	4.5	26.7	72.6	16.7	21.2	19.7
2011	5.1	29.0	85.2	13.8	7.9	13.6
2012	5.5	30.9	97.4	7.7	6.5	13.8
2013	5.9	33.7	110.7	7.1	9.3	13.6
2014	6.0	34.8	122.8	2.9	3.2	12.2
2015	6.3	40.1	139.2	4.9	15.2	13.3
2016	6.8	48.7	155.0	8.1	21.4	11.3

月度M0、M1、M2及其变化趋势
Monthly M0, M1, and M2 and their changes

单位：万亿元 Unit: RMB1 trillion

年/月 Year/Month	M0	M1	M2	M0同比增长率(%) Growth rate of M0 (YOY)(%)	M1同比增长率(%) Growth rate of M1 (YOY)(%)	M2同比增长率(%) Growth rate of M2 (YOY)(%)
2015.01	6.3	34.8	124.3	-17.6	10.6	10.8
2015.02	7.3	33.4	125.7	17.0	5.6	12.5
2015.03	6.2	33.7	127.5	6.2	2.9	11.6
2015.04	6.1	33.6	128.1	3.7	3.7	10.1
2015.05	5.9	34.3	130.7	1.8	4.7	10.8
2015.06	5.9	35.6	133.3	2.9	4.3	11.8
2015.07	5.9	35.3	135.3	2.9	6.6	13.3
2015.08	5.9	36.3	135.7	1.8	9.3	13.3
2015.09	6.1	36.4	136.0	3.7	11.4	13.1
2015.10	6.0	37.6	136.1	3.8	14.0	13.5
2015.11	6.0	38.8	137.4	3.2	15.7	13.7
2015.12	6.3	40.1	139.2	4.9	15.2	13.3
2016.01	7.3	41.3	141.6	15.1	18.6	14.0
2016.02	6.9	39.3	142.5	-4.8	17.4	13.3
2016.03	6.5	41.2	144.6	4.4	22.1	13.4
2016.04	6.4	41.4	144.5	6.0	22.9	12.8
2016.05	6.3	42.4	146.2	6.3	23.7	11.8
2016.06	6.3	44.4	149.0	7.2	24.6	11.8
2016.07	6.3	44.3	149.2	7.2	25.4	10.2
2016.08	6.3	45.5	151.1	7.4	25.3	11.4
2016.09	6.5	45.4	151.6	6.6	24.7	11.5
2016.10	6.4	46.5	151.9	7.2	23.9	11.6
2016.11	6.5	47.5	153.0	7.6	22.7	11.4
2016.12	6.8	48.7	155.0	8.1	21.4	11.3
2017.01	8.7	47.3	157.6	19.4	14.5	11.3
2017.02	7.2	47.7	158.3	3.3	21.4	11.1
2017.03	6.9	48.9	160.0	6.1	18.8	10.6
2017.04	5.8	49.6	161.0	-3.7	22.5	10.3
2017.05	4.9	50.4	162.2	-10.4	24.7	10.0
2017.06	4.0	51.2	163.3	-17.0	26.8	9.6
2017.07	6.7	51.0	162.9	6.1	15.3	9.2
2017.08	6.8	51.8	164.5	6.5	14.0	8.9
2017.09	7.0	51.8	165.6	7.2	14.0	9.2

货币供应量与货币流动性
Money supply and monetary liquidity

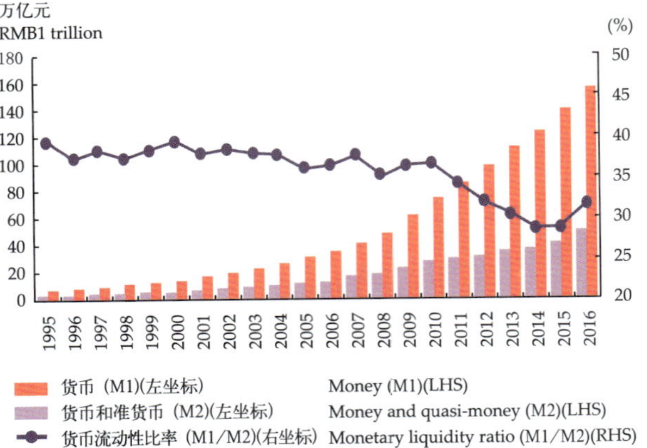

年度M0、M1、M2及其变化趋势
Annual M0, M1, and M2 and their changes

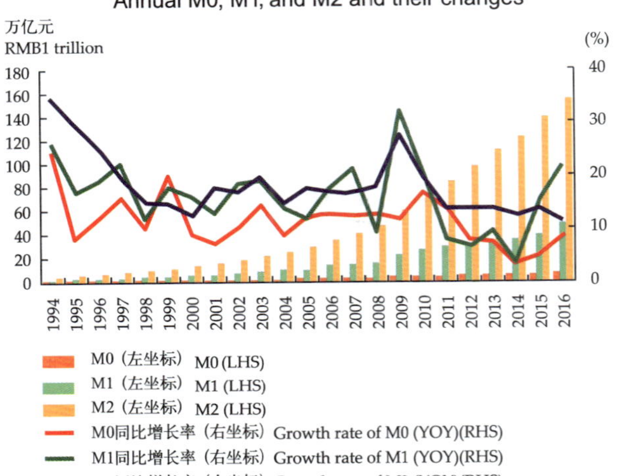

月度M0、M1、M2及其变化趋势
Monthly M0, M1, and M2 and their changes

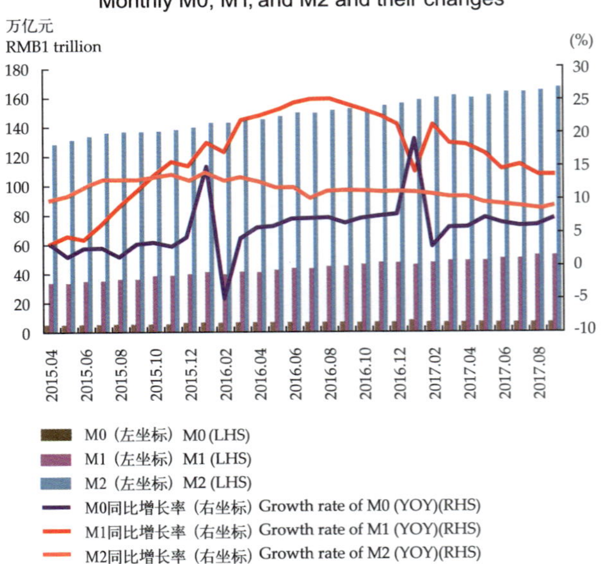

货币供应量构成
Composition of money supply

单位：亿元
Unit: RMB100 million

年/月 Year/Month	货币和准货币 Money & quasi-money M2	货币 Money M1	流通中货币 Currency in circulation M0	单位活期存款 Corporate demand deposits	准货币 Quasi-money	单位定期存款 Corporate time deposits	个人存款 Personal deposits	其他存款 Other deposits
2016.01	1 416 320	412 686	72 527	340 159	1 003 634	294 289	560 968	148 377
2016.02	1 424 619	392 505	69 422	323 083	1 032 114	294 043	581 012	157 059
2016.03	1 446 198	411 581	64 651	346 930	1 034 617	300 623	586 856	147 138
2016.04	1 445 210	413 505	64 403	349 102	1 031 705	303 424	577 490	150 791
2016.05	1 461 695	424 251	62 781	361 470	1 037 444	302 474	577 996	156 974
2016.06	1 490 492	443 644	62 819	380 825	1 046 848	301 674	587 549	157 625
2016.07	1 491 559	442 934	63 276	379 658	1 048 624	301 688	585 218	161 718
2016.08	1 510 983	454 544	63 455	391 089	1 056 439	307 806	589 372	159 261
2016.09	1 516 361	454 340	65 069	389 272	1 062 020	315 077	598 881	148 063
2016.10	1 519 485	465 447	64 215	401 232	1 054 039	307 896	594 170	151 973
2016.11	1 530 432	475 406	64 904	410 502	1 055 027	309 068	597 374	148 585
2016.12	1 550 067	486 557	68 304	418 253	1 063 509	307 990	603 504	152 016
2017.01	1 575 946	472 526	86 599	385 928	1 103 419	317 957	634 746	150 716
2017.02	1 582 913	476 528	71 728	404 800	1 106 385	311 668	635 880	158 838
2017.03	1 599 610	488 770	68 605	420 165	1 110 839	317 183	643 278	150 378
2017.04	1 596 332	490 180	68 393	421 788	1 106 151	318 093	630 993	157 066
2017.05	1 601 360	496 390	67 333	429 057	1 104 971	314 930	632 226	157 815
2017.06	1 631 283	510 228	66 978	443 250	1 121 054	317 003	642 932	161 119
2017.07	1 628 997	510 485	67 129	443 356	1 118 512	314 700	635 230	168 583
2017.08	1 645 157	518 114	67 551	450 563	1 127 043	317 889	637 887	171 267
2017.09	1 655 662	517 863	69 749	448 115	1 137 799	326 614	648 350	162 835

广义货币供应量M2变动
Changes in the composition of broad money M2

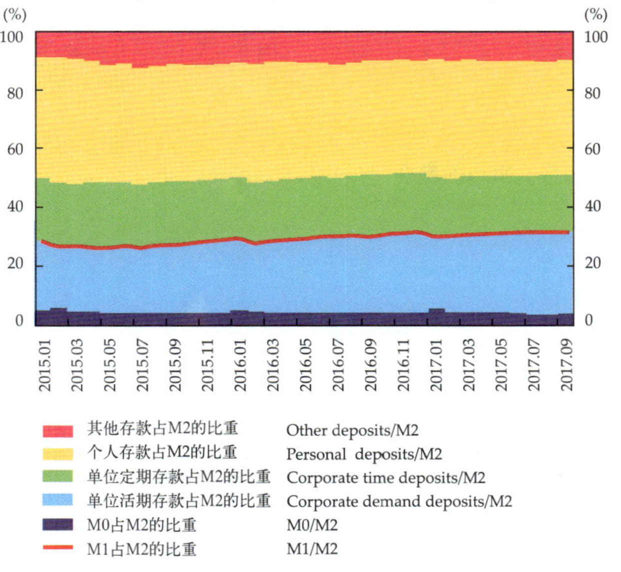

2017年9月末货币供应量构成
Composition of money supply at the end of September, 2017

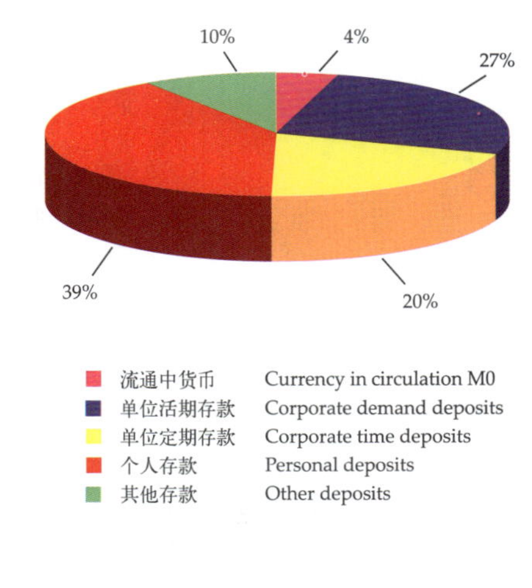

存款性公司概览
Depository corporations survey

单位：万亿元
Unit: RMB1 trillion

年/月 Year/Month	国外净资产 Net foreign assets	国内信贷 Domestic credit	对政府债权(净) Claims on government (net)	对非金融部门债权 Claims on non-financial sectors	对其他金融部门债权 Claims on other financial sectors	其他 Others	货币和准货币 Money & quasi-money M2
2015.01	29.11	109.36	4.82	91.90	12.64	-14.20	124.27
2015.02	29.36	111.24	5.34	93.16	12.74	-14.86	125.74
2015.03	29.46	113.66	5.62	94.33	13.70	-15.59	127.53
2015.04	29.25	114.78	5.57	95.15	14.05	-15.95	128.08
2015.05	29.30	117.20	5.54	96.30	15.36	-15.77	130.74
2015.06	29.47	119.98	6.15	97.83	16.01	-16.11	133.34
2015.07	29.38	122.54	6.25	98.77	17.52	-17.17	135.32
2015.08	29.14	123.92	6.83	99.83	17.25	-17.37	135.69
2015.09	28.72	125.57	7.49	101.14	16.95	-18.31	135.98
2015.10	28.72	128.04	7.31	103.48	17.25	-20.66	136.10
2015.11	28.51	130.20	7.64	104.75	17.81	-21.32	137.40
2015.12	28.06	133.27	9.83	105.12	18.32	-22.11	139.23
2016.01	27.64	137.42	9.48	106.39	21.56	-23.43	141.63
2016.02	27.44	139.17	9.65	107.39	22.13	-24.15	142.46
2016.03	27.19	142.52	10.53	108.92	23.07	-25.09	144.62
2016.04	27.16	143.51	11.05	109.31	23.15	-26.15	144.52
2016.05	27.17	145.98	11.54	110.55	23.89	-26.97	146.17
2016.06	27.08	149.61	12.89	111.81	24.92	-27.64	149.05
2016.07	27.00	150.48	12.92	112.42	25.14	-28.33	149.16
2016.08	27.08	152.69	13.91	112.95	25.83	-28.67	151.10
2016.09	26.84	154.44	14.69	113.97	25.78	-29.64	151.64
2016.10	26.76	155.50	14.38	114.83	26.29	-30.31	151.95
2016.11	26.52	157.86	14.99	116.26	26.61	-31.34	153.04
2016.12	26.39	160.01	16.24	116.61	27.16	-31.39	155.01
2017.01	26.29	162.05	15.84	118.12	28.09	-30.75	157.59
2017.02	26.13	162.94	15.64	118.97	28.33	-30.78	158.29
2017.03	26.08	165.06	16.63	120.02	28.42	-31.18	159.96
2017.04	25.89	165.69	16.59	121.00	28.10	-31.95	160.98
2017.05	25.68	166.51	16.86	121.97	27.68	-32.05	162.17
2017.06	25.55	170.14	17.65	123.41	29.09	-32.56	163.35
2017.07	25.45	170.42	17.45	124.32	28.64	-32.97	162.90
2017.08	25.23	172.65	18.33	125.67	28.64	-33.36	164.52
2017.09	25.48	174.09	19.02	126.59	28.48	-34.01	165.57

国外净资产及国内信贷对广义货币的影响
The impact of net foreign assets and domestic credit on broad money M2

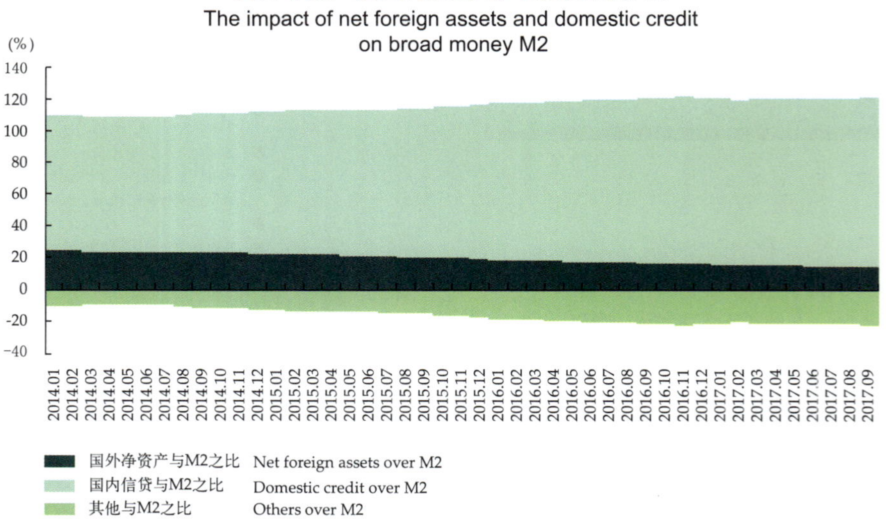

2.存贷款
(2) Deposits and loans

金融机构人民币各项存贷款余额及其增长趋势
Outstanding amounts of total deposits & loans and their growth in financial institutions

单位：万亿元
Unit: RMB1 trillion

年/月 Year/Month	各项存款 Total deposits	各项贷款 Total loans	各项存款同比增长率(%) Growth rate of deposits (YOY)(%)	各项贷款同比增长率(%) Growth rate of loans (YOY)(%)
2015.01	122.4	83.7	13.7	13.9
2015.02	122.3	84.7	10.9	14.3
2015.03	124.9	85.9	10.1	14.0
2015.04	125.8	86.6	9.7	14.1
2015.05	129.0	87.5	10.9	14.0
2015.06	131.8	88.8	10.7	13.4
2015.07	134.0	90.3	13.4	15.5
2015.08	134.1	91.1	13.0	15.4
2015.09	133.7	92.1	12.6	15.4
2015.10	134.3	92.6	12.7	15.4
2015.11	135.7	93.4	13.1	14.9
2015.12	135.7	94.0	12.4	14.3
2016.01	137.8	96.5	12.5	15.3
2016.02	138.6	97.2	13.3	14.7
2016.03	141.1	98.6	13.0	14.7
2016.04	142.0	99.1	12.9	14.4
2016.05	143.8	100.1	11.5	14.4
2016.06	146.2	101.5	10.9	14.3
2016.07	101.9	146.7	12.9	9.5
2016.08	102.9	148.5	13.0	10.8
2016.09	104.1	148.5	13.0	11.1
2016.10	104.8	149.7	13.1	11.5
2016.11	105.6	150.4	13.1	10.8
2016.12	106.6	150.6	13.5	11.0
2017.01	108.6	152.1	12.6	10.4
2017.02	109.8	154.4	13.0	11.4
2017.03	110.8	155.6	12.4	10.3
2017.04	111.9	155.9	12.9	9.8
2017.05	113.0	157.0	12.9	9.2
2017.06	114.6	159.7	12.9	9.2
2017.07	115.4	160.5	13.2	9.4
2017.08	116.5	161.8	13.2	9.0
2017.09	117.8	162.3	13.1	9.3

金融机构当年累计新增人民币存款
Accumulated new RMB deposits in financial institutions

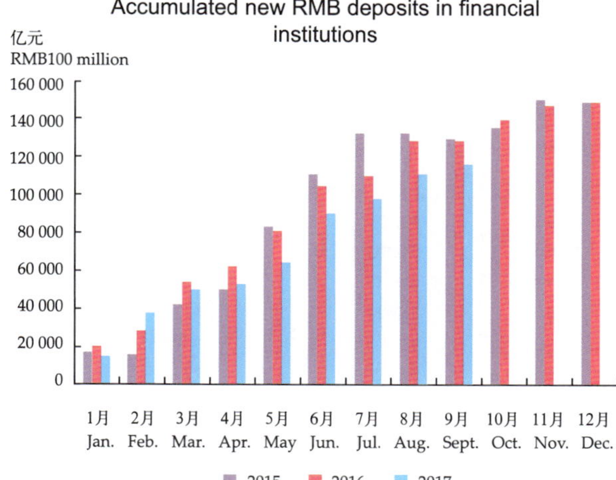

金融机构当月新增人民币存款
New RMB deposits in financial institutions by month

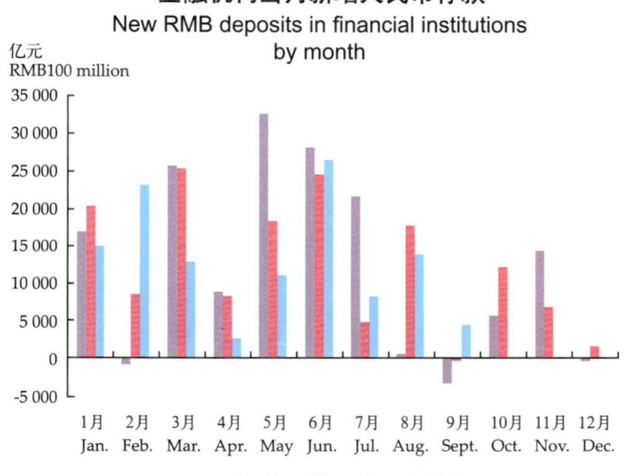

金融机构人民币各项存贷款余额及其增长趋势
Outstanding amounts of total deposits & loans and their growth in financial institutions

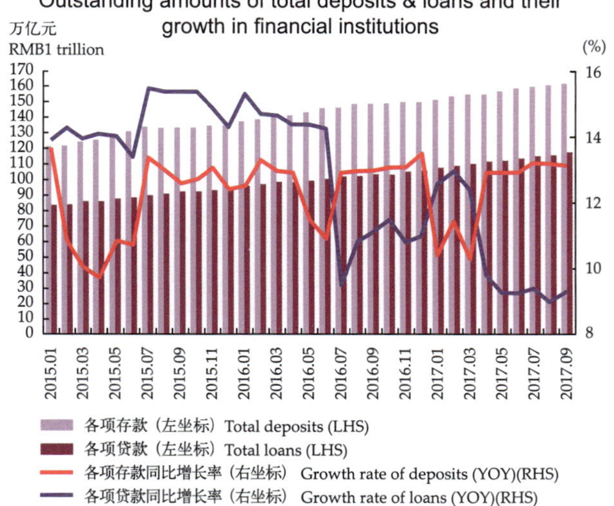

2017年9月末人民币存款余额
Outstanding amounts of RMB deposits at the end of September, 2017

单位：亿元
Unit: RMB100 million

	余额 Outstanding amount
各项存款 Total deposits	**1 622 758**
境内存款 Domestic deposits	1 612 133
住户存款 Deposits of households	642 591
非金融企业存款 Deposits of non-financial enterprises	521 823
政府存款 Deposits of government	308 039
非银行业金融机构存款 Deposits of non-banking financial institutions	139 681
境外存款 Overseas deposits	10 624

住户存款和非金融企业存款余额
Outstanding amounts of household deposits and non-financial corporate deposits

单位：亿元
Unit: RMB100 million

年/月 Year/Month	住户存款 Deposits of households	活期及临时性存款 Demand & temporary deposits	定期及保证性存款 Time & marginal deposits	非金融企业存款 Deposits of non-financial enterprises	活期及临时性存款 Demand & temporary deposits	定期及保证性存款 Time & marginal deposits
2015.01	506 890	181 577	325 314	380 697	140 356	240 340
2015.02	532 341	192 473	339 868	363 335	126 935	236 400
2015.03	538 399	189 934	348 465	373 435	132 701	240 734
2015.04	527 889	181 744	346 145	377 404	132 923	244 481
2015.05	523 476	179 167	344 308	387 721	136 796	250 924
2015.06	532 829	187 645	345 184	398 245	144 245	254 000
2015.07	532 232	187 484	344 748	396 110	141 809	254 301
2015.08	534 098	188 832	345 266	402 782	147 069	255 713
2015.09	541 749	194 150	347 599	404 797	147 153	257 643
2015.10	535 828	191 211	344 617	405 072	154 347	250 725
2015.11	536 766	193 467	343 299	415 443	162 091	253 353
2015.12	546 078	202 869	343 209	430 247	174 586	255 661
2016.01	555 011	207 962	347 050	436 746	172 961	263 785
2016.02	575 047	214 816	360 231	421 940	161 459	260 481
2016.03	580 800	217 001	363 799	445 248	175 269	269 980
2016.04	571 504	210 862	360 642	447 421	175 498	271 923
2016.05	572 047	210 949	361 098	452 836	180 098	272 737
2016.06	581 521	216 945	364 576	465 346	191 138	274 208
2016.07	579 279	215 652	363 627	462 284	188 193	274 091
2016.08	583 411	218 758	364 653	476 050	194 385	281 665
2016.09	592 909	225 331	367 578	480 303	192 839	287 464
2016.10	588 229	222 213	366 016	482 386	199 872	282 514
2016.11	591 500	225 149	366 351	490 742	205 371	285 370
2016.12	597 751	231 630	366 121	502 178	215 107	287 072
2017.01	629 064	249 796	379 268	484 207	195 938	288 268
2017.02	630 077	240 875	389 202	490 852	204 560	286 291
2017.03	637 409	241 907	395 502	503 768	212 132	291 636
2017.04	625 236	235 017	390 219	504 220	213 156	291 064
2017.05	626 485	236 093	390 392	505 292	215 037	290 255
2017.06	637 138	242 055	395 083	515 971	222 012	293 960
2017.07	629 623	238 119	391 504	512 274	221 195	291 079
2017.08	632 213	240 076	392 136	518 343	223 821	294 522
2017.09	642 591	246 818	395 772	521 823	219 597	302 226

住户存款和非金融企业存款余额
Outstanding amounts of household deposits and non-financial enterprise deposits

住户存款构成
Composition of household deposits

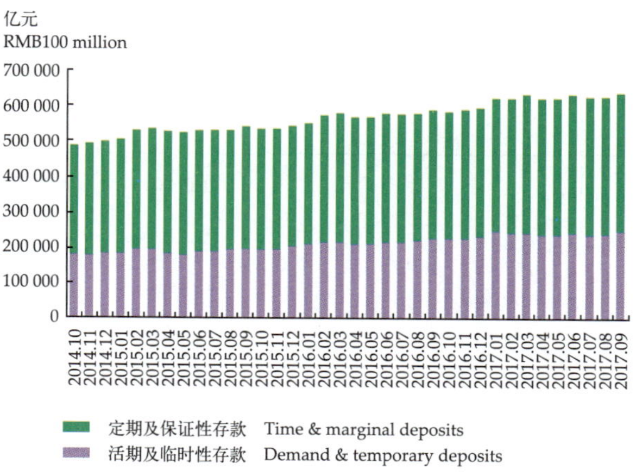

非金融企业存款构成
Composition of non-financial enterprise deposits

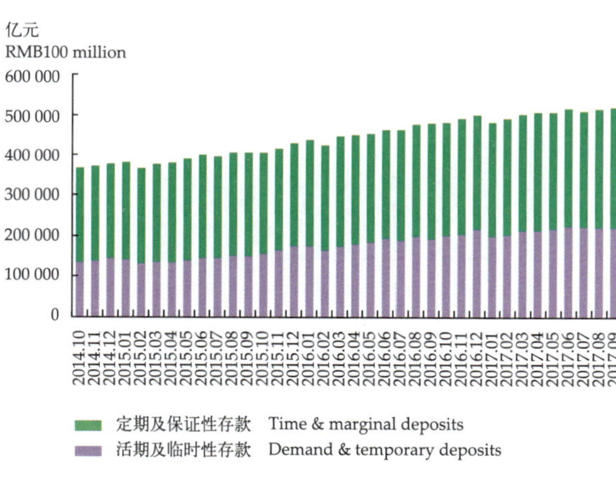

2017年9月末人民币存款余额
Outstanding amounts of RMB deposits at the end of September, 2017

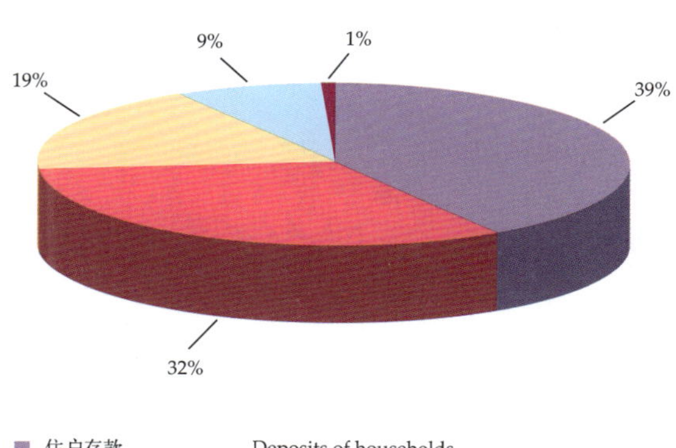

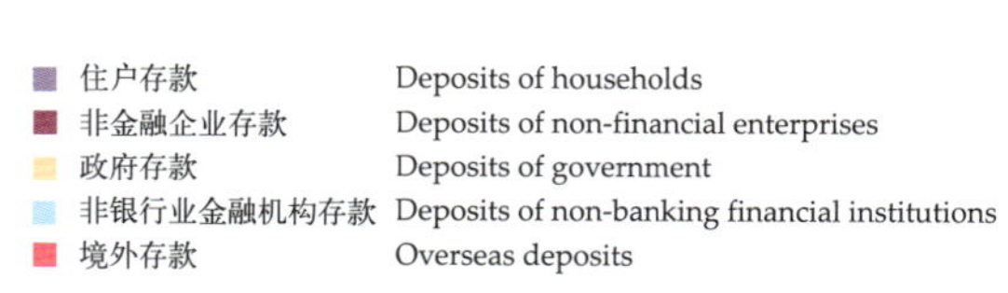

2017年9月末人民币贷款余额
RMB loans issued by the end of September 2017 by sectors

单位：亿元
Unit: RMB100 million

	余额 Outstanding amounts	比年初增加 Increase over the beginning of the year
各项贷款 Total loans	**1 177 617**	**111 574**
境内贷款 Domestic loans	1 173 283	111 613
住户贷款 Loans to households	391 026	57 322
短期贷款 Short-term loans	110 888	15 320
中长期贷款 Mid & long-term loans	280 138	42 002
非金融性企业及机关团体贷款 Loans to non-financial enterprises and government departments & organizations	775 678	57 253
短期贷款及票据融资 Short-term loans and paper financing	314 861	- 82
中长期贷款 Mid & long-term loans	441 303	55 075
其他贷款 Other loans	19 514	2 260
非银行业金融机构贷款 Loans to non-banking financial institutions	6 579	-2 963
境外贷款 Overseas loans	4 335	- 38

金融机构当年累计新增人民币贷款
Accumulated new RMB loans in financial institutions

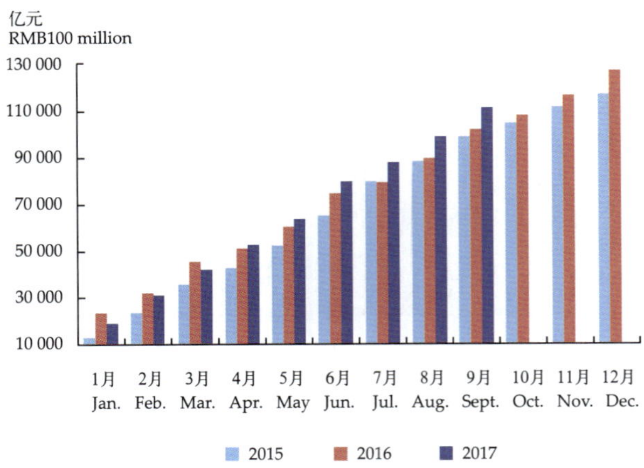

金融机构当月新增人民币贷款
New RMB loans in financial institutions by month

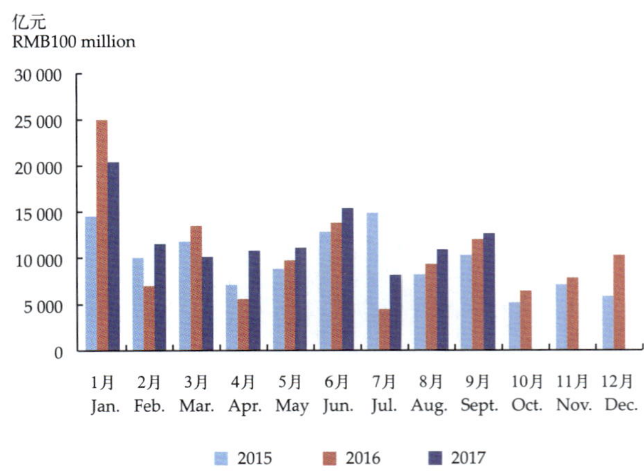

当年累计新增住户贷款
Accumulated new loans to households

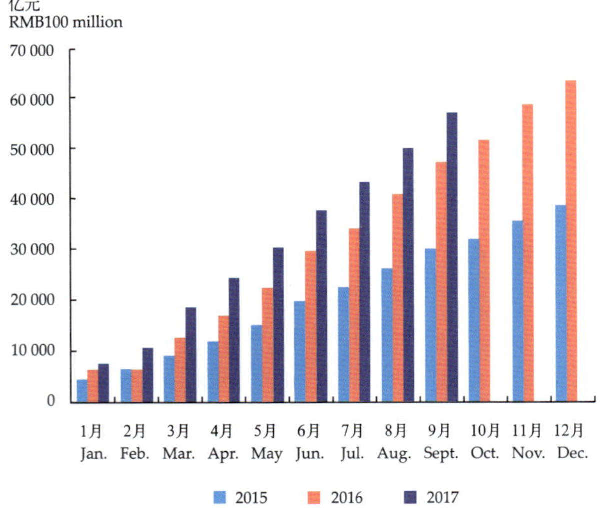

当月新增住户贷款
New loans to households by month

亿元
RMB100 million

9 000
8 000
7 000
6 000
5 000
4 000
3 000
2 000
1 000
0
-1 000

1月 Jan. 2月 Feb. 3月 Mar. 4月 Apr. 5月 May 6月 Jun. 7月 Jul. 8月 Aug. 9月 Sept. 10月 Oct. 11月 Nov. 12月 Dec.

2015 2016 2017

当年累计新增非金融企业及其他部门贷款
Accumulated new loans to non-financial institutions and other sectors

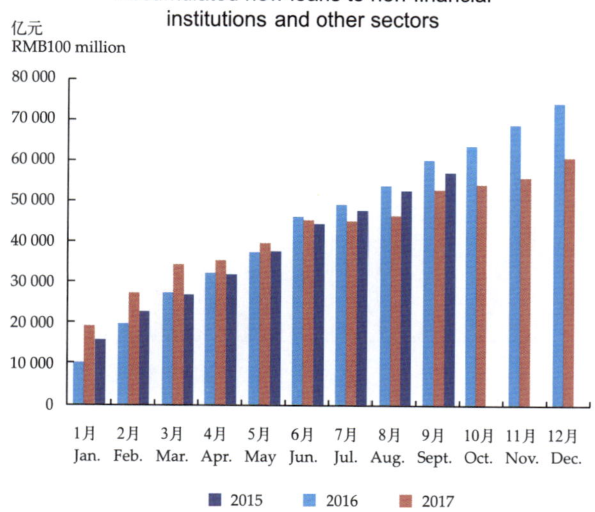

当月新增非金融企业及其他部门贷款
New loans to non-financial institutions and other sectors by month

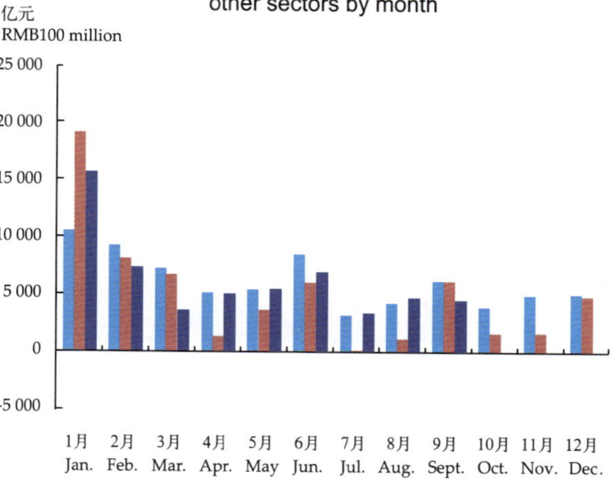

2017年9月末个人消费贷款构成
Composition of consumer loans at the end of September, 2017

单位：亿元
Unit: RMB100 million

	余额 Outstanding amounts	同比增长率(%) Growth rate (YOY)(%)	比年初增加 Increase over the beginning of the year	比上年同期变化 Change compared with the same period of last year
个人消费贷款 Consumer loans	**301 979**	**29.1**	**51 503**	**7 080**
个人住房贷款 Individual housing mortgage loans	210 908	26.2	32 059	-4 247
个人汽车消费贷款 Individual auto loans	8 387	33.3	1 301	247
助学贷款 Student loans	712	16.1	-103	- 19
其他贷款 Other loans	81 972	44.3	18 245	11 100

2017年9月末个人消费贷款构成
Composition of consumer loans at the end of September, 2017

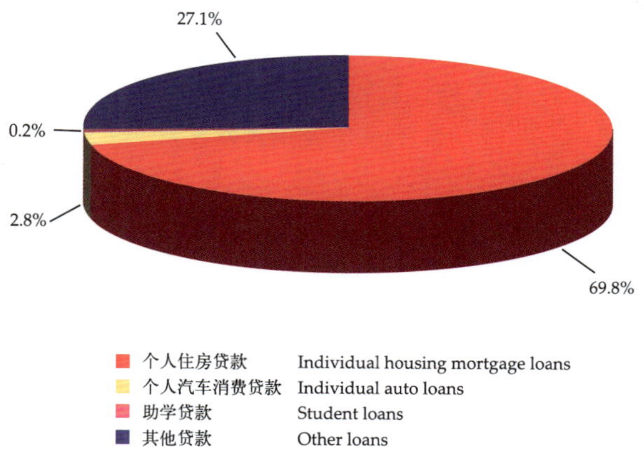

个人住房贷款　Individual housing mortgage loans
个人汽车消费贷款　Individual auto loans
助学贷款　Student loans
其他贷款　Other loans

当年累计新增个人消费贷款
Accumulated new consumer loans

亿元
RMB100 million

70 000
60 000
50 000
40 000
30 000
20 000
10 000
0

1月 Jan. 2月 Feb. 3月 Mar. 4月 Apr. 5月 May 6月 Jun. 7月 Jul. 8月 Aug. 9月 Sept. 10月 Oct. 11月 Nov. 12月 Dec.

2015 2016 2017

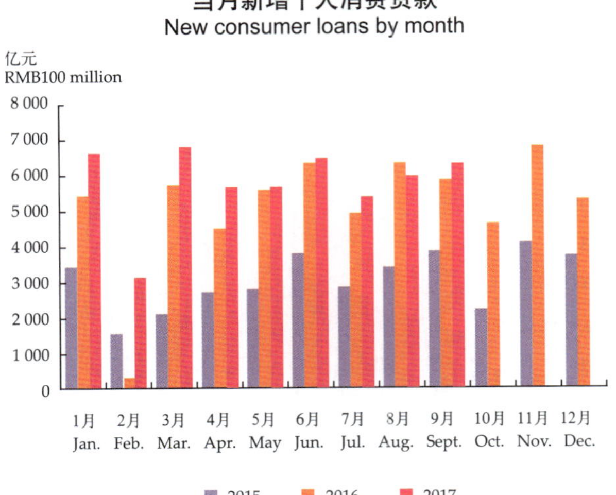

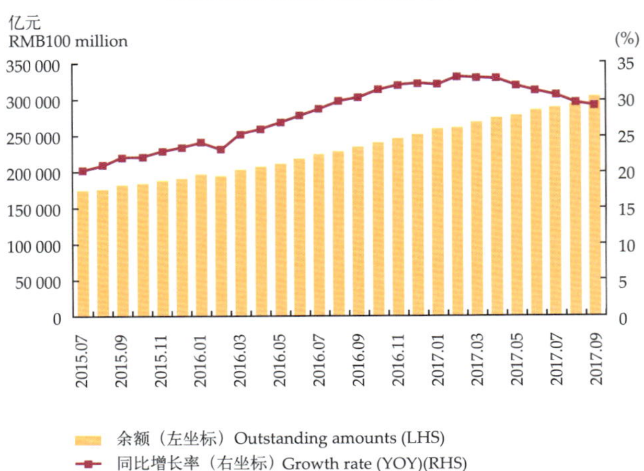

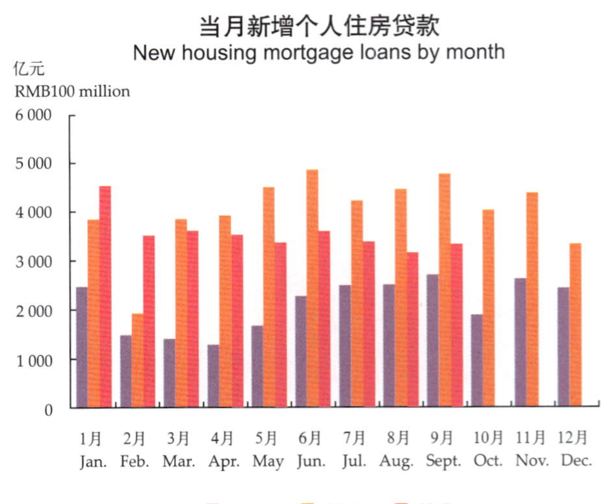

个人住房贷款余额及其增长趋势
Individual housing mortgage loans and their growth

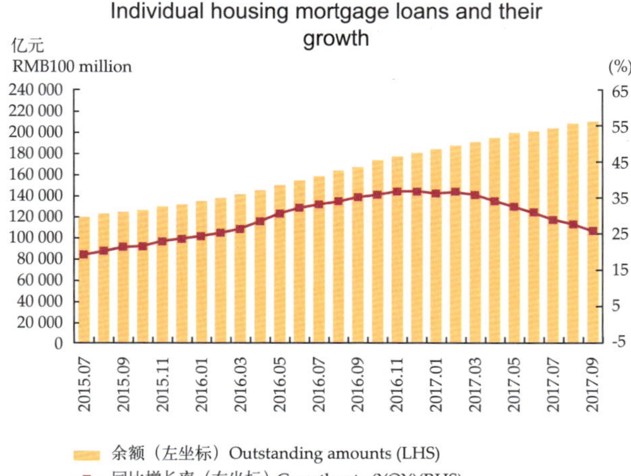

个人汽车消费贷款余额及其增长趋势
Individual auto loans and their growth

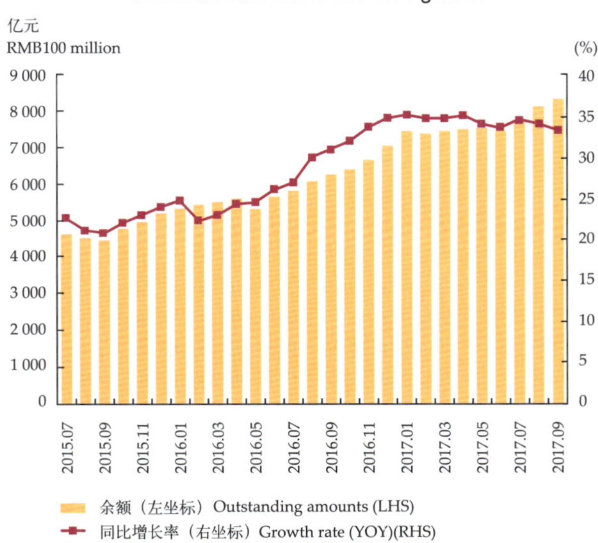

助学贷款余额及其增长趋势
Student loans and their growth

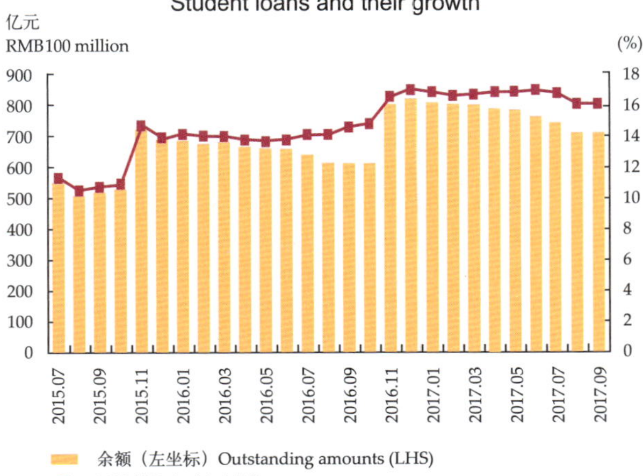

3.基础货币

(3) Monetary base

基础货币余额及其增长趋势
Monetary base and its growth

单位：万亿元
Unit: RMB1 trillion

年/月 Year/Month	余额 Outstanding amounts	同比增长率(%) Growth rate (YOY) (%)
2015.01	28.83	0.2
2015.02	29.87	9.0
2015.03	29.58	7.7
2015.04	29.31	7.4
2015.05	28.78	5.1
2015.06	28.88	3.2
2015.07	28.32	2.4
2015.08	28.39	2.1
2015.09	27.97	-2.0
2015.10	27.58	-1.3
2015.11	27.16	-3.0
2015.12	27.64	-6.0
2016.01	29.04	-1.3
2016.02	29.05	-4.4
2016.03	28.34	-5.7
2016.04	27.95	-4.6
2016.05	27.92	-3.0
2016.06	28.91	-1.3
2016.07	28.41	-1.1
2016.08	28.52	-0.9
2016.09	29.07	2.4
2016.10	29.01	3.7
2016.11	29.19	5.9
2016.12	30.90	10.2
2017.01	30.78	6.0
2017.02	30.27	4.2
2017.03	30.24	6.7
2017.04	29.95	7.1
2017.05	29.96	7.3
2017.06	30.38	5.9
2017.07	29.91	6.1
2017.08	30.19	6.7
2017.09	30.60	6.1

基础货币余额及其增长趋势
Monetary base and its growth

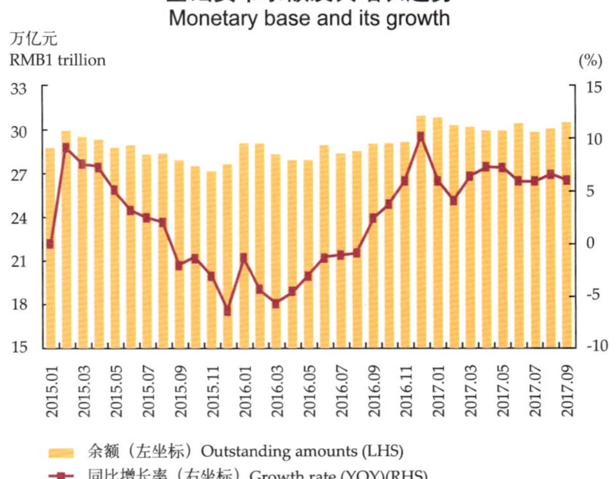

基础货币构成
Composition of monetary base

单位：亿元
Unit: RMB100 million

年/季度 Year/Quarter	货币发行 Currency issue	其他存款性公司存款 Deposits of other depository corporations
2013Q1	61 331	192 319
2013Q2	59 831	197 945
2013Q3	63 041	200 097
2013Q4	64 981	206 042
2014Q1	64 816	209 925
2014Q2	63 260	216 638
2014Q3	65 545	219 754
2014Q4	67 151	226 942
2015Q1	69 078	226 675
2015Q2	65 112	223 668
2015Q3	68 455	211 222
2015Q4	69 886	206 492
2016Q1	71 353	212 024
2016Q2	69 031	220 040
2016Q3	71 920	218 786
2016Q4	74 884	234 095
2017Q1	75 247	227 141
2017Q2	73 269	229 662
2017Q3	76 626	228 516

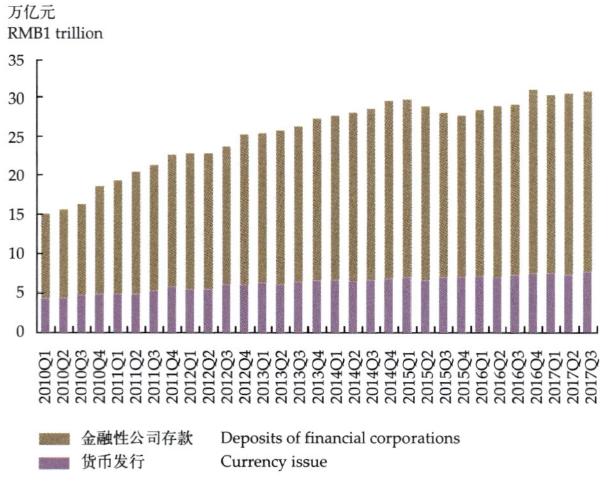

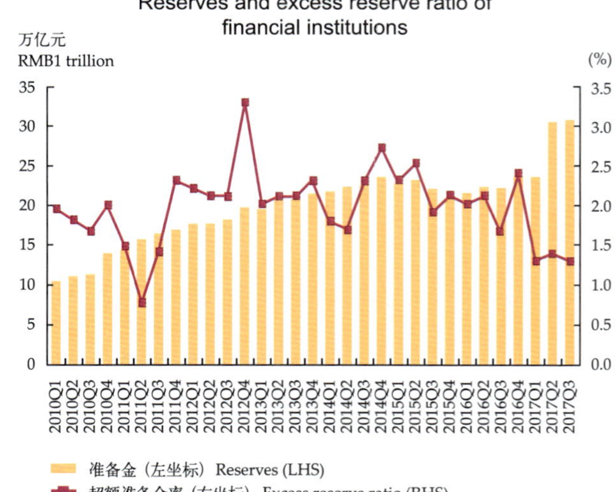

金融机构法定人民币存款准备金率
Official RMB reserve requirement ratios of financial institutions

单位：%
Unit: %

日期 Date	中资全国性大型银行① Chinese-funded large banks operating nationwide[1]	中小金融机构② Medium- and small-sized financial institutions[2]	农村合作银行 Rural cooperative banks	农村信用社和村镇银行 Rural credit cooperatives and township and village banks
2003.09.21	7.0	7.0	—	6.0
2004.04.25	7.5	7.5	7.5	6.0
2006.07.05	8.0	8.0	7.5	6.0
2006.08.15	8.5	8.5	7.5	6.0
2006.11.15	9.0	9.0	8.0	6.5
2007.01.15	9.5	9.5	8.5	7.0
2007.02.25	10.0	10.0	9.0	7.5
2007.04.16	10.5	10.5	9.5	8.0
2007.05.15	11.0	11.0	10.0	8.5
2007.06.05	11.5	11.5	10.5	9.0
2007.08.15	12.0	12.0	11.0	9.5
2007.09.25	12.5	12.5	11.5	10.0
2007.10.25	13.0	13.0	12.0	10.5
2007.11.26	13.5	13.5	12.5	11.0
2007.12.25	14.5	14.5	13.5	12.0
2008.01.25	15.0	15.0	14.0	12.5
2008.03.25	15.5	15.5	14.5	13.0
2008.04.25	16.0	16.0	15.0	13.5
2008.05.20	16.5	16.5	15.5	14.0
2008.06.15	17.0	17.0	16.0	14.5
2008.06.25	17.5	17.5	16.5	15.0
2008.09.25	17.5	16.5	15.5	14.0
2008.10.15	17.0	16.0	15.0	13.5
2008.12.05	16.0	14.0	13.0	11.5
2008.12.25	15.5	13.5	11.0	11.0
2010.01.18	16.0	14.0	11.0	11.0
2010.02.25	16.5	14.5	11.0	11.0
2010.05.10	17.0	15.0	11.5	11.0
2010.11.16	17.5	15.5	12.0	11.5
2010.11.29	18.0	16.0	12.5	12.0
2010.12.20	18.5	16.5	13.0	12.5
2011.01.20	19.0	17.0	13.5	13.0
2011.02.24	19.5	17.5	14.0	13.5
2011.03.25	20.0	18.0	14.5	14.0
2011.04.21	20.5	18.5	15.0	14.5
2011.05.18	21.0	19.0	15.5	15.0
2011.06.20	21.5	19.5	16.0	15.5
2011.12.05	21.0	19.0	15.5	15.0
2012.02.24	20.5	18.5	15.0	14.5
2012.05.18	20.0	18.0	14.5	14.0
2015.02.05	19.5	17.5	14.0	13.5
2015.04.20	18.5	16.5	11.5	11.5
2015.09.06	18.0	16.0	10.5	10.5
2015.10.24	17.5	15.5	9.5	9.5
2016.03.01	17.0	15.0	9.0	9.0

注：①包括中国工商银行、中国农业银行、中国银行、中国建设银行、交通银行和中国邮政储蓄银行。
②包括中国农业发展银行、股份制商业银行、城市商业银行、农村商业银行、有关外资金融机构。
③2014年4月、6月和2015年2月、4月、6月、9月、10月，中国人民银行七次实施定向降准。

Notes: 1. Including Industrial and Commercial Bank of China, Agricultural Bank of China, Bank of China, China Construction Bank, Bank of Communications, Postal Savings Bank of China.
2. Including Agricultural Development Bank of China, joint-stock commercial banks, city commercial banks, rural commercial banks and foreign-funded financial institutions.
3. In April and June 2014, and February, April, June, September and October 2015, the PBC conducted targeted reductions of the deposit reserve requirement ratio (RRR) on 7 occasions.

4. 社会融资规模
(4) All-system financing aggregates

社会融资规模增量统计表
Statistics of the increments in all-system financing aggregates

单位：亿元人民币
Unit: RMB100 million

日期 Date	增量 Flow	其中：Of which:						
		人民币贷款 RMB loans	外币贷款(折合人民币) Foreign currency-denominated loans (RMB equivalent)	委托贷款 Entrusted loans	信托贷款 Trust loans	未贴现的银行承兑汇票 Undiscounted bankers' acceptances	企业债券 Net financing of corporate bonds	非金融企业境内股票融资 Equity financing on the domestic stock market by non-financial enterprises
2015.01	20 469	14 708	212	832	52	1 946	1 821	526
2015.02	13 564	11 437	- 146	1 299	38	- 592	670	542
2015.03	12 407	9 920	- 4	1 111	- 77	- 910	1 318	639
2015.04	10 557	8 045	- 265	344	- 46	- 74	1 591	597
2015.05	12 362	8 510	81	324	- 195	961	1 675	584
2015.06	18 334	13 240	560	1 414	536	-1 028	2 082	1 051
2015.07	7 419	5 890	- 133	1 137	99	-3 317	2 740	615
2015.08	10 856	7 756	- 620	1 198	317	-1 577	2 880	479
2015.09	13 290	10 417	-2 344	2 422	- 159	-1 279	3 524	349
2015.10	5 303	5 574	-1 317	1 390	- 201	-3 697	3 041	121
2015.11	10 224	8 873	-1 142	910	- 301	-2 545	3 347	568
2015.12	18 151	8 323	-1 308	3 530	370	1 545	3 560	1 531
2016.01	34 253	25 370	-1 727	2 175	552	1 327	4 579	1 469
2016.02	8 245	8 105	- 569	1 650	308	-3 705	1 318	810
2016.03	24 040	13 176	6	1 660	732	173	7 190	562
2016.04	7 809	5 642	- 706	1 694	269	-2 776	2 366	951
2016.05	6 770	9 374	- 524	1 566	121	-5 067	- 250	1 073
2016.06	16 479	13 141	- 267	1 721	809	-2 720	2 008	1 158
2016.07	4 791	4 550	- 401	1 775	210	-5 118	2 208	1 135
2016.08	14 605	7 969	70	1 432	736	- 376	3 236	1 075
2016.09	17 115	12 628	- 487	1 451	1 057	-2 230	2 872	1 368
2016.10	8 865	6 010	- 335	725	530	-1 801	2 192	1 125
2016.11	18 328	8 463	- 310	1 994	1 625	1 171	3 859	861
2016.12	16 260	9 943	- 389	4 011	1 643	1 589	-2 048	828
2017.01	37 202	23 133	126	3 136	3 175	6 130	- 619	1 565
2017.02	10 864	10 317	368	1 172	1 062	-1 719	-1 169	570
2017.03	21 363	11 586	288	2 039	3 113	2 390	306	800
2017.04	13 834	10 806	- 283	- 48	1 473	345	455	769
2017.05	10 659	11 780	- 99	- 278	1 812	-1 245	-2 513	511
2017.06	17 711	14 474	73	- 32	2 481	- 230	- 176	487
2017.07	11 935	9 152	- 213	163	1 232	-2 037	2 599	536
2017.08	14 874	11 466	- 332	- 82	1 143	242	1 116	653
2017.09	18 324	11 885	- 232	775	2 368	784	1 643	519

注：社会融资规模增量是指一定时期内实体经济（国内非金融企业和住户）从金融体系获得的资金额。

数据来源：中国人民银行、国家发展和改革委员会、中国证券监督管理委员会、中国保险监督管理委员会、中央国债登记结算有限责任公司和银行间市场交易商协会等部门。

Note: The increment in the all-system financing aggregates refers to the total volume of financing provided by the financial system to the real economy (the non-financial corporate sector and the household sector in the domestic market) during a certain period of time.

Sources: The People's Bank of China, National Development and Reform Commission, China Securities Regulatory Commission, China Insurance Regulatory Commission, China Central Depository & Clearing Co., Ltd., National Association of Financial Market Institutional Investors, and etc..

社会融资规模存量统计表（年）
Statistics of stocks of all-system financing aggregates (by year)

年 Year	存量（亿元） Stock (RMB100 million)	同比增速 (%) Growth rate (%)	其中 Of which：						
			人民币贷款(%) RMB loans (%)	外币贷款(折合人民币)(%) Foreign currency-denominated loans (RMB equivalent) (%)	委托贷款(%) Entrusted loans (%)	信托贷款(%) Trust loans (%)	未贴现的银行承兑汇票(%) Undiscounted bankers' acceptances (%)	企业债券(%) Net financing of corporate bonds (%)	非金融企业境内股票融资 (%) Equity financing on the domestic stock market by non-financial enterprises (%)
2003	181 655	22.3	21.4	26.6	13.3		126.0	132.9	8.0
2004	204 143	14.9	14.3	16.8	61.6		-8.0	4.0	8.5
2005	224 265	13.5	13.3	11.0	11.8		0.7	129.1	4.2
2006	264 500	18.1	16.3	9.0	20.0		44.9	68.7	12.5
2007	321 326	21.5	16.4	21.9	29.9	84.0	138.4	41.0	45.8
2008	379 765	20.5	18.7	5.1	29.1	84.3	9.2	78.7	17.7
2009	511 835	34.8	31.3	55.5	35.8	63.4	36.5	86.2	18.3
2010	649 869	27.0	19.9	15.9	44.2	34.4	135.5	42.3	30.9
2011	767 478	18.2	16.1	13.1	21.2	13.5	24.8	36.2	17.7
2012	914 186	19.1	15.0	27.2	17.1	75.0	20.7	44.4	8.6
2013	1 074 575	17.5	14.2	7.2	39.7	61.1	12.6	24.2	6.7
2014	1 228 591	14.3	13.6	4.1	29.2	10.7	-1.8	25.8	12.7
2015	1 381 383	12.4	13.9	-13.0	17.2	0.8	-14.8	25.1	20.2
2016	1 559 900	12.8	13.4	-12.9	19.8	15.8	-33.4	22.5	27.6

社会融资规模存量统计表（季）
Statistics of stocks of all-system financing aggregates (by quarter)

单位：万亿元人民币
Unit: RMB1 trillion

日期 Date	存量 Stock	其中 Of which：						
		人民币贷款 RMB loans	外币贷款（折合人民币） Foreign currency-denominated loans (RMB equivalent)	委托贷款 Entrusted loans	信托贷款 Trust loans	未贴现的银行承兑汇票 Undiscounted bankers' acceptances	企业债券 Net financing of corporate bonds	非金融企业境内股票融资 Equity financing on the domestic stock market by non-financial enterprises
2015Q1	127.58	85.09	3.48	9.67	5.35	6.96	12.07	3.94
2015Q2	131.58	88.07	3.50	9.87	5.38	6.94	12.61	4.16
2015Q3	134.70	90.48	3.33	10.35	5.41	6.32	13.47	4.30
2015Q4	138.14	92.75	3.02	10.93	5.39	5.85	14.63	4.53
2016Q1	144.75	97.42	2.78	11.56	5.61	5.63	15.89	4.81
2016Q2	147.99	100.23	2.70	12.06	5.73	4.58	16.47	5.13
2016Q3	151.51	102.75	2.63	12.52	5.93	3.80	17.31	5.49
2016Q4	155.99	105.19	2.63	13.20	6.31	3.90	17.92	5.77
2017Q1	162.82	109.69	2.69	13.83	7.01	4.58	17.86	6.07
2017Q2	166.92	113.40	2.62	13.79	7.59	4.47	17.67	6.24
2017Q3	171.23	116.65	2.48	13.88	8.06	4.37	18.21	6.43

5. 利率

(5) Interest rates

中央银行基准利率
Central bank benchmark interest rates

单位：年利率%
Unit: annual interest rate%

日期 Date	法定存款准备金 Required reserves	超额存款准备金 Excess reserves	对金融机构贷款 Lending to financial institutions				再贴现 Rediscount
			1年期 1-year	6个月以内 6-month and less	3个月以内 3-month and less	1个月以内 1-month and less	
1996.05.01	8.82	8.82	10.98	10.17	10.08	9.00	*
1996.08.23	8.28	7.92	10.62	—	9.72	—	*
1997.10.23	7.56	7.02	9.36	9.09	8.82	8.55	*
1998.03.25	5.22	—	7.92	7.02	6.84	6.39	6.03
1998.07.01	3.51	—	5.67	5.58	5.49	5.22	4.32
1998.12.07	3.24	—	5.13	5.04	4.86	4.59	3.96
1999.06.10	2.07	—	3.78	3.69	3.51	3.24	2.16
2001.09.11	—	—	—	—	—	—	2.97
2002.02.21	1.89	—	3.24	3.15	2.97	2.70	2.97
2003.12.20	—	1.62	—	—	—	—	—
2004.03.25	—	—	3.87	3.78	3.60	3.33	3.24
2005.03.17	—	0.99	—	—	—	—	—
2008.01.01	—	—	4.68	4.59	4.41	4.14	4.32
2008.11.27	1.62	0.72	3.60	3.51	3.33	3.06	2.97
2008.12.23	—	—	3.33	3.24	3.06	2.79	1.80
2010.12.26	—	—	3.85	3.75	3.55	3.25	2.25
2015.11.05	—	—	3.50	3.40	3.20	2.90	2.25

注：1. 1998年3月法定准备金和超额准备金两个账户合并为准备金账户。
2. *按同档次中央银行贷款利率下浮5%～10%。
3. 2015年11月，中国人民银行将原期限"20天以内"改为"1个月以内"。

Notes: 1. The required reserves account and excess reserves account were merged into the reserves account in March 1998.
2. *The interest rate is 5%~10% below that of the central bank lending rate of the same tranche.
3. In November 2015, the PBC switched previous tenor "20-day and less" to "1-month and less".

法定存款准备金利率和再贴现利率
Required reserves interest rates and rediscount interest rates

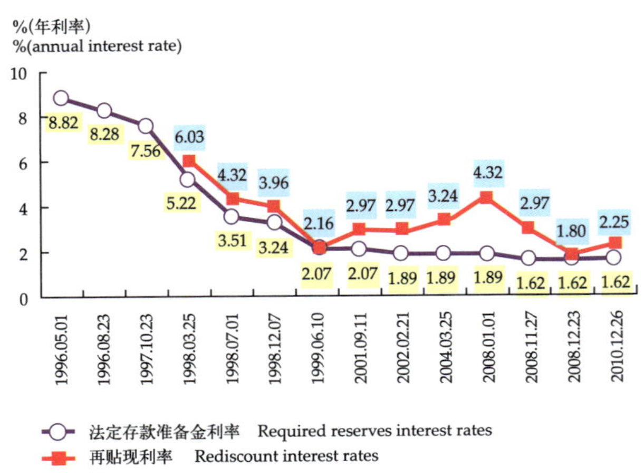

对金融机构贷款利率
Interest rates of central bank lending to financial institutions

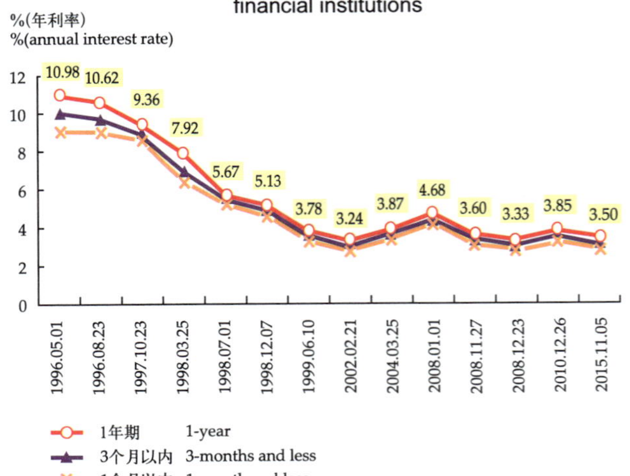

金融机构人民币存款基准利率
RMB deposit benchmark interest rates in financial institutions

单位：年利率%
Unit: annual interest rate %

日期 Date	活期 Demand deposits	定期 Time deposits					
		3个月 3-month	6个月 6-month	1年 1-year	2年 2-year	3年 3-year	5年 5-year
1990.04.15	2.88	6.30	7.74	10.08	10.98	11.88	13.68
1990.08.21	2.16	4.32	6.48	8.64	9.36	10.08	11.52
1991.04.21	1.80	3.24	5.40	7.56	7.92	8.28	9.00
1993.05.15	2.16	4.86	7.20	9.18	9.90	10.80	12.06
1993.07.11	3.15	6.66	9.00	10.98	11.70	12.24	13.86
1996.05.01	2.97	4.86	7.20	9.18	9.90	10.80	12.06
1996.08.23	1.98	3.33	5.40	7.47	7.92	8.28	9.00
1997.10.23	1.71	2.88	4.14	5.67	5.94	6.21	6.66
1998.03.25	1.71	2.88	4.14	5.22	5.58	6.21	6.66
1998.07.01	1.44	2.79	3.96	4.77	4.86	4.95	5.22
1998.12.07	1.44	2.79	3.33	3.78	3.96	4.14	4.50
1999.06.10	0.99	1.98	2.16	2.25	2.43	2.70	2.88
2002.02.21	0.72	1.71	1.89	1.98	2.25	2.52	2.79
2004.10.29	0.72	1.71	2.07	2.25	2.70	3.24	3.60
2006.08.19	0.72	1.80	2.25	2.52	3.06	3.69	4.14
2007.03.18	0.72	1.98	2.43	2.79	3.33	3.96	4.41
2007.05.19	0.72	2.07	2.61	3.06	3.69	4.41	4.95
2007.07.21	0.81	2.34	2.88	3.33	3.96	4.68	5.22
2007.08.22	0.81	2.61	3.15	3.60	4.23	4.95	5.49
2007.09.15	0.81	2.88	3.42	3.87	4.50	5.22	5.76
2007.12.21	0.72	3.33	3.78	4.14	4.68	5.40	5.85
2008.10.09	0.72	3.15	3.51	3.87	4.41	5.13	5.58
2008.10.30	0.72	2.88	3.24	3.60	4.14	4.77	5.13
2008.11.27	0.36	1.98	2.25	2.52	3.06	3.60	3.87
2008.12.23	0.36	1.71	1.98	2.25	2.79	3.33	3.60
2010.10.20	0.36	1.91	2.20	2.50	3.25	3.85	4.20
2010.12.26	0.36	2.25	2.50	2.75	3.55	4.15	4.55
2011.02.09	0.40	2.60	2.80	3.00	3.90	4.50	5.00
2011.04.06	0.50	2.85	3.05	3.25	4.15	4.75	5.25
2011.07.07	0.50	3.10	3.30	3.50	4.40	5.00	5.50
2012.06.08	0.40	2.85	3.05	3.25	4.10	4.65	5.10
2012.07.06	0.35	2.60	2.80	3.00	3.75	4.25	4.75
2014.11.22	0.35	2.35	2.55	2.75	3.35	4.00	—
2015.03.01	0.35	2.10	2.30	2.50	3.10	3.75	—
2015.05.11	0.35	1.85	2.05	2.25	2.85	3.50	—
2015.06.28	0.35	1.60	1.80	2.00	2.60	3.25	—
2015.08.26	0.35	1.35	1.55	1.75	2.35	3.00	—
2015.10.24	0.35	1.10	1.30	1.50	2.10	2.75	—

注：自2014年11月起，中国人民银行不再公布人民币5年期定期存款基准利率。
Note: Since November, 2014, the PBC stopped publishing the benchmark interest rate for 5-year RMB deposits.

人民币存款基准利率
RMB deposit benchmark interest rates

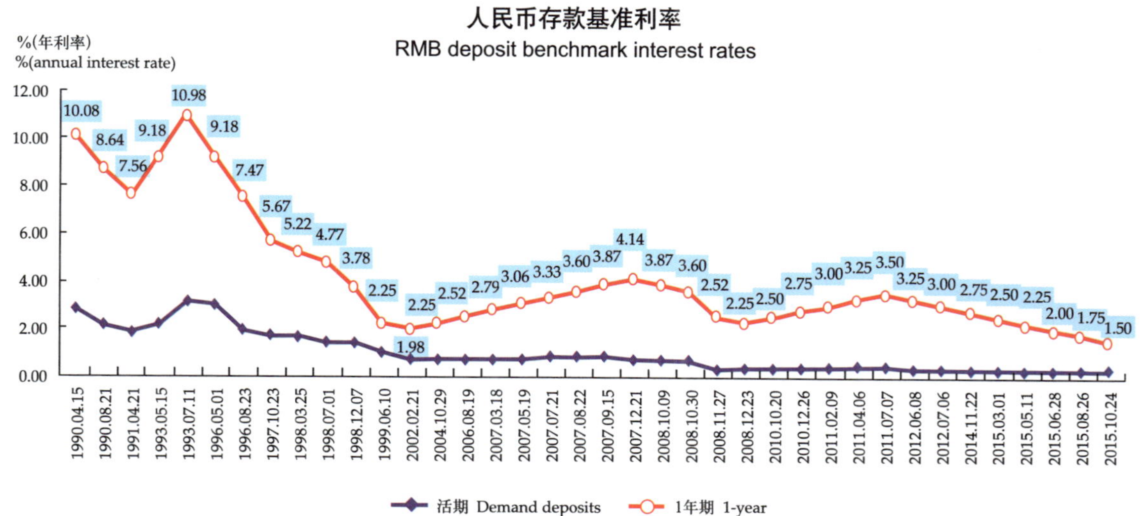

金融机构人民币贷款基准利率
RMB lending benchmark interest rates in financial institutions

单位：年利率%
Unit: annual interest rate %

日期 Date	短期贷款 Short-term loans		中长期贷款 Medium- and long-term loans		
	6个月以内(含6个月)① 6-month and less (including 6-month)[1]	6个月至1年(含1年)② 6-month to 1-year (including 1-year)[2]	1～3年(含3年) 1 to 3-year (including 3-year)	3～5年(含5年)③ 3 to 5-year (including 5-year)[3]	5年以上 More than 5-year
1991.04.21	8.10	8.64	9.00	9.54	9.72
1993.05.15	8.82	9.36	10.80	12.06	12.24
1993.07.11	9.00	10.98	12.24	13.86	14.04
1995.01.01	9.00	10.98	12.96	14.58	14.76
1995.07.01	10.08	12.06	13.50	15.12	15.30
1996.05.01	9.72	10.98	13.14	14.94	15.12
1996.08.23	9.18	10.08	10.98	11.70	12.42
1997.10.23	7.65	8.64	9.36	9.90	10.53
1998.03.25	7.02	7.92	9.00	9.72	10.35
1998.07.01	6.57	6.93	7.11	7.65	8.01
1998.12.07	6.12	6.39	6.66	7.20	7.56
1999.06.10	5.58	5.85	5.94	6.03	6.21
2002.02.21	5.04	5.31	5.49	5.58	5.76
2004.10.29	5.22	5.58	5.76	5.85	6.12
2006.04.28	5.40	5.85	6.03	6.12	6.39
2006.08.19	5.58	6.12	6.30	6.48	6.84
2007.03.18	5.67	6.39	6.57	6.75	7.11
2007.05.19	5.85	6.57	6.75	6.93	7.20
2007.07.21	6.03	6.84	7.02	7.20	7.38
2007.08.22	6.21	7.02	7.20	7.38	7.56
2007.09.15	6.48	7.29	7.47	7.65	7.83
2007.12.21	6.57	7.47	7.56	7.74	7.83
2008.09.16	6.21	7.20	7.29	7.56	7.74
2008.10.09	6.12	6.93	7.02	7.29	7.47
2008.10.30	6.03	6.66	6.75	7.02	7.20
2008.11.27	5.04	5.58	5.67	5.94	6.12
2008.12.23	4.86	5.31	5.40	5.76	5.94
2010.10.20	5.10	5.56	5.60	5.96	6.14
2010.12.26	5.35	5.81	5.85	6.22	6.40
2011.02.09	5.60	6.06	6.10	6.45	6.60
2011.04.06	5.85	6.31	6.40	6.65	6.80
2011.07.07	6.10	6.56	6.65	6.90	7.05
2012.06.08	5.85	6.31	6.40	6.65	6.80
2012.07.06	5.60	6.00	6.15	6.40	6.55
2014.11.22	—	5.60	—	6.00	6.15
2015.03.01	—	5.35	—	5.75	5.90
2015.05.11	—	5.10	—	5.50	5.65
2015.06.28	—	4.85	—	5.25	5.40
2015.08.26	—	4.60	—	5.00	5.15
2015.10.24	—	4.35	—	4.75	4.90

注：①自2014年11月起，中国人民银行将贷款基准利率期限档次简并为1年以内（含1年）、1～5年（含5年）和5年以上三个档次。
②2014年11月后为1年以内（含1年）。
③2014年11月后为1～5年（含5年）。

Notes: 1. Since November, 2014, the PBC simplified the term category of RMB benchmark lending rates, which thereafter included less than 1-year(including 1-year), 1 to 5-year (including 5-year), and more than 5-year.
2. Less than 1-year (including 1-year) after November, 2014.
3. 1 to 5-year (including 5-year) after November, 2014.

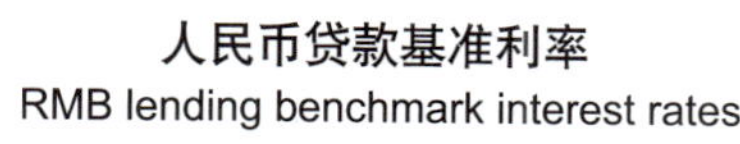

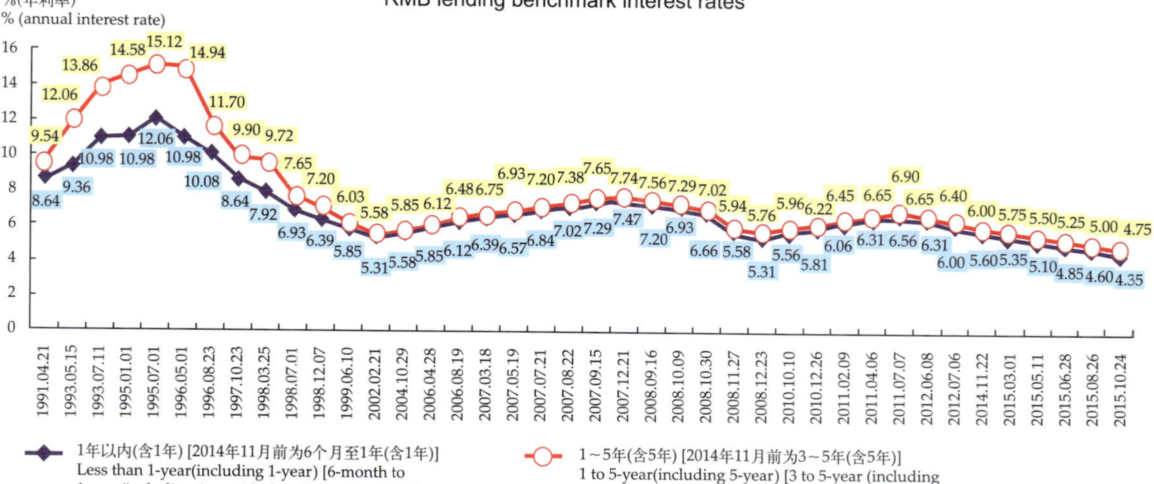

金融机构人民币贷款各利率区间占比表
Share of loans with floating rates in various ranges

单位：%　Unit: %

日期 Date	下浮 Floating downward	基准 At benchmark	上浮 Floating upward					
			小计 Subtotal	(1.0, 1.1]	(1.1, 1.3]	(1.3, 1.5]	(1.5, 2.0]	2.0以上Above 2.0
2015.01	10.20	19.93	69.87	19.90	25.31	11.87	9.37	3.42
2015.02	10.83	19.40	69.77	19.18	23.72	12.22	10.89	3.76
2015.03	11.30	19.77	68.93	18.65	23.14	12.55	10.58	4.01
2015.04	12.33	16.59	71.08	19.18	22.98	12.79	11.53	4.60
2015.05	12.58	16.20	71.22	17.08	24.00	12.95	12.34	4.85
2015.06	17.43	15.77	66.80	15.70	21.18	12.63	12.42	4.87
2015.07	13.91	15.76	70.33	15.55	22.32	13.00	13.44	6.02
2015.08	15.88	14.81	69.31	15.22	21.69	13.00	13.12	6.28
2015.09	15.59	17.61	66.80	16.50	20.03	11.40	12.57	6.30
2015.10	18.00	17.13	64.87	14.80	18.52	11.59	12.84	7.12
2015.11	17.82	17.86	64.32	14.24	18.57	10.79	13.10	7.62
2015.12	21.45	18.60	59.95	13.56	17.68	9.89	11.77	7.05
2016.01	19.56	17.16	63.28	15.71	18.44	10.39	11.39	7.35
2016.02	21.92	16.92	61.16	15.06	17.08	9.55	11.71	7.76
2016.03	20.82	17.60	61.58	14.54	17.06	10.19	11.92	7.87
2016.04	21.99	16.27	61.74	13.88	16.73	10.45	12.53	8.15
2016.05	22.94	15.91	61.15	13.16	17.10	10.67	12.40	7.82
2016.06	24.06	17.80	58.14	13.57	16.24	10.13	11.40	6.80
2016.07	21.37	16.11	62.52	12.83	17.52	11.16	13.00	8.01
2016.08	21.46	15.77	62.77	12.95	17.61	11.07	13.27	7.87
2016.09	21.43	18.19	60.38	13.77	17.00	10.73	11.72	7.16
2016.10	22.94	16.89	60.17	13.01	16.17	10.82	12.20	7.98
2016.11	24.24	17.65	58.11	12.72	15.96	10.02	11.79	7.61
2016.12	28.22	19.05	52.73	13.04	14.93	8.44	10.02	6.29
2017.01	23.87	19.41	56.72	14.53	16.04	9.24	10.43	6.48
2017.02	27.64	18.55	53.81	15.12	15.14	8.17	9.12	6.27
2017.03	23.30	18.13	58.57	14.19	16.17	9.83	10.76	7.62
2017.04	21.41	17.71	60.88	15.23	17.60	9.75	10.83	7.46
2017.05	20.70	18.11	61.19	14.76	17.68	10.27	11.11	7.37
2017.06	16.13	19.47	64.39	15.12	19.06	11.77	11.45	6.99
2017.07	12.96	18.93	68.11	15.08	19.98	12.37	12.45	8.22
2017.08	13.44	17.85	68.72	15.04	19.14	12.88	12.99	8.67
2017.09	13.69	18.17	68.14	14.86	19.79	12.69	12.73	8.07

2017年第三季度金融机构人民币贷款各利率区间占比表
Share of loans with rates floating at various ranges in the third quarter of 2017

单位：% Unit: %

	下浮 Floating downward	基准 At benchmark	上浮 Floating upward					
			小计 Subtotal	(1.0, 1.1]	(1.1, 1.3]	(1.3, 1.5]	(1.5, 2.0]	2.0以上 Above 2.0
四大国有商业银行 Four state-owned commercial banks	16.85	26.23	56.92	27.11	20.89	7.54	1.30	0.08
股份制商业银行 Joint-stock commercial banks	7.31	16.08	76.61	16.72	31.99	18.85	6.79	2.27
外资商业银行 Foreign commercial banks	26.13	18.43	55.44	27.70	22.56	3.46	1.20	0.52
城市商业银行 City commercial banks	3.03	9.84	87.13	10.08	23.32	20.32	20.99	12.42
农村合作金融机构 Rural cooperative financial institutions	1.38	7.54	85.68	3.98	11.00	17.58	33.56	19.55
政策性银行 Policy banks	37.60	46.69	15.71	12.91	2.46	0.35	0.00	0.00
合计 Total	13.38	18.31	68.31	14.99	19.65	12.65	12.72	8.30

大额美元存款与美元贷款平均利率表
Average interest rates of large-value dollar deposits and loans

单位：% Unit: %

日期 Date	大额存款 Large-value deposits						贷款 Loans				
	活期 Demand	3个月以内 Within 3 months	3(含)~6个月 3~6 months (including 3 months)	6(含)~12个月 6~12 months (including 6 months)	1年 1 year	1年以上 Above 1 year	3个月以内 Within 3 months	3(含)~6个月 3~6 months (including 3 months)	6(含)~12个月 6~12 months (including 6 months)	1年 1 year	1年以上 Above 1 year
2015.01	0.14	0.87	1.33	1.75	2.25	1.50	2.06	1.97	2.24	2.50	3.44
2015.02	0.22	0.64	1.35	1.50	1.92	1.54	1.90	2.08	2.15	2.48	3.50
2015.03	0.15	0.71	1.18	1.45	1.97	1.25	1.73	2.28	1.77	2.42	3.42
2015.04	0.13	0.70	1.28	1.46	1.82	1.02	1.66	1.92	1.44	2.21	3.14
2015.05	0.14	0.80	1.28	1.36	2.01	1.05	1.81	1.93	1.92	2.13	2.93
2015.06	0.16	0.63	1.22	1.26	1.94	2.14	1.56	1.73	1.90	2.33	2.86
2015.07	0.17	0.72	1.18	1.36	1.73	1.87	1.82	2.34	2.09	2.13	3.35
2015.08	0.17	0.65	1.15	1.58	1.73	1.68	1.57	1.87	2.02	2.26	3.00
2015.09	0.12	0.57	1.02	1.45	1.53	1.60	1.43	1.93	2.20	2.21	2.88
2015.10	0.14	0.55	1.02	1.28	1.49	1.50	1.46	2.17	2.04	2.41	2.89
2015.11	0.15	0.60	1.04	1.30	1.60	1.73	1.43	2.02	1.93	2.25	3.18
2015.12	0.16	0.56	1.07	1.32	1.59	1.79	1.65	1.80	1.92	2.61	3.36
2016.01	0.24	0.65	1.20	1.37	1.64	1.55	1.50	2.15	1.94	2.07	3.30
2016.02	0.22	0.62	1.11	1.25	1.44	1.40	1.47	1.99	1.84	1.99	4.14
2016.03	0.20	0.68	1.13	1.27	1.50	1.60	1.48	1.85	3.08	2.28	3.32
2016.04	0.23	0.81	0.96	1.39	1.52	1.53	1.48	2.02	1.81	1.97	3.50
2016.05	0.24	0.76	1.12	1.31	1.59	1.38	1.52	1.94	1.85	1.86	3.11
2016.06	0.18	0.67	1.23	1.51	1.62	1.41	1.62	1.84	1.76	2.29	3.45
2016.07	0.21	0.76	1.13	1.46	1.67	1.61	1.62	2.07	1.89	2.04	2.87
2016.08	0.21	0.79	1.24	1.63	1.76	1.79	1.74	2.23	2.02	2.14	3.26
2016.09	0.18	0.69	1.36	1.60	1.76	1.81	1.78	2.11	1.83	2.03	3.41
2016.10	0.18	0.74	1.11	1.51	1.66	1.73	1.72	2.26	1.93	2.16	3.31
2016.11	0.17	0.76	1.25	1.51	1.76	1.91	1.75	2.24	2.31	2.40	3.63
2016.12	0.14	0.88	1.50	1.80	1.79	1.95	1.89	2.26	2.61	2.46	3.69
2017.01	0.20	1.05	1.59	1.88	2.03	2.19	2.03	2.32	2.19	2.21	3.80
2017.02	0.20	1.05	1.57	1.89	2.13	2.24	1.95	2.30	2.02	2.28	4.07
2017.03	0.22	1.14	1.68	2.01	2.25	2.24	2.17	2.32	2.26	2.38	3.90
2017.04	0.25	1.22	1.59	2.02	2.14	2.25	2.31	2.45	2.42	2.55	3.22
2017.05	0.22	1.39	1.73	2.51	2.09	2.25	2.67	2.77	2.61	2.58	3.48
2017.06	0.22	1.41	1.93	2.02	2.35	1.87	2.43	2.45	2.71	2.46	3.50
2017.07	0.19	1.50	1.93	2.18	2.30	2.28	2.55	2.70	2.89	2.57	3.53
2017.08	0.21	1.46	1.95	2.05	2.28	2.61	2.45	2.67	2.79	2.89	3.92
2017.09	0.20	1.55	1.97	2.30	2.35	2.26	2.48	2.69	2.54	3.07	3.85

八、金融市场
8. Financial Market

1.货币市场
(1) Money market

银行间市场交易量
Transaction volume in the inter-bank market

单位：万亿元
Unit: RMB1 trillion

年 Year	债券回购 Repurchasing	同业拆借 Inter-bank borrowing	现券买卖 Outright transactions
2000	1.6	0.7	0.1
2001	4.0	0.8	0.1
2002	10.2	1.2	0.4
2003	11.7	2.4	3.1
2004	9.4	1.5	2.5
2005	15.9	1.3	6.0
2006	26.6	2.2	10.2
2007	44.8	10.6	15.6
2008	58.1	15.0	37.1
2009	70.3	19.4	47.3
2010	87.6	27.9	64.0
2011	99.5	33.4	63.6
2012	141.7	46.7	75.2
2013	158.2	35.5	41.6
2014	224.4	37.7	40.4
2015	457.8	64.2	86.7
2016	601.3	95.9	127.1

银行间市场月加权平均利率
Monthly weighted average interest rates in the inter-bank market

单位：% Unit: %

年/月 Year/Month	同业拆借市场 Inter-bank borrowing market	质押式债券回购 Bond-pledged repurchasing
2015.10	1.99	1.94
2015.11	1.90	1.85
2015.12	1.97	1.95
2016.01	2.11	2.10
2016.02	2.09	2.10
2016.03	2.09	2.10
2016.04	2.11	2.11
2016.05	2.10	2.07
2016.06	2.14	2.10
2016.07	2.12	2.09
2016.08	2.13	2.12
2016.09	2.25	2.28
2016.10	2.30	2.35
2016.11	2.33	2.38
2016.12	2.44	2.56
2017.01	2.36	2.48
2017.02	2.47	2.61
2017.03	2.62	2.84
2017.04	2.65	2.80
2017.05	2.88	2.92
2017.06	2.94	3.03
2017.07	2.82	2.90
2017.08	2.96	3.09
2017.09	2.92	3.07

银行间市场交易量
Transaction volume in the inter-bank market

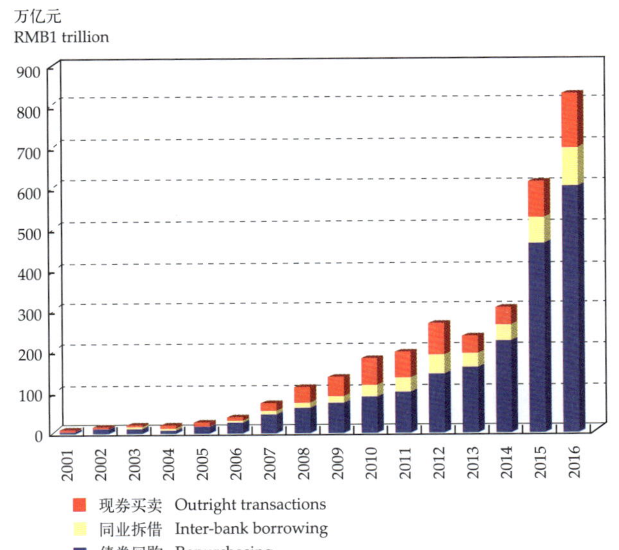

银行间市场月加权平均利率
Monthly weighted average interest rates in the inter-bank market

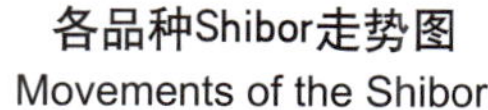

各品种Shibor走势图

Movements of the Shibor

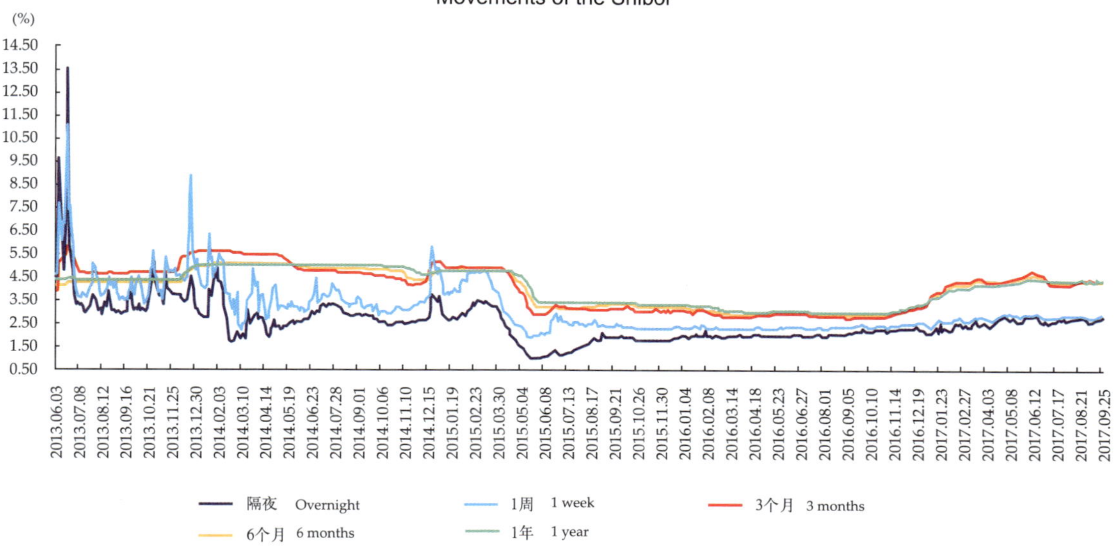

全国银行间同业拆借各期限当月交易量及月加权平均利率

Monthly transaction volume and monthly weighted average interest rates of inter-bank borrowing with different maturities

单位：亿元、%
Unit: RMB100 million, %

年/月 Year/Month	1天 1 day		7天 7 days		14天 14 days		21天 21 days		1个月 1 month		2个月 2 months		3个月 3 months		4个月 4 months		6个月 6 months		9个月 9 months		1年 1 year	
	交易量 Volume	利率 Rate	交易量 Volume	利率 Rate	交易量 Volume	利率 Rate	交易量 Volume	利率 Rate	交易量 Volume	利率 Rate	交易量 Volume	利率 Rate	交易量 Volume	利率 Rate	交易量 Volume	利率 Rate	交易量 Volume	利率 Rate	交易量 Volume	利率 Rate	交易量 Volume	利率 Rate
2015.10	47 456	1.91	5 173	2.47	1 007	2.74	105	2.85	225	3.20	22	3.11	95	3.86	9	3.44	7	3.82	0	—	18	3.77
2015.11	75 975	1.82	7 948	2.43	1 515	2.64	234	2.84	488	2.73	160	2.81	138	3.44	14	3.28	14	3.35	1	3.26	302	3.36
2015.12	68 097	1.86	8 106	2.53	1 275	2.84	197	3.60	902	2.90	51	3.26	524	3.18	22	3.36	15	3.50	2	3.54	90	3.29
2016.01	49 988	2.03	5 600	2.55	434	2.91	60	3.38	552	3.02	113	3.28	214	3.36	35	3.40	96	3.21	17	3.43	75	3.30
2016.02	43 420	2.02	3 434	2.48	1 543	2.77	74	3.10	105	2.99	124	2.87	227	3.20	7	3.17	13	3.19	4	3.28	29	3.44
2016.03	65 639	2.03	6 943	2.45	1 384	2.64	77	3.05	361	2.86	48	2.92	197	2.99	12	3.26	11	3.37	2	3.44	41	3.23
2016.04	65 571	2.06	6 011	2.52	742	2.72	50	2.99	295	2.89	112	2.88	109	3.31	0	2.95	14	3.17	2	3.29	64	3.14
2016.05	88 884	2.06	8 229	2.46	359	2.71	67	2.81	343	2.69	119	2.98	400	3.19	2	3.33	38	3.05	2	3.16	15	3.47
2016.06	86 021	2.07	10 996	2.47	1 172	2.84	188	2.91	626	2.96	131	2.93	683	3.25	12	3.14	15	3.19	0	—	4	3.30
2016.07	92 190	2.07	9 286	2.46	386	2.67	105	2.83	357	2.76	96	2.88	117	3.16	12	2.94	15	3.17	4	3.23	3	3.13
2016.08	94 385	2.08	11 259	2.47	762	2.64	209	2.57	330	2.63	142	2.84	142	3.10	11	3.01	20	3.03	—	—	7	3.41
2016.09	67 417	2.16	10 116	2.52	3 155	2.70	551	2.88	469	2.97	417	2.91	491	2.95	67	3.01	38	3.11	1	3.30	7	3.23
2016.10	46 834	2.24	6 202	2.58	803	2.74	264	2.95	444	2.91	238	2.99	362	2.98	41	3.06	52	3.16	4	3.19	4	3.19
2016.11	75 014	2.29	6 409	2.65	885	2.77	285	2.98	133	3.03	60	3.24	373	3.26	53	3.17	176	3.16	225	3.12	208	3.27
2016.12	64 399	2.34	8 280	2.76	1 146	3.13	281	4.52	447	3.84	531	4.22	162	4.09	12	3.96	22	4.74	—	—	66	4.55
2017.01	50 192	2.22	6 982	2.71	1 814	3.15	588	3.81	687	3.69	428	4.22	199	4.23	34	4.26	51	4.35	1	4.25	90	4.67
2017.02	62 629	2.38	5 150	2.93	904	3.30	194	3.68	316	4.15	271	4.34	189	4.51	203	4.47	20	4.53	15	4.31	14	4.60
2017.03	67 691	2.51	6 244	3.16	1 026	3.53	140	4.20	421	4.39	930	4.51	133	4.87	18	4.64	23	4.63	10	4.65	25	4.64
2017.04	53 821	2.56	4 989	3.18	761	3.41	63	4.03	466	4.13	447	4.35	129	4.55	11	4.62	39	4.43	11	4.67	31	4.78
2017.05	47 751	2.79	6 267	3.24	729	3.83	38	4.20	270	4.13	229	4.67	175	4.86	11	4.70	20	4.96	9	4.97	17	4.36
2017.06	55 703	2.85	6 910	3.30	661	3.92	64	4.50	365	4.91	224	5.11	249	5.14	24	5.09	33	4.91	10	5.20	42	5.26
2017.07	48 944	2.73	6 593	3.26	444	3.80	69	4.13	365	3.89	207	4.20	158	4.57	11	4.46	36	4.55	14	4.81	30	4.89
2017.08	54 286	2.88	6 633	3.41	613	3.96	46	3.93	392	3.67	247	4.24	156	4.66	32	4.47	26	4.71	11	4.86	19	4.85
2017.09	59 760	2.78	7 094	3.50	1 736	4.07	219	4.18	294	4.19	437	4.73	100	4.93	4	4.89	12	4.87	6	5.01	15	5.34

全国银行间同业拆借各期限月加权平均利率
Monthly weighted average interest rates of inter-bank borrowing with different maturities

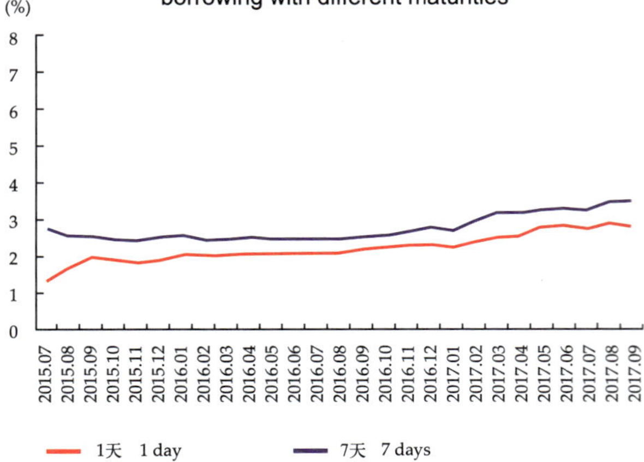

全国银行间同业拆借各期限当月交易量
Monthly transaction volume of inter-bank borrowing with different maturities

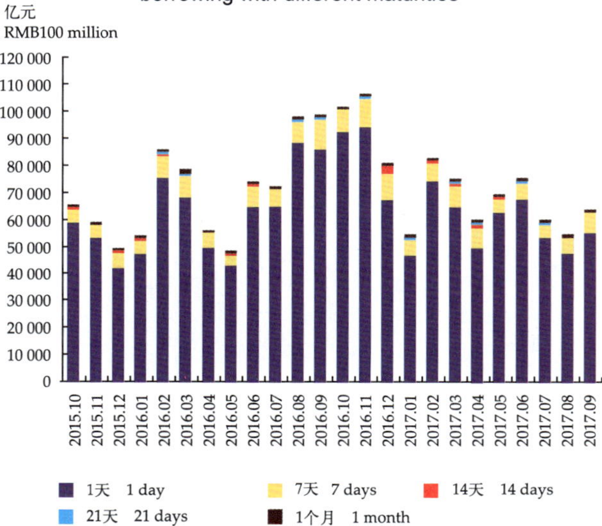

2.债券市场
(2) Bond market

债券回购交易成交金额
Turnover of repurchasing

单位：亿元
Unit: RMB100 million

年/月 Year/Month	银行间债券市场 Inter-bank bond market	交易所 Stock exchanges
2015.10	417 044	105 522
2015.11	549 165	125 870
2015.12	606 238	150 361
2016.01	473 730	146 144
2016.02	341 473	117 039
2016.03	546 060	178 897
2016.04	436 020	167 069
2016.05	539 866	186 165
2016.06	550 771	193 161
2016.07	592 092	221 504
2016.08	633 040	252 475
2016.09	509 930	223 245
2016.10	399 353	179 541
2016.11	503 548	230 851
2016.12	487 146	239 736
2017.01	363 049	181 480
2017.02	372 906	179 444
2017.03	523 764	226 438
2017.04	434 587	193 041
2017.05	489 018	231 671
2017.06	574 017	258 220
2017.07	538 507	244 525
2017.08	586 545	261 321
2017.09	604 380	224 596

债券现券交易成交金额
Turnover of outright transactions

单位：亿元
Unit: RMB100 million

年/月 Year/Month	银行间债券市场 Inter-bank bond market	交易所 Stock exchanges
2015.10	77 123	2 020
2015.11	102 661	2 979
2015.12	109 635	3 665
2016.01	93 098	2 974
2016.02	60 441	2 323
2016.03	113 409	4 093
2016.04	96 315	3 585
2016.05	99 388	4 461
2016.06	108 213	4 174
2016.07	115 310	4 694
2016.08	137 377	6 172
2016.09	111 870	4 277
2016.10	97 599	3 989
2016.11	122 806	5 559
2016.12	115 093	6 629
2017.01	53 830	3 581
2017.02	63 859	3 613
2017.03	89 692	4 732
2017.04	69 993	3 927
2017.05	76 416	4 753
2017.06	91 797	5 250
2017.07	91 649	4 451
2017.08	97 950	4 901
2017.09	101 985	4 373

债券回购交易成交金额
Turnover of repurchasing

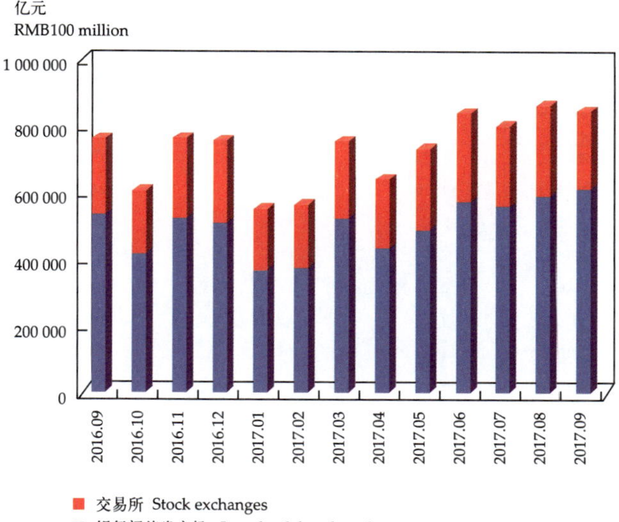

债券现券交易成交金额
Turnover of outright transactions

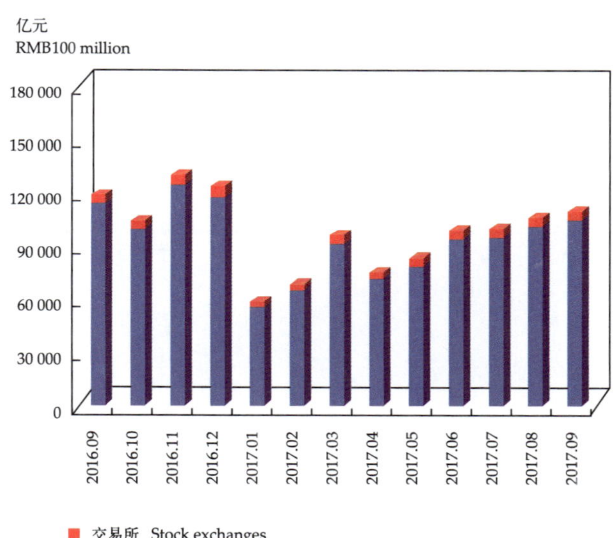

政府债券发行、兑付、期末余额
Issue and redemption values and end-period balance of government bonds

单位：亿元
Unit: RMB100 million

年/月 Year/Month	发行额 Issue value	兑付额 Redemption value	期末余额 End-period balance
2015.10	6 927	1 021	141 918
2015.11	10 110	709	150 912
2015.12	2 702	764	154 524
2016.01	1 700	1 413	155 184
2016.02	2 568	1 707	155 294
2016.03	9 687	1 352	163 159
2016.04	13 528	1 288	174 726
2016.05	8 383	980	182 038
2016.06	13 567	2 054	194 223
2016.07	7 177	2 244	198 964
2016.08	12 218	3 009	207 487
2016.09	6 101	1 503	213 814
2016.10	7 218	2 117	217 550
2016.11	6 255	1 097	223 841
2016.12	2 686	946	225 734
2017.01	1 360	731	226 400
2017.02	1 846	1 906	226 209
2017.03	6 497	2 380	229 439
2017.04	6 084	1 074	235 378
2017.05	8 408	1 898	241 883
2017.06	8 697	2 111	248 454
2017.07	11 479	2 006	257 926
2017.08	13 987	9 046	262 346
2017.09	7 317	2 434	267 832

政府债券发行与兑付
Issue and redemption values of government bonds

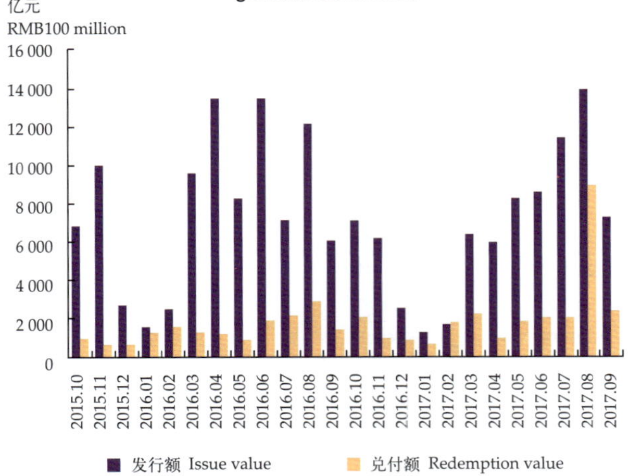

政府债券期末余额
Outstanding amounts of government bonds at end-period

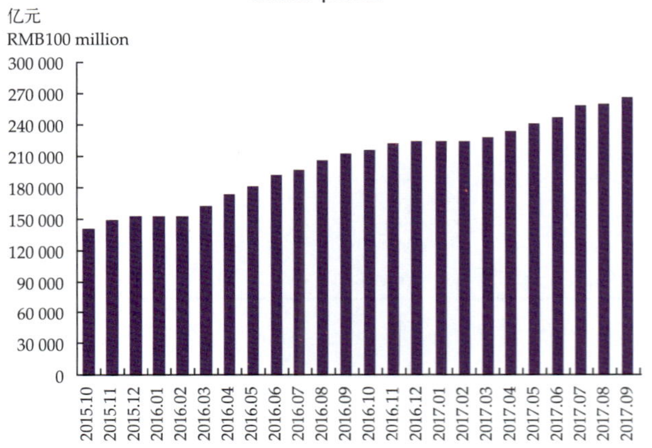

3.股票市场
(3) Stock market

股票成交、发行筹资额
Turnover of stock trading and funds raised in the stock market

年/月 Year/Month		成交金额（亿元） Turnover of stock trading (RMB100 million)		A股筹资（亿元） A-shares capital raised (RMB100 million)					B股筹资（亿元） B-shares capital raised (RMB100 million)		H股筹资（亿元） H-shares capital raised (RMB100 million)	
		上海证券交易所A股 A-shares on the Shanghai Stock Exchange	深圳证券交易所A股 A-shares on the Shenzhen Stock Exchange	首次发行金额 Initial public offering	公开增发 Additional offering	定向增发（现金） Placement (Cash)	配股 Allotment	权证行权 Exercise warrant	首次发行金额 Initial public offering	再筹资金额 Refinancing	首次发行金额 Initial public offering	再筹资金额 Refinancing
2016	1	43 264	64 708	40.07	0.00	1 927.46	122.58	0.00	0.00	0.00	1.52	72.13
	2	30 725	47 316	38.41	0.00	1 022.14	68.68	0.00	0.00	0.00	0.00	57.67
	3	53 661	80 149	58.94	0.00	1 130.04	0.00	0.00	0.00	0.00	0.00	0.00
	4	42 186	72 041	75.95	0.00	1 839.75	40.18	0.00	0.00	0.00	172.57	0.25
	5	31 664	58 936	47.57	0.00	1 376.71	17.72	0.00	0.00	0.00	0.00	0.00
	6	37 873	76 767	138.67	0.00	1 336.30	31.59	0.00	0.00	0.00	0.00	85.09
	7	47 307	79 835	209.96	0.00	1 540.37	17.76	0.00	0.00	0.83	119.74	92.20
	8	44 641	67 025	146.05	0.00	1 231.60	0.00	0.00	0.00	0.00	73.69	57.53
	9	31 581	50 966	255.95	0.00	1 760.32	0.00	0.00	0.00	0.03	495.78	73.24
	10	30 760	46 388	189.81	0.00	1 586.40	0.00	0.00	0.00	214.90	92.08	47.91
	11	58 849	77 509	199.15	0.00	897.35	0.00	0.00	0.00	60.83	28.99	126.59
	12	44 369	53 838	233.04	0.00	1 329.85	0.00	0.00	0.00	122.32	94.43	340.71
2017	1	30 669	36 917	237.97	0.00	3 886.86	0.00	0.00	0.00	0.20	27.89	80.71
	2	37 916	42 835	125.17	0.00	664.95	0.00	0.00	0.00	1.22	0.00	83.83
	3	51 068	64 772	286.14	0.00	878.85	0.00	0.00	0.00	161.95	3.98	124.24
	4	42 394	49 617	180.30	0.00	967.98	48.52	0.00	0.00	0.00	163.17	124.08
	5	36 198	45 046	161.61	0.00	399.64	0.00	0.00	0.00	48.93	2.81	88.71
	6	36 656	48 039	171.33	0.00	526.45	39.42	0.00	0.00	0.00	73.68	125.18
	7	45 139	52 395	182.83	0.00	475.40	0.00	0.00	0.00	0.00	73.27	125.13
	8	55 474	62 113	168.39	0.00	895.18	32.99	0.00	0.00	13.30	0.00	98.25
	9	49 499	65 482	171.66	0.00	687.35	0.00	0.00	0.00	558.72	101.11	136.34

月末加权平均市盈率
Weighted average price-earnings ratio at month-end

年/月 Year/Month	上海证券交易所A股 A-shares on the Shanghai Stock Exchange	上海证券交易所B股 B-shares on the Shanghai Stock Exchange	深圳证券交易所A股 A-shares on the Shenzhen Stock Exchange	深圳证券交易所B股 B-shares on the Shenzhen Stock Exchange
2015.10	16.7	21.6	45.7	12.7
2015.11	17.0	23.4	49.9	13.2
2015.12	17.6	26.2	53.3	14.0
2016.01	13.7	21.2	39.4	12.3
2016.02	13.5	20.9	38.0	11.8
2016.03	15.1	22.9	41.7	12.6
2016.04	14.8	22.7	38.2	11.4
2016.05	14.3	28.4	38.5	10.6
2016.06	14.4	28.3	40.7	10.8
2016.07	14.8	28.0	40.1	11.2
2016.08	15.4	29.2	42.2	11.3
2016.09	15.1	29.5	41.7	11.5
2016.10	15.7	28.6	43.0	11.5
2016.11	16.6	29.1	44.4	11.5
2016.12	15.9	28.0	41.6	11.2
2017.01	16.3	27.9	40.9	11.0
2017.02	16.8	28.8	42.7	11.0
2017.03	16.9	27.5	40.4	10.5
2017.04	16.7	27.2	36.2	11.2
2017.05	16.5	21.1	34.3	10.8
2017.06	17.0	21.5	36.0	11.3
2017.07	17.5	22.1	35.7	11.5
2017.08	18.0	22.7	37.1	11.2
2017.09	18.0	23.8	38.0	11.7

股票成交金额
Turnover of stock trading

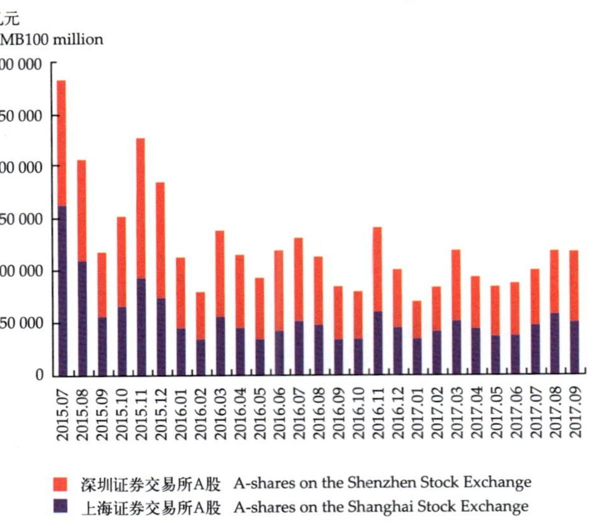

月末加权平均市盈率
Weighted average price-earnings ratio at month-end

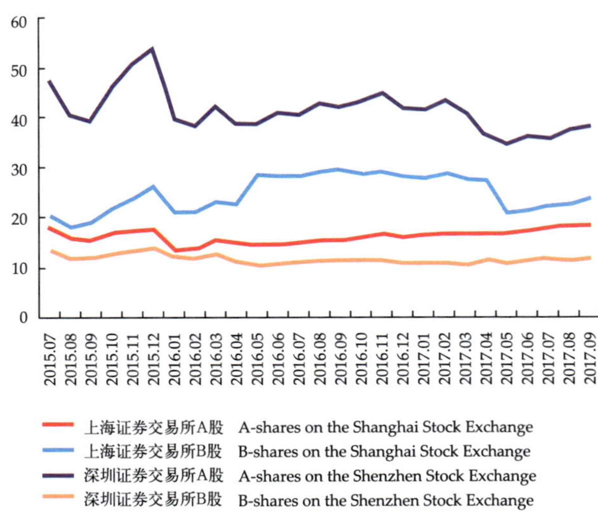

月末收盘指数
Closing index at month-end

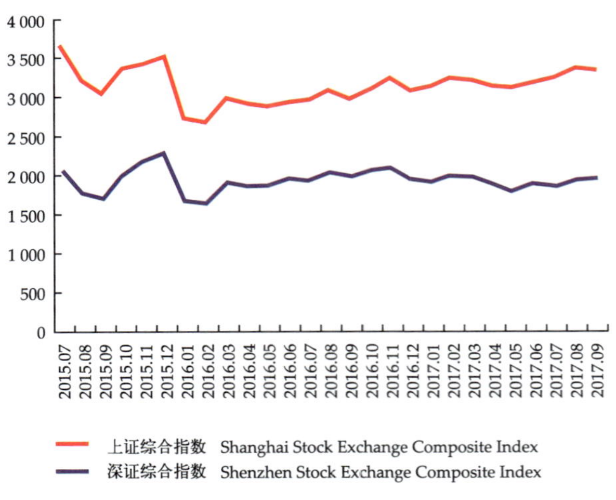

4.票据市场
(4) Commercial paper market

票据市场交易额与期末余额
Transactions and outstanding balance of commercial paper market

单位：亿元
Unit: RMB100 million

年/月 Year/Month	商业汇票 Drafts	贴现 Discount bills	再贴现 Rediscount bills
	发生额 Transactions during the period		
2015.10	19 332	63 771	354
2015.11	17 352	98 619	339
2015.12	20 794	106 475	394
2016.01	21 913	116 046	291
2016.02	10 543	67 245	200
2016.03	17 016	89 560	436
2016.04	13 448	82 156	306
2016.05	14 711	75 440	301
2016.06	16 620	88 266	351
2016.07	13 116	64 541	333
2016.08	13 648	64 993	289
2016.09	15 005	53 619	315
2016.10	13 513	39 877	255
2016.11	14 482	40 116	317
2016.12	16 492	63 602	411
2017.01	13 261	40 386	253
2017.02	27 505	34 840	279
2017.03	14 928	46 113	416
2017.04	12 294	38 573	320
2017.05	13 044	40 618	343
2017.06	13 760	23 226	434
2017.07	11 536	29 658	285
2017.08	11 426	29 386	386
2017.09	13 992	28 893	392
	期末余额 Outstanding balance at the end of the period		
2015.10	106 250	44 964	1 305
2015.11	103 161	46 390	1 292
2015.12	104 124	45 756	1 305
2016.01	107 622	49 482	1 130
2016.02	109 591	48 899	1 139
2016.03	105 386	49 417	1 230
2016.04	104 669	51 804	1 176
2016.05	101 104	53 368	1 163
2016.06	98 022	53 218	1 202
2016.07	93 856	53 495	1 172
2016.08	95 634	55 729	1 188
2016.09	94 860	57 152	1 138
2016.10	92 653	58 249	1 088
2016.11	93 248	57 240	1 085
2016.12	90 259	54 710	1 165
2017.01	91 920	50 188	1 116
2017.02	88 602	47 770	1 109
2017.03	88 400	43 877	1 224
2017.04	88 417	41 895	1 255
2017.05	84 618	40 426	1 298
2017.06	82 756	38 828	1 402
2017.07	81 030	37 166	1 418
2017.08	79 200	37 485	1 478
2017.09	81 281	37 463	1 504

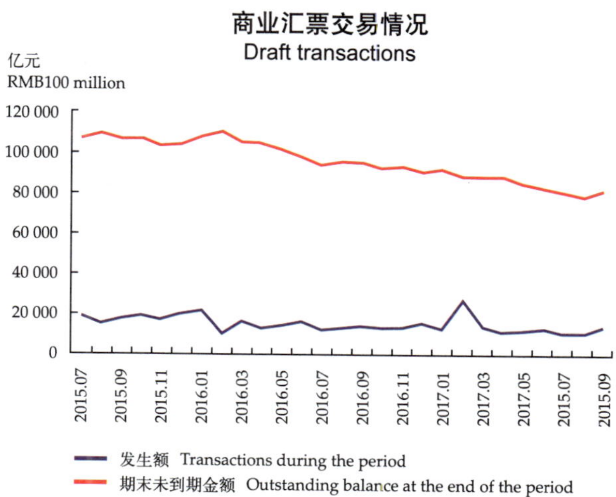

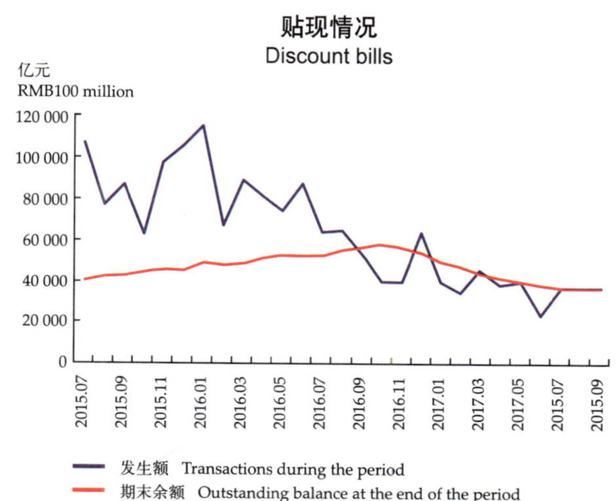

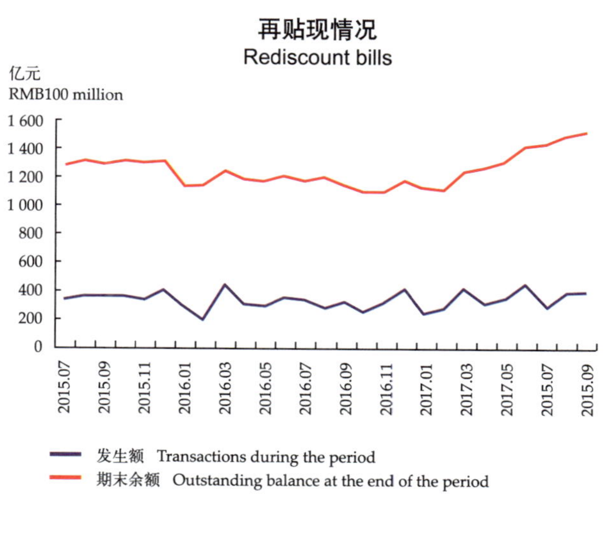

5.外汇市场
(5) Foreign exchange market

世界主要货币兑人民币月平均汇率
Monthly average exchange rate of the RMB against major foreign currencies

年/月 Year/Month	人民币/美元 RMB/USD	人民币/欧元 RMB/EUR	人民币/100日元 RMB/JPY100	人民币/港元 RMB/HKD	卢布/人民币 RUB/RMB
2015.10	6.3486	7.1330	5.2887	0.8192	9.8492
2015.11	6.3666	6.8439	5.1995	0.8214	10.1800
2015.12	6.4476	7.0162	5.2981	0.8319	10.8303
2016.01	6.5527	7.1245	5.5531	0.8423	11.7333
2016.02	6.5311	7.2232	5.677	0.8394	11.7194
2016.03	6.5064	7.2343	5.7627	0.8383	10.7939
2016.04	6.4762	7.3397	5.9021	0.8350	10.2823
2016.05	6.5315	7.3825	5.998	0.8413	10.0816
2016.06	6.5874	7.3983	6.2436	0.8486	9.8986
2016.07	6.6774	7.3847	6.4183	0.8608	9.6257
2016.08	6.6474	7.4487	6.5633	0.8571	9.7792
2016.09	6.6715	7.4774	6.5509	0.8601	9.6566
2016.10	6.7442	7.4059	6.4842	0.86937	9.2904
2016.11	6.8375	7.3851	6.3266	0.88157	9.4173
2016.12	6.9182	7.2925	5.9692	0.89164	8.9694
2017.01	6.8918	7.3179	5.9939	0.88858	8.6881
2017.02	6.8713	7.3085	6.0788	0.88552	8.4799
2017.03	6.8932	7.3668	6.1043	0.88764	8.4025
2017.04	6.8845	7.3829	6.2655	0.88557	8.1998
2017.05	6.8827	7.6042	6.1331	0.88397	8.2929
2017.06	6.8019	7.6389	6.1367	0.87228	8.5123
2017.07	6.7654	7.7898	6.0174	0.86639	8.8057
2017.08	6.6736	7.8855	6.0762	0.85329	8.9183
2017.09	6.5634	7.8143	5.9272	0.83995	8.7937

世界主要货币兑人民币期末汇率
Exchange rate of the RMB against major foreign currencies at the end of the period

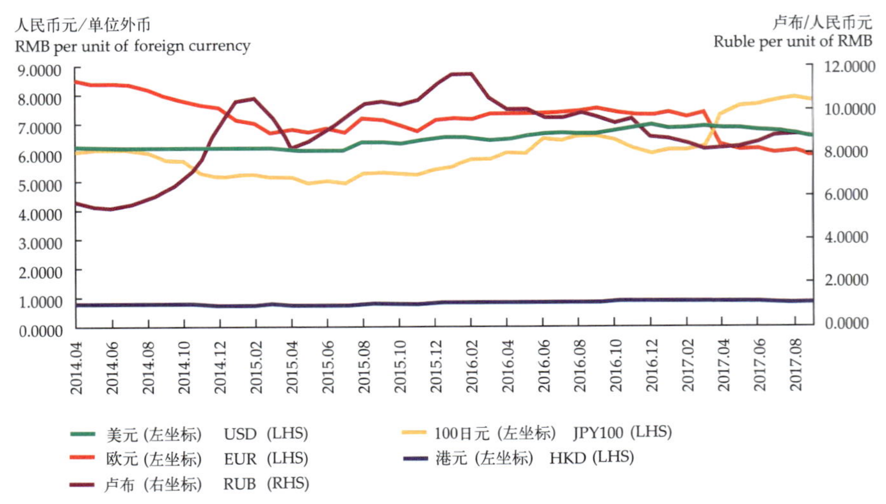

人民币/美元中间价
Central parity of the RMB against the USD

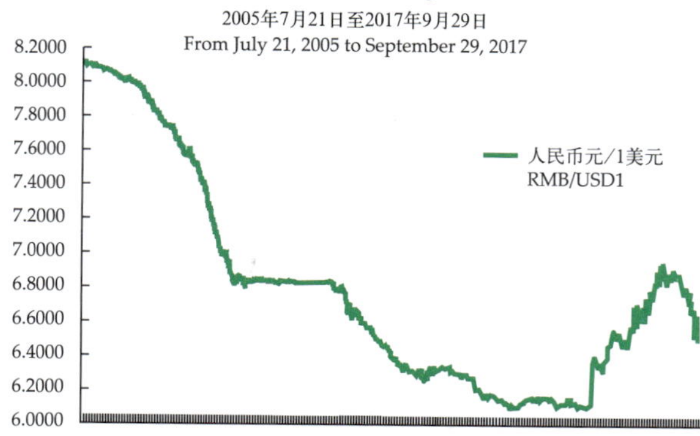

人民币/日元中间价
Central parity of the RMB against the JPY

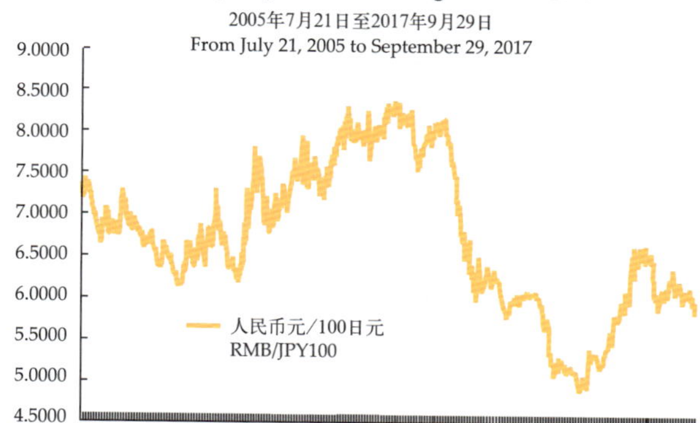

人民币/欧元中间价

Central parity of the RMB against the EUR

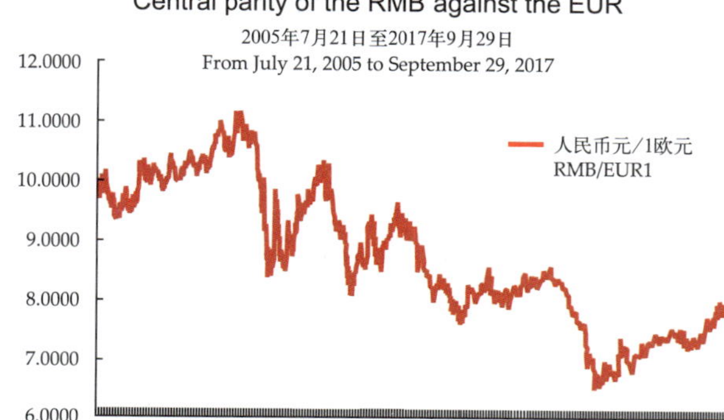

人民币/港元中间价
Central parity of the RMB against the HKD

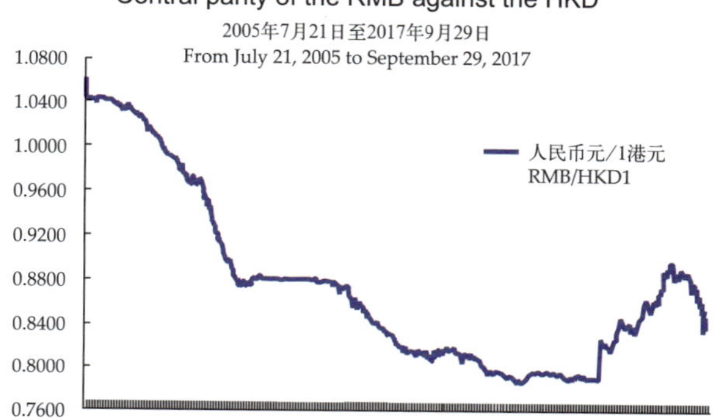

卢布/人民币中间价
Central parity of the RUB against the RMB

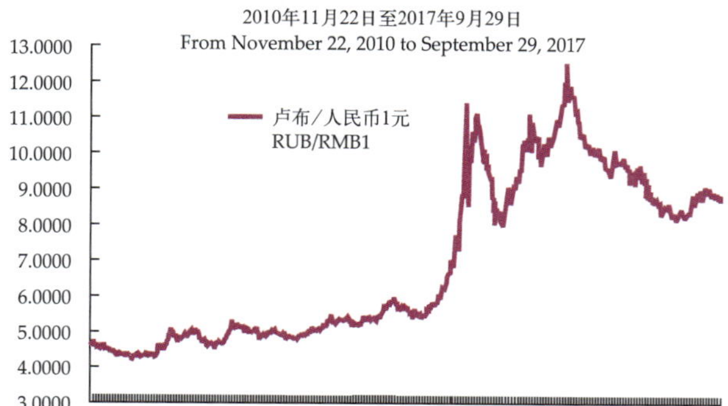

2017年1月3日以来人民币汇率中间价
Central parity of RMB against major foreign currencies
Since January 3, 2017

日期 Date	人民币/美元 RMB/USD	人民币/欧元 RMB/EUR	人民币/100日元 RMB/JPY100	人民币/港元 RMB/HKD	卢布/人民币 RUB/RMB
2017.01.03	6.9498	7.2772	5.9305	0.8959	8.8149
2017.01.04	6.9526	7.2469	5.9193	0.8964	8.7786
2017.01.05	6.9307	7.2903	5.9192	0.8938	8.7441
2017.01.06	6.8668	7.2843	5.9508	0.8855	8.7108
2017.01.09	6.9262	7.2930	5.9208	0.8931	8.6493
2017.01.10	6.9234	7.3309	5.9693	0.8927	8.6794
2017.01.11	6.9235	7.3092	5.9768	0.8928	8.6940
2017.01.12	6.9141	7.3199	6.0038	0.8916	8.6327
2017.01.13	6.8909	7.3129	6.0003	0.8886	8.6216
2017.01.16	6.8874	7.3252	6.0333	0.8881	8.6553
2017.01.17	6.8992	7.3216	6.0549	0.8896	8.6764
2017.01.18	6.8525	7.3404	6.0702	0.8836	8.6776
2017.01.19	6.8568	7.2878	5.9809	0.8840	8.6820
2017.01.20	6.8693	7.3230	5.9805	0.8855	8.6938
2017.01.23	6.8572	7.3509	6.0209	0.8839	8.6927
2017.01.24	6.8331	7.3644	6.0689	0.8809	8.6969
2017.01.25	6.8596	7.3613	6.0297	0.8843	8.6371
2017.01.26	6.8588	7.3821	6.0596	0.8842	8.6480
2017.02.03	6.8556	7.3825	6.0781	0.8835	8.6530
2017.02.06	6.8606	7.4010	6.1000	0.8843	8.5866
2017.02.07	6.8604	7.3693	6.1390	0.8843	8.5879
2017.02.08	6.8849	7.3539	6.1372	0.8874	8.6191
2017.02.09	6.8710	7.3495	6.1399	0.8855	8.6121
2017.02.10	6.8819	7.3306	6.0674	0.8871	8.5810
2017.02.13	6.8898	7.3148	6.0450	0.8881	8.4767
2017.02.14	6.8806	7.2948	6.0514	0.8867	8.4224
2017.02.15	6.8632	7.2618	6.0020	0.8845	8.3090
2017.02.16	6.8629	7.2784	6.0105	0.8843	8.3376
2017.02.17	6.8456	7.3089	6.0423	0.8822	8.4027
2017.02.20	6.8743	7.2979	6.0908	0.8857	8.4850
2017.02.21	6.8790	7.2944	6.0757	0.8864	8.4271
2017.02.22	6.8830	7.2547	6.0566	0.8869	8.3391
2017.02.23	6.8695	7.2543	6.0632	0.8852	8.4333
2017.02.24	6.8655	7.2694	6.0896	0.8848	8.4191
2017.02.27	6.8814	7.2589	6.1307	0.8867	8.4894
2017.02.28	6.8750	7.2774	6.0986	0.8858	8.4575
2017.03.01	6.8798	7.2648	6.0913	0.8863	8.4891
2017.03.02	6.8809	7.2536	6.0381	0.8864	8.4679
2017.03.03	6.8896	7.2334	6.0253	0.8876	8.5273
2017.03.06	6.8790	7.3156	6.0402	0.8860	8.4489
2017.03.07	6.8957	7.2933	6.0578	0.8881	8.4391
2017.03.08	6.9032	7.2929	6.0571	0.8891	8.4228
2017.03.09	6.9125	7.2885	6.0436	0.8900	8.4933
2017.03.10	6.9123	7.3133	6.0042	0.8901	8.5732
2017.03.13	6.8988	7.3671	6.0087	0.8885	8.5508
2017.03.14	6.9118	7.3611	6.0164	0.8901	8.5113
2017.03.15	6.9115	7.3363	6.0280	0.8897	8.5590
2017.03.16	6.8862	7.3994	6.0738	0.8867	8.4754
2017.03.17	6.8873	7.4193	6.0772	0.8874	8.3946
2017.03.20	6.8998	7.4151	6.1260	0.8888	8.3119
2017.03.21	6.9071	7.4167	6.1390	0.8894	8.3006
2017.03.22	6.8889	7.4479	6.1728	0.8870	8.3656
2017.03.23	6.8856	7.4308	6.1869	0.8865	8.3876
2017.03.24	6.8845	7.4208	6.1999	0.8863	8.3369
2017.03.27	6.8701	7.4538	6.2172	0.8846	8.3044
2017.03.28	6.8782	7.4726	6.2149	0.8855	8.2711
2017.03.29	6.8915	7.4547	6.2051	0.8872	8.2708
2017.03.30	6.8889	7.4122	6.1996	0.8867	8.2235
2017.03.31	6.8993	7.3721	6.1766	0.8878	8.1315

2017年1月3日以来人民币汇率中间价
Central parity of RMB against major foreign currencies Since January 3, 2017

续表

日期 Date	人民币/美元 RMB/USD	人民币/欧元 RMB/EUR	人民币/100日元 RMB/JPY100	人民币/港元 RMB/HKD	卢布/人民币 RUB/RMB
2017.04.05	6.8906	7.3630	6.2221	0.88671	8.1346
2017.04.06	6.8930	7.3619	6.2458	0.88722	8.1843
2017.04.07	6.8949	7.3470	6.2252	0.88740	8.1651
2017.04.10	6.9042	7.3108	6.2119	0.88870	8.3196
2017.04.11	6.8957	7.3081	6.2264	0.88744	8.2863
2017.04.12	6.8940	7.3122	6.2843	0.88717	8.2828
2017.04.13	6.8651	7.3389	6.3106	0.88339	8.2307
2017.04.14	6.8740	7.3103	6.3136	0.88425	8.1665
2017.04.17	6.8785	7.3025	6.3491	0.88485	8.1741
2017.04.18	6.8849	7.3289	6.3152	0.88576	8.1196
2017.04.19	6.8664	7.3722	6.3297	0.88326	8.1797
2017.04.20	6.8792	7.3782	6.3295	0.88486	8.2090
2017.04.21	6.8823	7.3821	6.3007	0.88518	8.1523
2017.04.24	6.8673	7.4624	6.2433	0.88316	8.1872
2017.04.25	6.8833	7.4763	6.2746	0.88478	8.1073
2017.04.26	6.8845	7.5250	6.1964	0.88477	8.1487
2017.04.27	6.8896	7.5187	6.1977	0.88546	8.2794
2017.04.28	6.8931	7.4945	6.2023	0.88584	8.2693
2017.05.02	6.8956	7.5227	6.1677	0.88653	8.2673
2017.05.03	6.8892	7.5348	6.1538	0.88538	8.2634
2017.05.04	6.8957	7.5120	6.1208	0.88621	8.3104
2017.05.05	6.8884	7.5655	6.1215	0.88507	8.4553
2017.05.08	6.8947	7.5677	6.1159	0.88582	8.3957
2017.05.09	6.9037	7.5511	6.1063	0.88681	8.4351
2017.05.10	6.9066	7.5239	6.0755	0.88726	8.4356
2017.05.11	6.9051	7.5080	6.0452	0.88676	8.3215
2017.05.12	6.8948	7.5016	6.0657	0.88507	8.2658
2017.05.15	6.8852	7.5291	6.0827	0.88338	8.2785
2017.05.16	6.8790	7.5655	6.0622	0.88329	8.1811
2017.05.17	6.8635	7.6276	6.1041	0.88127	8.2212
2017.05.18	6.8612	7.6691	6.1903	0.88130	8.3079
2017.05.19	6.8786	7.6586	6.1927	0.88379	8.3476
2017.05.22	6.8673	7.7041	6.1816	0.88224	8.2773
2017.05.23	6.8661	7.7315	6.1947	0.88190	8.2172
2017.05.24	6.8758	7.7104	6.1654	0.88291	8.1835
2017.05.25	6.8695	7.7199	6.1637	0.88203	8.1820
2017.05.26	6.8698	7.7041	6.1527	0.88171	8.2687
2017.05.31	6.8633	7.6760	6.1995	0.88075	8.2430
2017.06.01	6.8090	7.6658	6.1526	0.87391	8.3104
2017.06.02	6.8070	7.6368	6.1103	0.87365	8.2889
2017.06.05	6.7935	7.6629	6.1522	0.87208	8.3212
2017.06.06	6.7934	7.6495	6.1542	0.87178	8.3093
2017.06.07	6.7858	7.6525	6.2015	0.87059	8.3244
2017.06.08	6.7930	7.6466	6.1849	0.87142	8.3944
2017.06.09	6.7971	7.6084	6.1853	0.87172	8.3765
2017.06.12	6.7948	7.6137	6.1615	0.87150	8.3855
2017.06.13	6.7954	7.6109	6.1820	0.87129	8.3868
2017.06.14	6.7939	7.6163	6.1716	0.87119	8.3869
2017.06.15	6.7852	7.6114	6.2017	0.87010	8.4338
2017.06.16	6.7995	7.5803	6.1289	0.87151	8.4981
2017.06.19	6.7972	7.6143	6.1285	0.87148	8.4659
2017.06.20	6.8096	7.5918	6.1000	0.87315	8.5730
2017.06.21	6.8193	7.5943	6.1285	0.87422	8.7277
2017.06.22	6.8197	7.6148	6.1287	0.87430	8.8196
2017.06.23	6.8238	7.6072	6.1329	0.87496	8.7856
2017.06.26	6.8220	7.6391	6.1323	0.87472	8.6971
2017.06.27	6.8292	7.6371	6.1044	0.87565	8.5982
2017.06.28	6.8053	7.7181	6.0692	0.87244	8.7201
2017.06.29	6.7940	7.7335	6.0476	0.87065	8.7099
2017.06.30	6.7744	7.7496	6.0485	0.86792	8.7565

2017年1月3日以来人民币汇率中间价

Central parity of RMB against major foreign currencies Since January 3, 2017

续表

日期 Date	人民币/美元 RMB/USD	人民币/欧元 RMB/EUR	人民币/100日元 RMB/JPY100	人民币/港元 RMB/HKD	卢布/人民币 RUB/RMB
2017.07.03	6.7772	7.7397	6.0352	0.8681	8.6849
2017.07.04	6.7889	7.7224	5.9920	0.8689	8.7162
2017.07.05	6.7922	7.7158	6.0104	0.8699	8.7413
2017.07.06	6.7953	7.7110	6.0062	0.8704	8.8149
2017.07.07	6.7914	7.7571	6.0015	0.8695	8.8521
2017.07.10	6.7964	7.7499	5.9630	0.8701	8.8678
2017.07.11	6.7983	7.7479	5.9585	0.8701	8.8654
2017.07.12	6.7868	7.7866	5.9666	0.8687	8.9433
2017.07.13	6.7802	7.7459	5.9821	0.8682	8.8391
2017.07.14	6.7774	7.7276	5.9770	0.8679	8.8202
2017.07.17	6.7562	7.7514	6.0071	0.8656	8.7343
2017.07.18	6.7611	7.7598	6.0052	0.8664	8.7602
2017.07.19	6.7451	7.7906	6.0225	0.8642	8.7776
2017.07.20	6.7464	7.7770	6.0330	0.8641	8.7334
2017.07.21	6.7415	7.8399	6.0252	0.8632	8.7313
2017.07.24	6.7410	7.8706	6.0743	0.8633	8.7880
2017.07.25	6.7485	7.8523	6.0650	0.8644	8.8905
2017.07.26	6.7529	7.8613	6.0306	0.8648	8.8692
2017.07.27	6.7307	7.8994	6.0590	0.8619	8.8111
2017.07.28	6.7373	7.8734	6.0625	0.8628	8.8238
2017.07.31	6.7283	7.9059	6.0879	0.8616	8.8557
2017.08.01	6.7148	7.9406	6.0849	0.8597	8.8929
2017.08.02	6.7205	7.9352	6.0869	0.8601	8.9730
2017.08.03	6.7211	7.9621	6.0682	0.8599	9.0108
2017.08.04	6.7132	7.9773	6.1081	0.8587	8.9882
2017.08.07	6.7228	7.9230	6.0679	0.8598	8.9044
2017.08.08	6.7184	7.9279	6.0660	0.8590	8.9334
2017.08.09	6.7075	7.8860	6.0938	0.8572	8.9283
2017.08.10	6.6770	7.8519	6.0705	0.8544	8.9901
2017.08.11	6.6642	7.8332	6.1015	0.8524	9.0373
2017.08.14	6.6601	7.8680	6.0952	0.8518	8.9830
2017.08.15	6.6689	7.8546	6.0714	0.8527	8.9813
2017.08.16	6.6779	7.8394	6.0358	0.8536	8.9378
2017.08.17	6.6709	7.8531	6.0634	0.8529	8.8902
2017.08.18	6.6744	7.8239	6.0975	0.8532	8.8745
2017.08.21	6.6709	7.8412	6.1014	0.8528	8.8568
2017.08.22	6.6597	7.8687	6.1087	0.8512	8.8766
2017.08.23	6.6633	7.8356	6.0755	0.8514	8.8681
2017.08.24	6.6525	7.8602	6.1072	0.8501	8.8748
2017.08.25	6.6579	7.8539	6.0774	0.8509	8.8801
2017.08.28	6.6353	7.9302	6.0725	0.8482	8.8238
2017.08.29	6.6293	7.9333	6.0961	0.8474	8.8419
2017.08.30	6.6102	7.9143	6.0248	0.8447	8.9064
2017.08.31	6.6010	7.8525	5.9780	0.8436	8.8668
2017.09.01	6.5909	7.8477	5.9845	0.8423	8.8090
2017.09.04	6.5668	7.8024	5.9767	0.8392	8.7832
2017.09.05	6.5370	7.7610	5.9442	0.8354	8.8557
2017.09.06	6.5311	7.7857	6.0119	0.8346	8.8148
2017.09.07	6.5269	7.7841	5.9762	0.8341	8.7893
2017.09.08	6.5032	7.8013	5.9840	0.8334	8.7816
2017.09.11	6.4997	7.7780	5.9733	0.8318	8.8570
2017.09.12	6.5277	7.7992	5.9661	0.8355	8.7705
2017.09.13	6.5382	7.8219	5.9316	0.8369	8.8234
2017.09.14	6.5465	7.7813	5.9238	0.8379	8.8514
2017.09.15	6.5423	7.7973	5.9474	0.8374	8.7868
2017.09.18	6.5419	7.8137	5.8896	0.8368	8.8021
2017.09.19	6.5530	7.8403	5.8822	0.8384	8.8485
2017.09.20	6.5670	7.8749	5.8923	0.8414	8.8381
2017.09.21	6.5867	7.8193	5.8538	0.8443	8.8359
2017.09.22	6.5861	7.8652	5.8569	0.8437	8.7901
2017.09.25	6.5945	7.8614	5.8665	0.8445	8.7366
2017.09.26	6.6076	7.8355	5.9184	0.8456	8.6996
2017.09.27	6.6192	7.8124	5.9008	0.8473	8.7181
2017.09.28	6.6285	7.7936	5.8813	0.8489	8.7620
2017.09.29	6.6369	7.8233	5.9089	0.8497	8.7131

九、中央银行公开市场业务
9. Central Bank Open Market Operations

中央银行公开市场业务交易
Central bank open market operations

日期 Date		操作工具 Mode of transaction	招标方式 Mode of bidding	期限品种（天） Maturity (Day)	招标数量（亿元） Bidding amount (RMB100 million)	交易量（亿元） Transaction volume (RMB100 million)	中标利率（%） Interest rate of successful bidding(%)
2017.01.03	周二 Tuesday	逆回购 Repurchase	利率招标 Interest rate bidding	7天 7-day	200	200	2.25
2017.01.03	周二 Tuesday	逆回购 Repurchase	利率招标 Interest rate bidding	14天 14-day	200	200	2.40
2017.01.04	周三 Wednesday	逆回购 Repurchase	利率招标 Interest rate bidding	7天 7-day	100	100	2.25
2017.01.04	周三 Wednesday	逆回购 Repurchase	利率招标 Interest rate bidding	14天 14-day	100	100	2.40
2017.01.05	周四 Thursday	逆回购 Repurchase	利率招标 Interest rate bidding	7天 7-day	100	100	2.25
2017.01.06	周五 Friday	逆回购 Repurchase	利率招标 Interest rate bidding	7天 7-day	100	100	2.25
2017.01.06	周五 Friday	逆回购 Repurchase	利率招标 Interest rate bidding	28天 28-day	700	700	2.55
2017.01.09	周一 Monday	逆回购 Repurchase	利率招标 Interest rate bidding	7天 7-day	100	100	2.25
2017.01.09	周一 Monday	逆回购 Repurchase	利率招标 Interest rate bidding	28天 28-day	1 000	1 000	2.55
2017.01.10	周二 Tuesday	逆回购 Repurchase	利率招标 Interest rate bidding	7天 7-day	100	100	2.25
2017.01.10	周二 Tuesday	逆回购 Repurchase	利率招标 Interest rate bidding	28天 28-day	1 100	1 100	2.55
2017.01.11	周三 Wednesday	逆回购 Repurchase	利率招标 Interest rate bidding	7天 7-day	100	100	2.25
2017.01.11	周三 Wednesday	逆回购 Repurchase	利率招标 Interest rate bidding	28天 28-day	1 100	1 100	2.55
2017.01.12	周四 Thursday	逆回购 Repurchase	利率招标 Interest rate bidding	7天 7-day	100	100	2.25
2017.01.12	周四 Thursday	逆回购 Repurchase	利率招标 Interest rate bidding	28天 28-day	1 000	1 000	2.55
2017.01.13	周五 Friday	逆回购 Repurchase	利率招标 Interest rate bidding	7天 7-day	100	100	2.25

中央银行公开市场业务交易
Central bank open market operations

续表

日期 Date		操作工具 Mode of transaction	招标方式 Mode of bidding	期限品种（天） Maturity (Day)	招标数量（亿元） Bidding amount (RMB100 million)	交易量（亿元） Transaction volume (RMB100 million)	中标利率（%） Interest rate of successful bidding(%)
2017.01.13	周五 Friday	逆回购 Repurchase	利率招标 Interest rate bidding	28天 28-day	600	600	2.55
2017.01.16	周一 Monday	逆回购 Repurchase	利率招标 Interest rate bidding	7天 7-day	400	400	2.25
2017.01.16	周一 Monday	逆回购 Repurchase	利率招标 Interest rate bidding	28天 28-day	1 900	1 900	2.55
2017.01.17	周二 Tuesday	逆回购 Repurchase	利率招标 Interest rate bidding	7天 7-day	1 000	1 000	2.25
2017.01.17	周二 Tuesday	逆回购 Repurchase	利率招标 Interest rate bidding	28天 28-day	2 300	2 300	2.55
2017.01.18	周三 Wednesday	逆回购 Repurchase	利率招标 Interest rate bidding	7天 7-day	2 000	2 000	2.25
2017.01.18	周三 Wednesday	逆回购 Repurchase	利率招标 Interest rate bidding	28天 28-day	2 600	2 600	2.55
2017.01.19	周四 Thursday	逆回购 Repurchase	利率招标 Interest rate bidding	7天 7-day	1 000	1 000	2.25
2017.01.19	周四 Thursday	逆回购 Repurchase	利率招标 Interest rate bidding	28天 28-day	1 500	1 500	2.55
2017.01.20	周五 Friday	逆回购 Repurchase	利率招标 Interest rate bidding	14天 14-day	500	500	2.40
2017.01.20	周五 Friday	逆回购 Repurchase	利率招标 Interest rate bidding	28天 28-day	600	600	2.55
2017.01.22	周日 Sunday	逆回购 Repurchase	利率招标 Interest rate bidding	14天 14-day	300	300	2.40
2017.01.22	周日 Sunday	逆回购 Repurchase	利率招标 Interest rate bidding	28天 28-day	300	300	2.55
2017.01.23	周一 Monday	逆回购 Repurchase	利率招标 Interest rate bidding	14天 14-day	200	200	2.40
2017.01.23	周一 Monday	逆回购 Repurchase	利率招标 Interest rate bidding	28天 28-day	200	200	2.55
2017.01.24	周二 Tuesday	逆回购 Repurchase	利率招标 Interest rate bidding	14天 14-day	100	100	2.40
2017.01.24	周二 Tuesday	逆回购 Repurchase	利率招标 Interest rate bidding	28天 28-day	100	100	2.55
2017.01.25	周三 Wednesday	逆回购 Repurchase	利率招标 Interest rate bidding	14天 14-day	150	150	2.40

中央银行公开市场业务交易
Central bank open market operations

续表

日期 Date		操作工具 Mode of transaction	招标方式 Mode of bidding	期限品种（天）Maturity (Day)	招标数量（亿元）Bidding amount (RMB100 million)	交易量（亿元）Transaction volume (RMB100 million)	中标利率（%）Interest rate of successful bidding(%)
2017.01.25	周三 Wednesday	逆回购 Repurchase	利率招标 Interest rate bidding	28天 28-day	150	150	2.55
2017.01.26	周四 Thursday	逆回购 Repurchase	利率招标 Interest rate bidding	14天 14-day	500	500	2.40
2017.01.26	周四 Thursday	逆回购 Repurchase	利率招标 Interest rate bidding	28天 28-day	100	100	2.55
2017.02.03	周五 Friday	逆回购 Repurchase	利率招标 Interest rate bidding	7天 7-day	200	200	2.35
2017.02.03	周五 Friday	逆回购 Repurchase	利率招标 Interest rate bidding	14天 14-day	100	100	2.5
2017.02.03	周五 Friday	逆回购 Repurchase	利率招标 Interest rate bidding	28天 28-day	200	200	2.65
2017.02.13	周一 Monday	逆回购 Repurchase	利率招标 Interest rate bidding	7天 7-day	200	200	2.35
2017.02.13	周一 Monday	逆回购 Repurchase	利率招标 Interest rate bidding	14天 14-day	300	300	2.5
2017.02.13	周一 Monday	逆回购 Repurchase	利率招标 Interest rate bidding	28天 28-day	500	500	2.65
2017.02.14	周二 Tuesday	逆回购 Repurchase	利率招标 Interest rate bidding	7天 7-day	300	300	2.35
2017.02.14	周二 Tuesday	逆回购 Repurchase	利率招标 Interest rate bidding	14天 14-day	400	400	2.5
2017.02.14	周二 Tuesday	逆回购 Repurchase	利率招标 Interest rate bidding	28天 28-day	600	600	2.65
2017.02.15	周三 Wednesday	逆回购 Repurchase	利率招标 Interest rate bidding	7天 7-day	500	500	2.35
2017.02.15	周三 Wednesday	逆回购 Repurchase	利率招标 Interest rate bidding	14天 14-day	200	200	2.5
2017.02.15	周三 Wednesday	逆回购 Repurchase	利率招标 Interest rate bidding	28天 28-day	500	500	2.65
2017.02.16	周四 Thursday	逆回购 Repurchase	利率招标 Interest rate bidding	7天 7-day	800	800	2.35
2017.02.16	周四 Thursday	逆回购 Repurchase	利率招标 Interest rate bidding	14天 14-day	800	800	2.5
2017.02.16	周四 Thursday	逆回购 Repurchase	利率招标 Interest rate bidding	28天 28-day	900	900	2.65

中央银行公开市场业务交易

Central bank open market operations

续表

日期 Date		操作工具 Mode of transaction	招标方式 Mode of bidding	期限品种（天）Maturity (Day)	招标数量（亿元）Bidding amount (RMB100 million)	交易量（亿元）Transaction volume (RMB100 million)	中标利率（%）Interest rate of successful bidding(%)
2017.02.17	周五 Friday	逆回购 Repurchase	利率招标 Interest rate bidding	7天 7-day	500	500	2.35
2017.02.17	周五 Friday	逆回购 Repurchase	利率招标 Interest rate bidding	14天 14-day	500	500	2.5
2017.02.17	周五 Friday	逆回购 Repurchase	利率招标 Interest rate bidding	28天 28-day	500	500	2.65
2017.02.20	周一 Monday	逆回购 Repurchase	利率招标 Interest rate bidding	7天 7-day	700	700	2.35
2017.02.20	周一 Monday	逆回购 Repurchase	利率招标 Interest rate bidding	14天 14-day	600	600	2.5
2017.02.20	周一 Monday	逆回购 Repurchase	利率招标 Interest rate bidding	28天 28-day	400	400	2.65
2017.02.21	周二 Tuesday	逆回购 Repurchase	利率招标 Interest rate bidding	7天 7-day	400	400	2.35
2017.02.21	周二 Tuesday	逆回购 Repurchase	利率招标 Interest rate bidding	14天 14-day	300	300	2.5
2017.02.21	周二 Tuesday	逆回购 Repurchase	利率招标 Interest rate bidding	28天 28-day	300	300	2.65
2017.02.22	周三 Wednesday	逆回购 Repurchase	利率招标 Interest rate bidding	7天 7-day	500	500	2.35
2017.02.22	周三 Wednesday	逆回购 Repurchase	利率招标 Interest rate bidding	14天 14-day	400	400	2.5
2017.02.22	周三 Wednesday	逆回购 Repurchase	利率招标 Interest rate bidding	28天 28-day	300	300	2.65
2017.02.23	周四 Thursday	逆回购 Repurchase	利率招标 Interest rate bidding	7天 7-day	200	200	2.35
2017.02.23	周四 Thursday	逆回购 Repurchase	利率招标 Interest rate bidding	14天 14-day	200	200	2.5
2017.02.23	周四 Thursday	逆回购 Repurchase	利率招标 Interest rate bidding	28天 28-day	100	100	2.65
2017.02.24	周五 Friday	逆回购 Repurchase	利率招标 Interest rate bidding	7天 7-day	100	100	2.35
2017.02.24	周五 Friday	逆回购 Repurchase	利率招标 Interest rate bidding	14天 14-day	100	100	2.5
2017.02.24	周五 Friday	逆回购 Repurchase	利率招标 Interest rate bidding	28天 28-day	100	100	2.65

中央银行公开市场业务交易
Central bank open market operations

续表

日期 Date		操作工具 Mode of transaction	招标方式 Mode of bidding	期限品种（天） Maturity (Day)	招标数量（亿元） Bidding amount (RMB100 million)	交易量（亿元） Transaction volume (RMB100 million)	中标利率（%） Interest rate of successful bidding(%)
2017.02.27	周一 Monday	逆回购 Repurchase	利率招标 Interest rate bidding	7天 7-day	100	100	2.35
2017.02.27	周一 Monday	逆回购 Repurchase	利率招标 Interest rate bidding	14天 14-day	100	100	2.5
2017.02.27	周一 Monday	逆回购 Repurchase	利率招标 Interest rate bidding	28天 28-day	100	100	2.65
2017.02.28	周二 Tuesday	逆回购 Repurchase	利率招标 Interest rate bidding	7天 7-day	100	100	2.35
2017.02.28	周二 Tuesday	逆回购 Repurchase	利率招标 Interest rate bidding	14天 14-day	100	100	2.5
2017.02.28	周二 Tuesday	逆回购 Repurchase	利率招标 Interest rate bidding	28天 28-day	100	100	2.65
2017.03.01	周三 Wednesday	逆回购 Repurchase	利率招标 Interest rate bidding	7天 7-day	100	100	2.35
2017.03.01	周三 Wednesday	逆回购 Repurchase	利率招标 Interest rate bidding	14天 14-day	100	100	2.5
2017.03.01	周三 Wednesday	逆回购 Repurchase	利率招标 Interest rate bidding	28天 28-day	100	100	2.65
2017.03.02	周四 Thursday	逆回购 Repurchase	利率招标 Interest rate bidding	7天 7-day	100	100	2.35
2017.03.02	周四 Thursday	逆回购 Repurchase	利率招标 Interest rate bidding	14天 14-day	100	100	2.5
2017.03.02	周四 Thursday	逆回购 Repurchase	利率招标 Interest rate bidding	28天 28-day	100	100	2.65
2017.03.03	周五 Friday	逆回购 Repurchase	利率招标 Interest rate bidding	7天 7-day	100	100	2.35
2017.03.03	周五 Friday	逆回购 Repurchase	利率招标 Interest rate bidding	14天 14-day	100	100	2.5
2017.03.03	周五 Friday	逆回购 Repurchase	利率招标 Interest rate bidding	28天 28-day	100	100	2.65
2017.03.06	周一 Monday	逆回购 Repurchase	利率招标 Interest rate bidding	7天 7-day	200	200	2.35
2017.03.06	周一 Monday	逆回购 Repurchase	利率招标 Interest rate bidding	14天 14-day	100	100	2.5
2017.03.06	周一 Monday	逆回购 Repurchase	利率招标 Interest rate bidding	28天 28-day	100	100	2.65

中央银行公开市场业务交易
Central bank open market operations

续表

日期 Date		操作工具 Mode of transaction	招标方式 Mode of bidding	期限品种（天）Maturity (Day)	招标数量（亿元）Bidding amount (RMB100 million)	交易量（亿元）Transaction volume (RMB100 million)	中标利率（%）Interest rate of successful bidding(%)
2017.03.07	周二 Tuesday	逆回购 Repurchase	利率招标 Interest rate bidding	7天 7-day	100	100	2.35
2017.03.07	周二 Tuesday	逆回购 Repurchase	利率招标 Interest rate bidding	14天 14-day	100	100	2.5
2017.03.07	周二 Tuesday	逆回购 Repurchase	利率招标 Interest rate bidding	28天 28-day	100	100	2.65
2017.03.08	周三 Wednesday	逆回购 Repurchase	利率招标 Interest rate bidding	7天 7-day	100	100	2.35
2017.03.08	周三 Wednesday	逆回购 Repurchase	利率招标 Interest rate bidding	14天 14-day	100	100	2.5
2017.03.08	周三 Wednesday	逆回购 Repurchase	利率招标 Interest rate bidding	28天 28-day	100	100	2.65
2017.03.13	周一 Monday	逆回购 Repurchase	利率招标 Interest rate bidding	7天 7-day	100	100	2.35
2017.03.13	周一 Monday	逆回购 Repurchase	利率招标 Interest rate bidding	14天 14-day	100	100	2.5
2017.03.13	周一 Monday	逆回购 Repurchase	利率招标 Interest rate bidding	28天 28-day	100	100	2.65
2017.03.14	周二 Tuesday	逆回购 Repurchase	利率招标 Interest rate bidding	7天 7-day	100	100	2.35
2017.03.14	周二 Tuesday	逆回购 Repurchase	利率招标 Interest rate bidding	14天 14-day	100	100	2.5
2017.03.14	周二 Tuesday	逆回购 Repurchase	利率招标 Interest rate bidding	28天 28-day	200	200	2.65
2017.03.15	周三 Wednesday	逆回购 Repurchase	利率招标 Interest rate bidding	7天 7-day	100	100	2.35
2017.03.15	周三 Wednesday	逆回购 Repurchase	利率招标 Interest rate bidding	14天 14-day	100	100	2.5
2017.03.15	周三 Wednesday	逆回购 Repurchase	利率招标 Interest rate bidding	28天 28-day	400	400	2.65
2017.03.16	周四 Thursday	逆回购 Repurchase	利率招标 Interest rate bidding	7天 7-day	200	200	2.45
2017.03.16	周四 Thursday	逆回购 Repurchase	利率招标 Interest rate bidding	14天 14-day	200	200	2.6
2017.03.16	周四 Thursday	逆回购 Repurchase	利率招标 Interest rate bidding	28天 28-day	400	400	2.75

中央银行公开市场业务交易
Central bank open market operations

续表

日期 Date		操作工具 Mode of transaction	招标方式 Mode of bidding	期限品种（天）Maturity (Day)	招标数量（亿元）Bidding amount (RMB100 million)	交易量（亿元）Transaction volume (RMB100 million)	中标利率（%）Interest rate of successful bidding(%)
2017.03.17	周五 Friday	逆回购 Repurchase	利率招标 Interest rate bidding	7天 7-day	200	200	2.45
2017.03.17	周五 Friday	逆回购 Repurchase	利率招标 Interest rate bidding	14天 14-day	200	200	2.6
2017.03.17	周五 Friday	逆回购 Repurchase	利率招标 Interest rate bidding	28天 28-day	200	200	2.75
2017.03.20	周一 Monday	逆回购 Repurchase	利率招标 Interest rate bidding	7天 7-day	600	600	2.45
2017.03.20	周一 Monday	逆回购 Repurchase	利率招标 Interest rate bidding	14天 14-day	200	200	2.6
2017.03.20	周一 Monday	逆回购 Repurchase	利率招标 Interest rate bidding	28天 28-day	200	200	2.75
2017.03.21	周二 Tuesday	逆回购 Repurchase	利率招标 Interest rate bidding	7天 7-day	500	500	2.45
2017.03.21	周二 Tuesday	逆回购 Repurchase	利率招标 Interest rate bidding	14天 14-day	200	200	2.6
2017.03.21	周二 Tuesday	逆回购 Repurchase	利率招标 Interest rate bidding	28天 28-day	100	100	2.75
2017.03.22	周三 Wednesday	逆回购 Repurchase	利率招标 Interest rate bidding	7天 7-day	500	500	2.45
2017.03.22	周三 Wednesday	逆回购 Repurchase	利率招标 Interest rate bidding	14天 14-day	200	200	2.6
2017.03.22	周三 Wednesday	逆回购 Repurchase	利率招标 Interest rate bidding	28天 28-day	200	200	2.75
2017.03.23	周四 Thursday	逆回购 Repurchase	利率招标 Interest rate bidding	7天 7-day	100	100	2.45
2017.03.23	周四 Thursday	逆回购 Repurchase	利率招标 Interest rate bidding	14天 14-day	100	100	2.6
2017.03.23	周四 Thursday	逆回购 Repurchase	利率招标 Interest rate bidding	28天 28-day	100	100	2.75
2017.04.13	周四 Thursday	逆回购 Repurchase	利率招标 Interest rate bidding	7天 7-day	700	700	2.45
2017.04.13	周四 Thursday	逆回购 Repurchase	利率招标 Interest rate bidding	14天 14-day	200	200	2.6
2017.04.13	周四 Thursday	逆回购 Repurchase	利率招标 Interest rate bidding	28天 28-day	200	200	2.75

中央银行公开市场业务交易
Central bank open market operations

续表

日期 Date		操作工具 Mode of transaction	招标方式 Mode of bidding	期限品种（天）Maturity (Day)	招标数量（亿元）Bidding amount (RMB100 million)	交易量（亿元）Transaction volume (RMB100 million)	中标利率（%）Interest rate of successful bidding(%)
2017.04.14	周五 Friday	逆回购 Repurchase	利率招标 Interest rate bidding	7天 7-day	600	600	2.45
2017.04.14	周五 Friday	逆回购 Repurchase	利率招标 Interest rate bidding	14天 14-day	200	200	2.6
2017.04.14	周五 Friday	逆回购 Repurchase	利率招标 Interest rate bidding	28天 28-day	100	100	2.75
2017.04.18	周二 Tuesday	逆回购 Repurchase	利率招标 Interest rate bidding	7天 7-day	400	400	2.45
2017.04.18	周二 Tuesday	逆回购 Repurchase	利率招标 Interest rate bidding	14天 14-day	200	200	2.6
2017.04.18	周二 Tuesday	逆回购 Repurchase	利率招标 Interest rate bidding	28天 28-day	200	200	2.75
2017.04.19	周三 Wednesday	逆回购 Repurchase	利率招标 Interest rate bidding	7天 7-day	400	400	2.45
2017.04.19	周三 Wednesday	逆回购 Repurchase	利率招标 Interest rate bidding	14天 14-day	200	200	2.6
2017.04.19	周三 Wednesday	逆回购 Repurchase	利率招标 Interest rate bidding	28天 28-day	200	200	2.75
2017.04.20	周四 Thursday	逆回购 Repurchase	利率招标 Interest rate bidding	7天 7-day	700	700	2.45
2017.04.20	周四 Thursday	逆回购 Repurchase	利率招标 Interest rate bidding	14天 14-day	200	200	2.6
2017.04.20	周四 Thursday	逆回购 Repurchase	利率招标 Interest rate bidding	28天 28-day	100	100	2.75
2017.04.21	周五 Friday	逆回购 Repurchase	利率招标 Interest rate bidding	7天 7-day	600	600	2.45
2017.04.21	周五 Friday	逆回购 Repurchase	利率招标 Interest rate bidding	14天 14-day	200	200	2.6
2017.04.21	周五 Friday	逆回购 Repurchase	利率招标 Interest rate bidding	28天 28-day	200	200	2.75
2017.04.24	周一 Monday	逆回购 Repurchase	利率招标 Interest rate bidding	7天 7-day	100	100	2.45
2017.04.24	周一 Monday	逆回购 Repurchase	利率招标 Interest rate bidding	14天 14-day	100	100	2.6
2017.04.24	周一 Monday	逆回购 Repurchase	利率招标 Interest rate bidding	28天 28-day	100	100	2.75

中央银行公开市场业务交易
Central bank open market operations

续表

日期 Date		操作工具 Mode of transaction	招标方式 Mode of bidding	期限品种（天） Maturity (Day)	招标数量（亿元） Bidding amount (RMB100 million)	交易量（亿元） Transaction volume (RMB100 million)	中标利率（%） Interest rate of successful bidding(%)
2017.04.25	周二 Tuesday	逆回购 Repurchase	利率招标 Interest rate bidding	7天 7-day	400	400	2.45
2017.04.25	周二 Tuesday	逆回购 Repurchase	利率招标 Interest rate bidding	14天 14-day	200	200	2.6
2017.04.25	周二 Tuesday	逆回购 Repurchase	利率招标 Interest rate bidding	28天 28-day	200	200	2.75
2017.04.26	周三 Wednesday	逆回购 Repurchase	利率招标 Interest rate bidding	7天 7-day	400	400	2.45
2017.04.26	周三 Wednesday	逆回购 Repurchase	利率招标 Interest rate bidding	14天 14-day	200	200	2.6
2017.04.26	周三 Wednesday	逆回购 Repurchase	利率招标 Interest rate bidding	28天 28-day	200	200	2.75
2017.04.27	周四 Thursday	逆回购 Repurchase	利率招标 Interest rate bidding	7天 7-day	300	300	2.45
2017.04.27	周四 Thursday	逆回购 Repurchase	利率招标 Interest rate bidding	14天 14-day	100	100	2.6
2017.04.27	周四 Thursday	逆回购 Repurchase	利率招标 Interest rate bidding	28天 28-day	100	100	2.75
2017.04.28	周五 Friday	逆回购 Repurchase	利率招标 Interest rate bidding	7天 7-day	400	400	2.45
2017.04.28	周五 Friday	逆回购 Repurchase	利率招标 Interest rate bidding	14天 14-day	200	200	2.6
2017.04.28	周五 Friday	逆回购 Repurchase	利率招标 Interest rate bidding	28天 28-day	200	200	2.75
2017.05.03	周三 Wednesday	逆回购 Repurchase	利率招标 Interest rate bidding	7天 7-day	1 700	1 700	2.45
2017.05.03	周三 Wednesday	逆回购 Repurchase	利率招标 Interest rate bidding	14天 14-day	200	200	2.6
2017.05.03	周三 Wednesday	逆回购 Repurchase	利率招标 Interest rate bidding	28天 28-day	100	100	2.75
2017.05.04	周四 Thursday	逆回购 Repurchase	利率招标 Interest rate bidding	7天 7-day	300	300	2.45
2017.05.04	周四 Thursday	逆回购 Repurchase	利率招标 Interest rate bidding	14天 14-day	100	100	2.6
2017.05.04	周四 Thursday	逆回购 Repurchase	利率招标 Interest rate bidding	28天 28-day	100	100	2.75

中央银行公开市场业务交易
Central bank open market operations

续表

日期 Date		操作工具 Mode of transaction	招标方式 Mode of bidding	期限品种（天）Maturity (Day)	招标数量（亿元）Bidding amount (RMB100 million)	交易量（亿元）Transaction volume (RMB100 million)	中标利率（%）Interest rate of successful bidding(%)
2017.05.10	周三 Wednesday	逆回购 Repurchase	利率招标 Interest rate bidding	7天 7-day	900	900	2.45
2017.05.10	周三 Wednesday	逆回购 Repurchase	利率招标 Interest rate bidding	14天 14-day	100	100	2.6
2017.05.10	周三 Wednesday	逆回购 Repurchase	利率招标 Interest rate bidding	28天 28-day	100	100	2.75
2017.05.11	周四 Thursday	逆回购 Repurchase	利率招标 Interest rate bidding	7天 7-day	600	600	2.45
2017.05.11	周四 Thursday	逆回购 Repurchase	利率招标 Interest rate bidding	14天 14-day	100	100	2.6
2017.05.11	周四 Thursday	逆回购 Repurchase	利率招标 Interest rate bidding	28天 28-day	100	100	2.75
2017.05.16	周二 Tuesday	逆回购 Repurchase	利率招标 Interest rate bidding	7天 7-day	1 500	1 500	2.45
2017.05.16	周二 Tuesday	逆回购 Repurchase	利率招标 Interest rate bidding	14天 14-day	400	400	2.6
2017.05.17	周三 Wednesday	逆回购 Repurchase	利率招标 Interest rate bidding	7天 7-day	1 100	1 100	2.45
2017.05.17	周三 Wednesday	逆回购 Repurchase	利率招标 Interest rate bidding	14天 14-day	300	300	2.6
2017.05.18	周四 Thursday	逆回购 Repurchase	利率招标 Interest rate bidding	7天 7-day	500	500	2.45
2017.05.18	周四 Thursday	逆回购 Repurchase	利率招标 Interest rate bidding	14天 14-day	300	300	2.6
2017.05.22	周一 Monday	逆回购 Repurchase	利率招标 Interest rate bidding	7天 7-day	100	100	2.45
2017.05.22	周一 Monday	逆回购 Repurchase	利率招标 Interest rate bidding	14天 14-day	300	300	2.6
2017.05.23	周二 Tuesday	逆回购 Repurchase	利率招标 Interest rate bidding	7天 7-day	800	800	2.45
2017.05.23	周二 Tuesday	逆回购 Repurchase	利率招标 Interest rate bidding	14天 14-day	600	600	2.6
2017.05.24	周三 Wednesday	逆回购 Repurchase	利率招标 Interest rate bidding	7天 7-day	400	400	2.45
2017.05.24	周三 Wednesday	逆回购 Repurchase	利率招标 Interest rate bidding	14天 14-day	500	500	2.6

中央银行公开市场业务交易
Central bank open market operations

续表

日期 Date		操作工具 Mode of transaction	招标方式 Mode of bidding	期限品种（天） Maturity (Day)	招标数量（亿元） Bidding amount (RMB100 million)	交易量（亿元） Transaction volume (RMB100 million)	中标利率（%） Interest rate of successful bidding(%)
2017.05.25	周四 Thursday	逆回购 Repurchase	利率招标 Interest rate bidding	7天 7-day	600	600	2.45
2017.05.25	周四 Thursday	逆回购 Repurchase	利率招标 Interest rate bidding	14天 14-day	100	100	2.6
2017.05.26	周五 Friday	逆回购 Repurchase	利率招标 Interest rate bidding	7天 7-day	200	200	2.45
2017.05.26	周五 Friday	逆回购 Repurchase	利率招标 Interest rate bidding	14天 14-day	200	200	2.6
2017.05.31	周三 Wednesday	逆回购 Repurchase	利率招标 Interest rate bidding	7天 7-day	1 800	1 800	2.45
2017.05.31	周三 Wednesday	逆回购 Repurchase	利率招标 Interest rate bidding	14天 14-day	300	300	2.6
2017.06.01	周四 Thursday	逆回购 Repurchase	利率招标 Interest rate bidding	7天 7-day	700	700	2.45
2017.06.01	周四 Thursday	逆回购 Repurchase	利率招标 Interest rate bidding	14天 14-day	300	300	2.6
2017.06.02	周五 Friday	逆回购 Repurchase	利率招标 Interest rate bidding	7天 7-day	300	300	2.45
2017.06.02	周五 Friday	逆回购 Repurchase	利率招标 Interest rate bidding	14天 14-day	200	200	2.6
2017.06.05	周一 Monday	逆回购 Repurchase	利率招标 Interest rate bidding	7天 7-day	400	400	2.45
2017.06.05	周一 Monday	逆回购 Repurchase	利率招标 Interest rate bidding	14天 14-day	300	300	2.75
2017.06.07	周三 Wednesday	逆回购 Repurchase	利率招标 Interest rate bidding	7天 7-day	400	400	2.45
2017.06.07	周三 Wednesday	逆回购 Repurchase	利率招标 Interest rate bidding	14天 14-day	500	500	2.6
2017.06.07	周三 Wednesday	逆回购 Repurchase	利率招标 Interest rate bidding	28天 28-day	900	900	2.75
2017.06.08	周四 Thursday	逆回购 Repurchase	利率招标 Interest rate bidding	7天 7-day	300	300	2.45
2017.06.08	周四 Thursday	逆回购 Repurchase	利率招标 Interest rate bidding	14天 14-day	500	500	2.6
2017.06.08	周四 Thursday	逆回购 Repurchase	利率招标 Interest rate bidding	28天 28-day	700	700	2.75

中央银行公开市场业务交易
Central bank open market operations

续表

日期 Date		操作工具 Mode of transaction	招标方式 Mode of bidding	期限品种（天）Maturity (Day)	招标数量（亿元）Bidding amount (RMB100 million)	交易量（亿元）Transaction volume (RMB100 million)	中标利率（%）Interest rate of successful bidding(%)
2017.06.09	周五 Friday	逆回购 Repurchase	利率招标 Interest rate bidding	7天 7-day	200	200	2.45
2017.06.09	周五 Friday	逆回购 Repurchase	利率招标 Interest rate bidding	14天 14-day	200	200	2.6
2017.06.09	周五 Friday	逆回购 Repurchase	利率招标 Interest rate bidding	28天 28-day	200	200	2.75
2017.06.12	周一 Monday	逆回购 Repurchase	利率招标 Interest rate bidding	7天 7-day	100	100	2.45
2017.06.12	周一 Monday	逆回购 Repurchase	利率招标 Interest rate bidding	14天 14-day	300	300	2.75
2017.06.13	周二 Tuesday	逆回购 Repurchase	利率招标 Interest rate bidding	7天 7-day	100	100	2.45
2017.06.13	周二 Tuesday	逆回购 Repurchase	利率招标 Interest rate bidding	14天 14-day	400	400	2.75
2017.06.14	周三 Wednesday	逆回购 Repurchase	利率招标 Interest rate bidding	7天 7-day	300	300	2.45
2017.06.14	周三 Wednesday	逆回购 Repurchase	利率招标 Interest rate bidding	14天 14-day	100	100	2.6
2017.06.14	周三 Wednesday	逆回购 Repurchase	利率招标 Interest rate bidding	28天 28-day	500	500	2.75
2017.06.15	周四 Thursday	逆回购 Repurchase	利率招标 Interest rate bidding	7天 7-day	500	500	2.45
2017.06.15	周四 Thursday	逆回购 Repurchase	利率招标 Interest rate bidding	14天 14-day	400	400	2.6
2017.06.15	周四 Thursday	逆回购 Repurchase	利率招标 Interest rate bidding	28天 28-day	600	600	2.75
2017.06.16	周五 Friday	逆回购 Repurchase	利率招标 Interest rate bidding	7天 7-day	300	300	2.45
2017.06.16	周五 Friday	逆回购 Repurchase	利率招标 Interest rate bidding	14天 14-day	1 600	1 600	2.6
2017.06.16	周五 Friday	逆回购 Repurchase	利率招标 Interest rate bidding	28天 28-day	1 000	1 000	2.75
2017.06.19	周一 Monday	逆回购 Repurchase	利率招标 Interest rate bidding	7天 7-day	500	500	2.45
2017.06.19	周一 Monday	逆回购 Repurchase	利率招标 Interest rate bidding	14天 14-day	400	400	2.6

中央银行公开市场业务交易
Central bank open market operations

续表

日期 Date		操作工具 Mode of transaction	招标方式 Mode of bidding	期限品种（天）Maturity (Day)	招标数量（亿元）Bidding amount (RMB100 million)	交易量（亿元）Transaction volume (RMB100 million)	中标利率（%）Interest rate of successful bidding(%)
2017.06.19	周一 Monday	逆回购 Repurchase	利率招标 Interest rate bidding	28天 28-day	300	300	2.75
2017.06.20	周二 Tuesday	逆回购 Repurchase	利率招标 Interest rate bidding	7天 7-day	100	100	2.45
2017.06.21	周三 Wednesday	逆回购 Repurchase	利率招标 Interest rate bidding	7天 7-day	400	400	2.45
2017.06.22	周四 Thursday	逆回购 Repurchase	利率招标 Interest rate bidding	7天 7-day	200	200	2.45
2017.07.11	周二 Tuesday	逆回购 Repurchase	利率招标 Interest rate bidding	7天 7-day	300	300	2.45
2017.07.11	周二 Tuesday	逆回购 Repurchase	利率招标 Interest rate bidding	14天 14-day	100	100	2.6
2017.07.12	周三 Wednesday	逆回购 Repurchase	利率招标 Interest rate bidding	7天 7-day	400	400	2.45
2017.07.12	周三 Wednesday	逆回购 Repurchase	利率招标 Interest rate bidding	14天 14-day	300	300	2.6
2017.07.14	周五 Friday	逆回购 Repurchase	利率招标 Interest rate bidding	7天 7-day	1 000	1 000	2.45
2017.07.17	周一 Monday	逆回购 Repurchase	利率招标 Interest rate bidding	7天 7-day	1 300	1 300	2.45
2017.07.17	周一 Monday	逆回购 Repurchase	利率招标 Interest rate bidding	14天 14-day	400	400	2.6
2017.07.18	周二 Tuesday	逆回购 Repurchase	利率招标 Interest rate bidding	7天 7-day	1 300	1 300	2.45
2017.07.18	周二 Tuesday	逆回购 Repurchase	利率招标 Interest rate bidding	14天 14-day	700	700	2.6
2017.07.19	周三 Wednesday	逆回购 Repurchase	利率招标 Interest rate bidding	7天 7-day	1 000	1 000	2.45
2017.07.19	周三 Wednesday	逆回购 Repurchase	利率招标 Interest rate bidding	14天 14-day	400	400	2.6
2017.07.20	周四 Thursday	逆回购 Repurchase	利率招标 Interest rate bidding	7天 7-day	400	400	2.45
2017.07.20	周四 Thursday	逆回购 Repurchase	利率招标 Interest rate bidding	14天 14-day	200	200	2.6
2017.07.21	周五 Friday	逆回购 Repurchase	利率招标 Interest rate bidding	7天 7-day	1 000	1 000	2.45

中央银行公开市场业务交易
Central bank open market operations

续表

日期 Date		操作工具 Mode of transaction	招标方式 Mode of bidding	期限品种（天）Maturity (Day)	招标数量（亿元）Bidding amount (RMB100 million)	交易量（亿元）Transaction volume (RMB100 million)	中标利率（%）Interest rate of successful bidding(%)
2017.07.21	周五 Friday	逆回购 Repurchase	利率招标 Interest rate bidding	14天 14-day	400	400	2.6
2017.07.24	周一 Monday	逆回购 Repurchase	利率招标 Interest rate bidding	7天 7-day	2 000	2 000	2.45
2017.07.24	周一 Monday	逆回购 Repurchase	利率招标 Interest rate bidding	14天 14-day	1 500	1 500	2.6
2017.07.25	周二 Tuesday	逆回购 Repurchase	利率招标 Interest rate bidding	7天 7-day	1 000	1 000	2.45
2017.07.25	周二 Tuesday	逆回购 Repurchase	利率招标 Interest rate bidding	14天 14-day	400	400	2.6
2017.07.26	周三 Wednesday	逆回购 Repurchase	利率招标 Interest rate bidding	7天 7-day	800	800	2.45
2017.07.26	周三 Wednesday	逆回购 Repurchase	利率招标 Interest rate bidding	14天 14-day	500	500	2.6
2017.07.27	周四 Thursday	逆回购 Repurchase	利率招标 Interest rate bidding	7天 7-day	600	600	2.45
2017.07.28	周五 Friday	逆回购 Repurchase	利率招标 Interest rate bidding	7天 7-day	1 000	1 000	2.45
2017.07.28	周五 Friday	逆回购 Repurchase	利率招标 Interest rate bidding	14天 14-day	400	400	2.6
2017.07.31	周一 Monday	逆回购 Repurchase	利率招标 Interest rate bidding	7天 7-day	1 600	1 600	2.45
2017.07.31	周一 Monday	逆回购 Repurchase	利率招标 Interest rate bidding	14天 14-day	800	800	2.6
2017.08.01	周二 Tuesday	逆回购 Repurchase	利率招标 Interest rate bidding	7天 7-day	1 000	1 000	2.45
2017.08.01	周二 Tuesday	逆回购 Repurchase	利率招标 Interest rate bidding	14天 14-day	700	700	2.6
2017.08.02	周三 Wednesday	逆回购 Repurchase	利率招标 Interest rate bidding	7天 7-day	900	900	2.45
2017.08.02	周三 Wednesday	逆回购 Repurchase	利率招标 Interest rate bidding	14天 14-day	300	300	2.6
2017.08.03	周四 Thursday	逆回购 Repurchase	利率招标 Interest rate bidding	7天 7-day	600	600	2.45
2017.08.04	周五 Friday	逆回购 Repurchase	利率招标 Interest rate bidding	7天 7-day	900	900	2.45

中央银行公开市场业务交易
Central bank open market operations

续表

日期 Date		操作工具 Mode of transaction	招标方式 Mode of bidding	期限品种（天）Maturity (Day)	招标数量（亿元）Bidding amount (RMB100 million)	交易量（亿元）Transaction volume (RMB100 million)	中标利率（%）Interest rate of successful bidding(%)
2017.08.04	周五 Friday	逆回购 Repurchase	利率招标 Interest rate bidding	14天 14-day	300	300	2.6
2017.08.07	周一 Monday	逆回购 Repurchase	利率招标 Interest rate bidding	7天 7-day	1 300	1 300	2.45
2017.08.07	周一 Monday	逆回购 Repurchase	利率招标 Interest rate bidding	14天 14-day	1 200	1 200	2.6
2017.08.08	周二 Tuesday	逆回购 Repurchase	利率招标 Interest rate bidding	7天 7-day	700	700	2.45
2017.08.08	周二 Tuesday	逆回购 Repurchase	利率招标 Interest rate bidding	14天 14-day	700	700	2.6
2017.08.09	周三 Wednesday	逆回购 Repurchase	利率招标 Interest rate bidding	7天 7-day	700	700	2.45
2017.08.09	周三 Wednesday	逆回购 Repurchase	利率招标 Interest rate bidding	14天 14-day	700	700	2.6
2017.08.10	周四 Thursday	逆回购 Repurchase	利率招标 Interest rate bidding	7天 7-day	500	500	2.45
2017.08.10	周四 Thursday	逆回购 Repurchase	利率招标 Interest rate bidding	14天 14-day	400	400	2.6
2017.08.11	周五 Friday	逆回购 Repurchase	利率招标 Interest rate bidding	7天 7-day	700	700	2.45
2017.08.11	周五 Friday	逆回购 Repurchase	利率招标 Interest rate bidding	14天 14-day	600	600	2.6
2017.08.14	周一 Monday	逆回购 Repurchase	利率招标 Interest rate bidding	7天 7-day	1 100	1 100	2.45
2017.08.14	周一 Monday	逆回购 Repurchase	利率招标 Interest rate bidding	14天 14-day	1 000	1 000	2.6
2017.08.16	周三 Wednesday	逆回购 Repurchase	利率招标 Interest rate bidding	7天 7-day	1 500	1 500	2.45
2017.08.16	周三 Wednesday	逆回购 Repurchase	利率招标 Interest rate bidding	14天 14-day	1 300	1 300	2.6
2017.08.17	周四 Thursday	逆回购 Repurchase	利率招标 Interest rate bidding	7天 7-day	600	600	2.45
2017.08.17	周四 Thursday	逆回购 Repurchase	利率招标 Interest rate bidding	14天 14-day	400	400	2.6
2017.08.18	周五 Friday	逆回购 Repurchase	利率招标 Interest rate bidding	7天 7-day	700	700	2.45

中央银行公开市场业务交易
Central bank open market operations

续表

日期 Date		操作工具 Mode of transaction	招标方式 Mode of bidding	期限品种（天） Maturity (Day)	招标数量（亿元） Bidding amount (RMB100 million)	交易量（亿元） Transaction volume (RMB100 million)	中标利率（%） Interest rate of successful bidding(%)
2017.08.18	周五 Friday	逆回购 Repurchase	利率招标 Interest rate bidding	14天 14-day	500	500	2.6
2017.08.21	周一 Monday	逆回购 Repurchase	利率招标 Interest rate bidding	7天 7-day	1 000	1 000	2.45
2017.08.21	周一 Monday	逆回购 Repurchase	利率招标 Interest rate bidding	14天 14-day	800	800	2.6
2017.08.22	周二 Tuesday	逆回购 Repurchase	利率招标 Interest rate bidding	7天 7-day	400	400	2.45
2017.08.22	周二 Tuesday	逆回购 Repurchase	利率招标 Interest rate bidding	14天 14-day	200	200	2.6
2017.08.23	周三 Wednesday	逆回购 Repurchase	利率招标 Interest rate bidding	7天 7-day	1 000	1 000	2.45
2017.08.23	周三 Wednesday	逆回购 Repurchase	利率招标 Interest rate bidding	14天 14-day	800	800	2.6
2017.08.28	周一 Monday	逆回购 Repurchase	利率招标 Interest rate bidding	7天 7-day	600	600	2.45
2017.08.28	周一 Monday	逆回购 Repurchase	利率招标 Interest rate bidding	14天 14-day	400	400	2.6
2017.08.29	周二 Tuesday	逆回购 Repurchase	利率招标 Interest rate bidding	7天 7-day	500	500	2.45
2017.08.30	周三 Wednesday	逆回购 Repurchase	利率招标 Interest rate bidding	7天 7-day	800	800	2.45
2017.08.30	周三 Wednesday	逆回购 Repurchase	利率招标 Interest rate bidding	14天 14-day	500	500	2.6
2017.09.06	周三 Wednesday	逆回购 Repurchase	利率招标 Interest rate bidding	7天 7-day	200	200	2.45
2017.09.06	周三 Wednesday	逆回购 Repurchase	利率招标 Interest rate bidding	28天 28-day	200	200	2.75
2017.09.13	周三 Wednesday	逆回购 Repurchase	利率招标 Interest rate bidding	7天 7-day	300	300	2.45
2017.09.13	周三 Wednesday	逆回购 Repurchase	利率招标 Interest rate bidding	14天 14-day	200	200	2.6
2017.09.13	周三 Wednesday	逆回购 Repurchase	利率招标 Interest rate bidding	28天 28-day	200	200	2.75
2017.09.14	周四 Thursday	逆回购 Repurchase	利率招标 Interest rate bidding	7天 7-day	600	600	2.45

中央银行公开市场业务交易
Central bank open market operations

续表

日期 Date		操作工具 Mode of transaction	招标方式 Mode of bidding	期限品种（天） Maturity (Day)	招标数量（亿元） Bidding amount (RMB100 million)	交易量（亿元） Transaction volume (RMB100 million)	中标利率（%） Interest rate of successful bidding(%)
2017.09.14	周四 Thursday	逆回购 Repurchase	利率招标 Interest rate bidding	14天 14-day	300	300	2.6
2017.09.14	周四 Thursday	逆回购 Repurchase	利率招标 Interest rate bidding	28天 28-day	100	100	2.75
2017.09.15	周五 Friday	逆回购 Repurchase	利率招标 Interest rate bidding	7天 7-day	1 200	1 200	2.45
2017.09.15	周五 Friday	逆回购 Repurchase	利率招标 Interest rate bidding	14天 14-day	600	600	2.6
2017.09.15	周五 Friday	逆回购 Repurchase	利率招标 Interest rate bidding	28天 28-day	200	200	2.75
2017.09.18	周一 Monday	逆回购 Repurchase	利率招标 Interest rate bidding	7天 7-day	2 800	2 800	2.45
2017.09.18	周一 Monday	逆回购 Repurchase	利率招标 Interest rate bidding	28天 28-day	200	200	2.75
2017.09.19	周二 Tuesday	逆回购 Repurchase	利率招标 Interest rate bidding	7天 7-day	1 300	1 300	2.45
2017.09.19	周二 Tuesday	逆回购 Repurchase	利率招标 Interest rate bidding	28天 28-day	200	200	2.75
2017.09.20	周三 Wednesday	逆回购 Repurchase	利率招标 Interest rate bidding	7天 7-day	200	200	2.45
2017.09.20	周三 Wednesday	逆回购 Repurchase	利率招标 Interest rate bidding	28天 28-day	100	100	2.75
2017.09.21	周四 Thursday	逆回购 Repurchase	利率招标 Interest rate bidding	7天 7-day	400	400	2.45
2017.09.21	周四 Thursday	逆回购 Repurchase	利率招标 Interest rate bidding	28天 28-day	200	200	2.75
2017.09.22	周五 Friday	逆回购 Repurchase	利率招标 Interest rate bidding	7天 7-day	1 000	1 000	2.45
2017.09.22	周五 Friday	逆回购 Repurchase	利率招标 Interest rate bidding	28天 28-day	200	200	2.75
2017.09.25	周一 Monday	逆回购 Repurchase	利率招标 Interest rate bidding	14天 14-day	1 600	1 600	2.6
2017.09.25	周一 Monday	逆回购 Repurchase	利率招标 Interest rate bidding	28天 28-day	400	400	2.75
2017.09.26	周二 Tuesday	逆回购 Repurchase	利率招标 Interest rate bidding	14天 14-day	400	400	2.6

中央银行公开市场业务交易
Central bank open market operations

续表

日期 Date		操作工具 Mode of transaction	招标方式 Mode of bidding	期限品种（天） Maturity (Day)	招标数量（亿元） Bidding amount (RMB100 million)	交易量（亿元） Transaction volume (RMB100 million)	中标利率（%） Interest rate of successful bidding(%)
2017.09.26	周二 Tuesday	逆回购 Repurchase	利率招标 Interest rate bidding	28天 28-day	100	100	2.75
2017.09.28	周四 Thursday	逆回购 Repurchase	利率招标 Interest rate bidding	14天 14-day	500	500	2.6
2017.09.28	周四 Thursday	逆回购 Repurchase	利率招标 Interest rate bidding	28天 28-day	200	200	2.75

一、经济增长率
1. Economic Growth Rate

世界经济增长率
World economic growth rate

单位：% Unit: %

		2014	2015	2016	2017年7月预计 Projection in July,2017		2017年10月预计 Projection in October , 2017	
					2017	2018	2017	2018
国际货币基金组织 IMF	按购买力平价方法计算的实际GDP增长率 Real GDP growth rate based on PPP	3.4	3.4	3.2	3.5	3.6	3.6	3.7
	按市场汇率法计算的实际GDP增长率 Real GDP growth rate based on market exchange rate	2.7	2.6	2.5	2.9	3.0	3.0	3.1
世界银行 World Bank	按2005年不变价及市场汇率法计算的实际GDP增长率 Real GDP growth rate based on 2005 constant price and market exchange rate	2.8	2.7	2.4	2.7	2.9	2.7	2.9

数据来源：国际货币基金组织《世界经济展望》（2017年10月），世界银行《全球经济展望》（2017年6月）。
Sources: *World Economic Outlook*, IMF, October, 2017; *Global Economic Prospects Forecast*, The World Bank, June, 2017.

世界经济增长率
World economic growth rate

单位：% Unit: %

年 Year	国际货币基金组织按购买力平价方法计算的实际GDP增长率 Real GDP growth rate based on PPP (IMF)	国际货币基金组织按市场汇率法计算的实际GDP增长率 Real GDP growth rate based on market exchange rate (IMF)
1985	3.6	3.6
1986	3.5	3.3
1987	3.7	3.5
1988	4.5	4.5
1989	3.7	3.7
1990	2.9	2.8
1991	1.5	1.0
1992	2.0	1.2
1993	2.0	1.2
1994	3.4	3.0
1995	3.3	2.9
1996	3.7	3.2
1997	4.0	3.5
1998	2.5	2.1
1999	3.5	3.1
2000	4.7	4.1
2001	2.2	1.5
2002	2.8	1.9
2003	3.6	2.6
2004	4.9	4.0
2005	4.4	3.4
2006	5.1	3.9
2007	5.2	3.7
2008	3.0	1.8
2009	-0.7	-2.3
2010	5.1	4.1
2011	3.9	2.9
2012	3.4	2.4
2013	3.4	2.5
2014	3.4	2.7
2015	3.4	2.6
2016	3.2	2.5
2017*	3.6	3.0
2018*	3.7	3.1

注：*为预测数。

Note: * Projection.

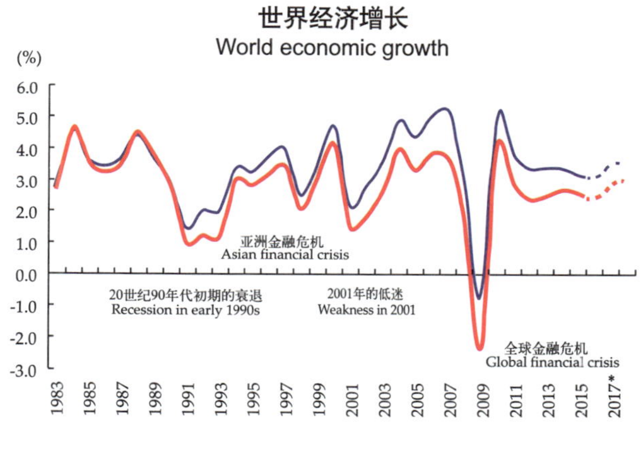

国际货币基金组织按购买力平价方法计算的实际GDP增长率
Real GDP growth rate based on PPP (IMF)
国际货币基金组织按市场汇率法计算的实际GDP增长率
Real GDP growth rate based on market exchange rate (IMF)

注：*为预测数。
Note: * Projection.

GDP年度增长率
Annual growth rate of GDP

单位：% Unit: %

年 Year	美国 U.S.	日本 Japan	欧元区 Euro Area	英国 U.K.
2002	1.6	0.3	0.9	2.1
2003	2.5	1.4	0.8	2.8
2004	3.6	2.7	2.1	3.3
2005	2.9	1.9	1.6	1.8
2006	2.8	2.4	2.8	2.8
2007	2.1	2.3	2.7	2.6
2008	0.0	-1.2	0.5	-0.1
2009	-3.5	-6.3	-4.3	-4.9
2010	2.4	4.5	2.0	1.8
2011	1.8	-0.6	1.5	1.1
2012	2.3	1.5	-0.7	0.3
2013	2.2	1.6	-0.4	1.7
2014	2.4	0.0	0.9	2.9
2015	2.6	1.1	2.0	2.2
2016*	1.5	1.0	1.8	1.8
2017*	2.2	1.5	2.1	1.7
2018*	2.3	0.7	1.9	1.5

注：*为预测数。日本当局于2016年12月对历史国民账户数据进行了修订，将国民经济账户体系由1993年版调整至2008年版，基准年度由2005年调整至2011年。本表中日本2015年以后的数据体现了这一变化。

Note: * Projection.Japan's historical national accounts figures reflect a comprehensive revision by the national authorities, released in December 2016.The main revisions are the switch from the System of National Accounts 1993 to the System of National Accounts 2008 and the updating of the benchmark year from 2005 to 2011.The data of Japan in this table reflect this revision since 2015.

GDP年度增长率
Annual growth rate of GDP

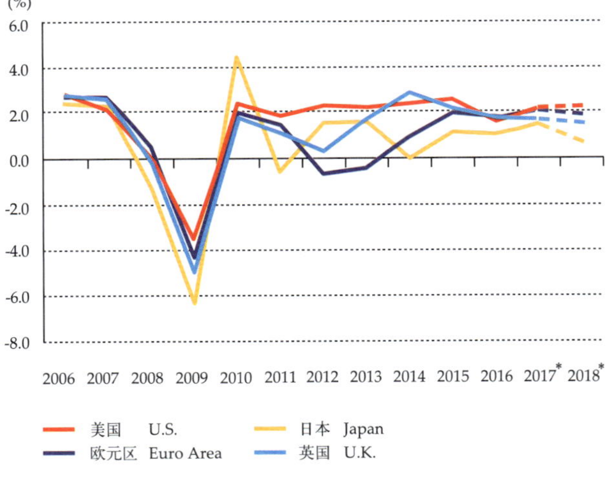

注：*为预测数。

Note: * Projection.

数据来源：国际货币基金组织《世界经济展望》(2017年10月)。

Source: *World Economic Outlook*, IMF, October, 2017.

GDP季度同比增长率
Year-on-year growth rate of GDP

单位：% Unit: %

年/季 Year/Quarter	美国 U.S.	日本 Japan	欧元区 Euro Area	英国 U.K.
2013Q4	4.0	2.7	0.5	2.6
2014Q1	-0.9	3.0	0.9	2.8
2014Q2	4.6	-0.1	0.8	3.1
2014Q3	5.2	-1.0	0.8	3.0
2014Q4	2.0	-0.4	0.9	3.3
2015Q1	3.2	0.2	1.2	2.7
2015Q2	2.7	2.1	1.6	2.5
2015Q3	1.6	2.1	1.6	2.1
2015Q4	0.5	1.1	1.7	2.1
2016Q1	0.6	0.6	1.7	1.9
2016Q2	2.2	0.7	1.7	1.8
2016Q3	2.8	0.9	1.8	2.0
2016Q4	1.8	1.5	1.9	2.0
2017Q1	1.2	1.5	2.1	2.1
2017Q2	3.1	1.6	2.4	1.9
2017Q3	3.2	2.1	2.6	1.7

GDP季度同比增长率
Year-on-year growth rate of GDP

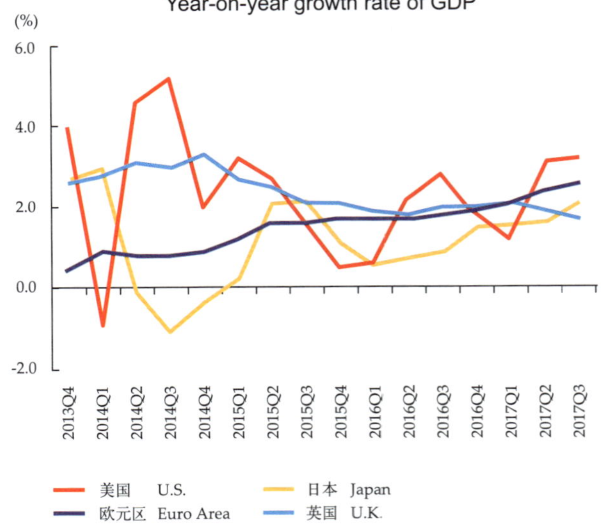

注：美国GDP增长率为环比折年率季节调整后的数据，折年率方法为 $[(GDP_1/GDP_0)^4-1]\times 100$。

Note: The U.S. GDP growth rate is an annualized rate after a seasonal adjustment. It can be written as $[(GDP_1/GDP_0)^4-1]\times 100$.

数据来源：各经济体官方统计网站。

Source: Official statistical websites of the economies.

二、消费价格指数
2. CPI

消费价格当月同比指数
Monthly CPI (YOY)

单位：% Unit: %

年/月 Year/Month	美国 U.S.	日本 Japan	欧元区 Euro Area	英国 U.K.
2016.07	0.9	-0.4	0.2	0.9
2016.08	1.1	-0.5	0.2	1.0
2016.09	1.5	-0.5	0.4	1.3
2016.10	1.6	0.1	0.5	1.3
2016.11	1.7	0.5	0.6	1.5
2016.12	2.1	0.3	1.1	1.8
2017.01	2.5	0.4	1.8	1.9
2017.02	2.7	0.3	2.0	2.3
2017.03	2.4	0.2	1.5	2.3
2017.04	2.2	0.4	1.9	2.7
2017.05	1.9	0.4	1.4	2.9
2017.06	1.6	0.4	1.3	2.6
2017.07	1.7	0.4	1.3	2.6
2017.08	1.9	0.7	1.5	2.9
2017.09	2.2	0.7	1.5	3.0

数据来源：各经济体官方统计网站。
Source: Official statistical websites of the economies.

三、失业率
3. Unemployment Rate

失业率（季节调整后）
Unemployment rate
(after seasonal adjustment)

单位：% Unit: %

年/月 Year/Month	美国 U.S.	日本 Japan	欧元区 Euro Area	英国 U.K.
2016.07	4.9	3.0	10.0	4.9
2016.08	4.9	3.2	9.9	5.0
2016.09	4.9	3.0	9.9	4.8
2016.10	4.8	2.9	9.8	4.8
2016.11	4.6	3.0	9.7	4.8
2016.12	4.7	2.9	9.6	4.8
2017.01	4.8	3.0	9.6	4.7
2017.02	4.7	2.8	9.5	4.7
2017.03	4.5	2.8	9.4	4.6
2017.04	4.4	2.9	9.2	4.6
2017.05	4.3	3.1	9.2	4.5
2017.06	4.4	2.8	9.0	4.4
2017.07	4.3	2.8	9.0	4.3
2017.08	4.4	2.8	9.0	4.3
2017.09	4.2	2.8	8.9	4.3

数据来源：各经济体官方统计网站。
Source: Official statistical websites of the economies.

消费价格当月同比指数
Monthly CPI (YOY)

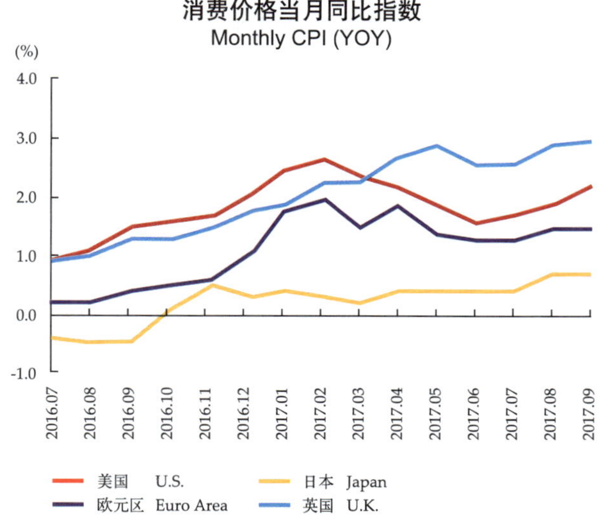

数据来源：各经济体官方统计网站。
Source: Official statistical websites of the economies.

失业率（季节调整后）
Unemployment rate
(after seasonal adjustment)

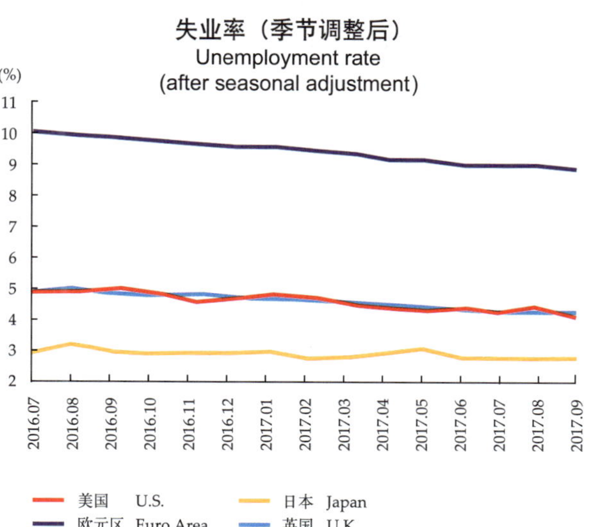

数据来源：各经济体官方统计网站。
Source: Official statistical websites of the economies.

四、国际收支①
4. BOP[1]

经常项目差额
Current account balance

单位：10亿美元
Unit: USD1 billion

年/季 Year/Quarter	美国 U.S.	日本 Japan	欧元区 Euro Area	英国 U.K.
2012Q3	-129.48	20.04	56.91	-26.70
2012Q4	-102.98	0.13	81.68	-21.76
2013Q1	-81.02	17.15	38.03	-24.32
2013Q2	-113.09	17.51	79.02	-10.84
2013Q3	-111.72	16.33	68.84	-45.91
2013Q4	-80.71	-14.26	119.52	-37.92
2014Q1	-73.16	-8.44	43.51	-33.15
2014Q2	-99.33	8.67	56.31	-27.78
2014Q3	-115.33	18.79	102.64	-49.61
2014Q4	-107.07	13.14	125.36	-36.34
2015Q1	-92.14	36.73	62.18	-29.96
2015Q2	-119.19	30.66	75.03	-23.29
2015Q3	-129.21	40.16	110.78	-34.38
2015Q4	-104.81	25.89	130.13	-43.95
2016Q1	-98.89	51.35	73.16	-47.53
2016Q2	-114.89	42.06	101.43	-40.34
2016Q3	-126.03	56.39	101.87	-46.13
2016Q4	-111.88	37.46	121.54	-23.59
2017Q1	-90.29	52.54	68.10	-31.41
2017Q2	-133.95	41.07	69.18	-25.64

资本项目差额
Capital account balance

单位：10亿美元
Unit: USD1 billion

年/季 Year/Quarter	美国 U.S.	日本 Japan	欧元区 Euro Area	英国 U.K.
2012Q3	-0.47	-1.51	4.17	1.71
2012Q4	7.67	-0.54	10.51	1.65
2013Q1	-0.04	-2.49	2.62	1.58
2013Q2	-0.23	-3.52	7.09	2.47
2013Q3	-0.15	-1.12	5.79	0.04
2013Q4	0.00	-0.54	12.40	-0.93
2014Q1	-0.04	-0.59	7.79	-0.30
2014Q2	0.00	-0.38	5.36	-0.36
2014Q3	0.00	-0.65	5.01	-0.45
2014Q4	0.00	-0.28	6.95	-0.51
2015Q1	-0.02	-1.11	1.10	0.11
2015Q2	-0.02	-0.22	-30.17	-0.43
2015Q3	0.00	-0.53	5.53	-0.41
2015Q4	0.00	-0.39	10.33	-1.14
2016Q1	-0.06	-4.86	-1.52	0.48
2016Q2	0.00	0.03	-0.22	-0.40
2016Q3	0.00	-0.84	1.02	-0.89
2016Q4	0.00	-0.91	-0.17	-1.12
2017Q1	0.00	-0.59	-10.99	-0.30
2017Q2	0.00	-1.28	-11.25	-0.88

经常项目差额
Current account balance

10亿美元
USD1 billion

美国 U.S.　日本 Japan
欧元区 Euro Area　英国 U.K.

数据来源：国际货币基金组织《国际金融统计》(2017年12月)。
Source: *International Finance Statistics*, IMF, December, 2017.

资本项目差额
Capital account balance

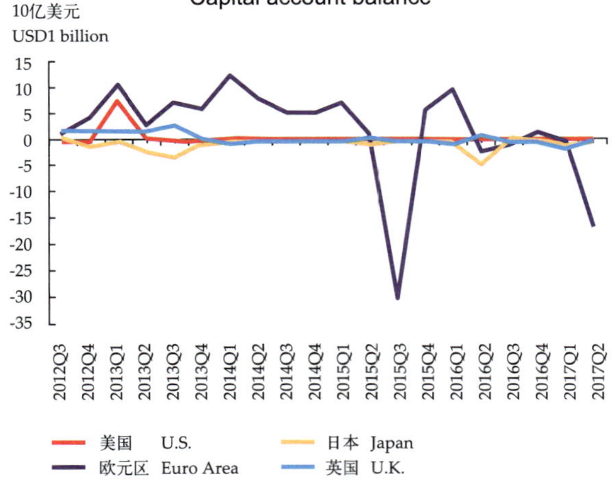

数据来源：国际货币基金组织《国际金融统计》(2017年12月)。
Source: *International Finance Statistics*, IMF, December, 2017.

①国际货币基金组织《国际金融统计》自2012年8月起，将国际收支统计规则由BPM5调整至BPM6。数据从2005年起调整。根据BMP6，金融账户由"贷方和借方"改为"金融资产净获得和负债净产生"，金融账户的总差额为净贷款/净借款。净贷款表示，考虑了金融资产的取得和处置以及负债的发生和偿还后，一个经济体向世界其他地方提供资金。

1. The IMF's *International Financial Statistics* (IFS) is publishing balance of payments data on BPM6 presentational basis instead of BPM5 since August, 2012.The data series starts in 2005. In BPM6, the headings of the financial account have been changed from "credits and debits" to "net acquisition of financial assets" and "net incurrence of liabilities". The overall balance on the financial account is called net lending/net borrowing. Net lending means the economy supplies funds to the rest of the world, taking into account acquisition and disposal of financial assets and incurrence and repayment of liabilities.

金融项目差额
Financial account balance

单位：10亿美元
Unit: USD1 billion

年/季 Year/Quarter	美国 U.S.	日本 Japan	欧元区 Euro Area	英国 U.K.
2012Q3	7.29	28.32	62.35	-26.40
2012Q4	-161.23	-4.44	136.43	-36.98
2013Q1	-60.18	-4.35	38.10	-16.21
2013Q2	-78.35	-26.88	94.10	-0.76
2013Q3	-122.19	9.08	72.84	-47.85
2013Q4	-211.98	-30.51	140.11	-43.68
2014Q1	-108.47	-19.98	98.12	-33.14
2014Q2	-45.61	22.08	108.28	-43.75
2014Q3	-15.90	29.61	135.71	-57.32
2014Q4	-43.81	15.80	116.82	-55.55
2015Q1	-20.20	53.02	-68.52	-63.60
2015Q2	-96.39	34.47	92.49	-15.66
2015Q3	-27.03	43.76	102.77	-22.40
2015Q4	-46.03	34.83	154.23	-32.65
2016Q1	-73.52	77.87	18.68	-40.17
2016Q2	-35.43	65.33	81.32	-55.57
2016Q3	-164.24	103.69	118.74	-59.10
2016Q4	-106.59	23.83	93.79	-17.72
2017Q1	-78.11	35.88	67.16	-25.37
2017Q2	-107.67	35.10	54.27	-17.16

金融项目差额
Financial account balance

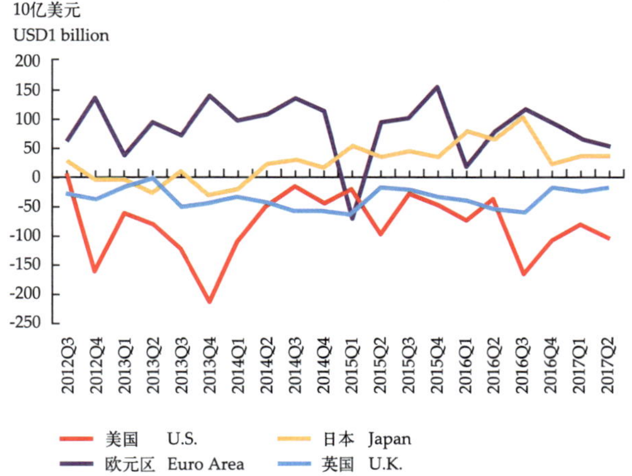

数据来源：国际货币基金组织《国际金融统计》(2017年12月)。
Source: *International Finance Statistics*, IMF, December, 2017.

五、利率
5. Interest Rates

1. 中央银行目标利率
(1) Central bank base rates

中央银行目标利率
Central bank base rates

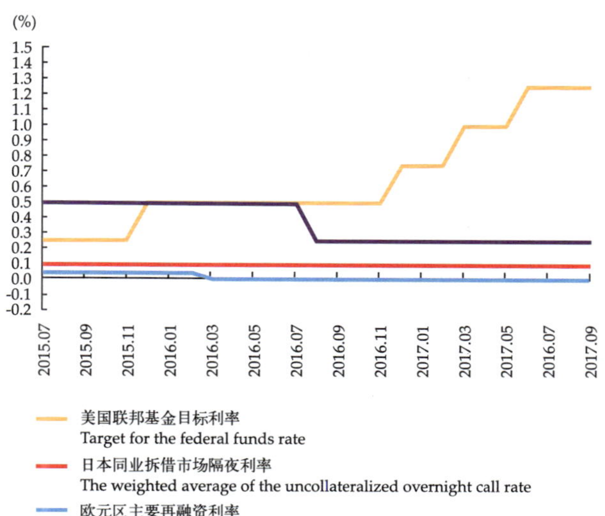

注：2016年1月29日，日本央行宣布实施负利率政策，商业银行存放在日本央行的超额准备金存款利率降至-0.1%，目前仍维持在-0.1%的水平。
数据来源：各经济体中央银行网站。
Note:On January 29, 2016, Bank of Japan decided to introduce negative interest rate of minus 0.1 percent to current accounts that financial institutions hold at the Bank. Up to now it has remained unchanged.
Source: Central bank websites of the economies.

2. 短期利率

(2) Short-term interest rates

3个月期银行间市场拆借利率（年率，月平均）
3-month inter-bank rate (annualized, monthly average)

单位：% Unit: %

年/月 Year/Month	美元 USD	日元 JPY	欧元 EUR	英镑 GBP
2016.07	0.70	-0.03	-0.29	0.54
2016.08	0.81	-0.02	-0.30	0.47
2016.09	0.85	-0.03	-0.30	0.36
2016.10	0.88	-0.02	-0.31	0.37
2016.11	0.91	-0.06	-0.31	0.38
2016.12	0.98	-0.04	-0.32	0.38
2017.01	1.03	-0.02	-0.33	0.35
2017.02	1.04	-0.01	-0.33	0.34
2017.03	1.13	0.00	-0.33	0.33
2017.04	1.16	0.02	-0.33	0.33
2017.05	1.19	-0.01	-0.33	0.33
2017.06	1.26	-0.01	-0.33	0.32
2017.07	1.31	-0.01	-0.33	0.32
2017.08	1.31	-0.03	-0.33	0.31
2017.09	1.32	-0.03	-0.33	0.32

3个月期银行间市场拆借利率（年率，月平均）
3-month inter-bank rate
(annualized, monthly average)

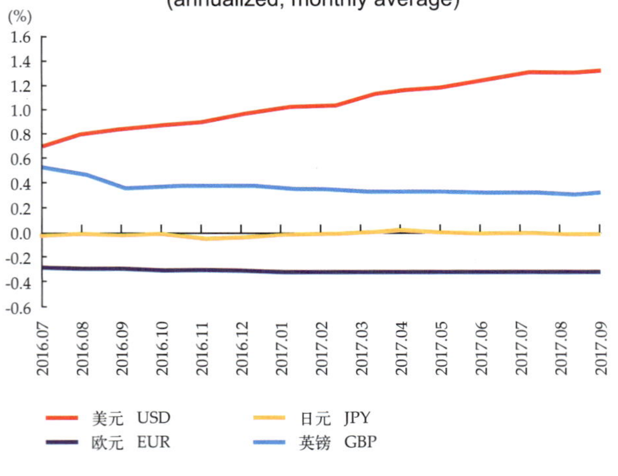

数据来源：《欧洲中央银行经济公报》及CEIC。
Source: *Economic Bulletin of ECB*, CEIC.

3. 长期利率

(3) Long-term interest rates

10年期国债收益率（年率，月平均）
10-year government bond yield
(annualized, monthly average)

单位：% Unit: %

年/月 Year/Month	美元 USD	日元 JPY	欧元 EUR	英镑 GBP
2016.07	1.50	-0.26	0.62	0.96
2016.08	1.56	-0.08	0.61	0.74
2016.09	1.63	-0.05	0.74	0.82
2016.10	1.76	-0.06	0.78	1.08
2016.11	2.14	-0.01	1.23	1.38
2016.12	2.49	0.05	1.29	1.43
2017.01	2.43	0.06	1.31	1.42
2017.02	2.42	0.09	1.45	1.31
2017.03	2.48	0.07	1.46	1.19
2017.04	2.30	0.03	1.26	1.08
2017.05	2.30	0.04	1.18	1.12
2017.06	2.19	0.05	1.07	1.08
2017.07	2.32	0.08	1.21	1.27
2017.08	2.21	0.05	1.04	1.12
2017.09	2.20	0.02	1.12	1.24

10年期国债收益率（年率，月平均）
10-year government bond yield
(annualized, monthly average)

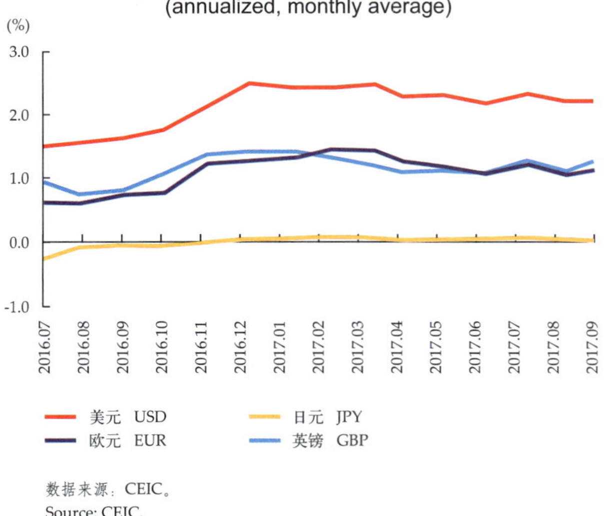

数据来源：CEIC。
Source: CEIC.

六、汇率
6. Exchange Rates

汇率（月平均）
Exchange rates (monthly average)

年/月 Year/Month	美元/欧元 USD/EUR	美元/英镑 USD/GBP	日元/美元 JPY/USD
2016.07	1.1069	1.3151	103.97
2016.08	1.1212	1.3116	101.27
2016.09	1.1212	1.3141	101.94
2016.10	1.1026	1.2344	103.82
2016.11	1.0799	1.2433	107.62
2016.12	1.0543	1.2501	115.90
2017.01	1.0614	1.2345	114.75
2017.02	1.0643	1.2485	113.07
2017.03	1.0685	1.2334	113.02
2017.04	1.0723	1.2637	110.06
2017.05	1.1058	1.2930	112.26
2017.06	1.1229	1.2802	110.91
2017.07	1.1521	1.2987	112.39
2017.08	1.1806	1.2953	109.92
2017.09	1.1919	1.3333	110.72

实际有效汇率（月平均，2010年=100）
Real effective exchange rates
(monthly average, year 2010=100)

年/月 Year/Month	美元 USD	欧元 EUR	日元 JPY	英镑 GBP
2016.07	116.2	91.4	82.5	106.4
2016.08	115.1	91.9	84.0	105.1
2016.09	116.1	92.0	83.5	105.4
2016.10	117.6	91.9	83.2	100.3
2016.11	120.4	91.3	81.4	103.1
2016.12	123.1	90.6	76.1	106.0
2017.01	122.9	91.1	76.5	103.9
2017.02	121.4	90.2	76.7	105.1
2017.03	120.9	91.1	76.7	98.9
2017.04	119.7	90.7	78.4	101.1
2017.05	118.8	92.5	76.3	101.9
2017.06	117.0	93.5	76.6	99.6
2017.07	115.1	95.0	75.0	99.3
2017.08	113.0	96.5	75.9	97.3
2017.09	115.0	96.4	74.5	99.4

汇率（月平均）
Exchange rates (monthly average)

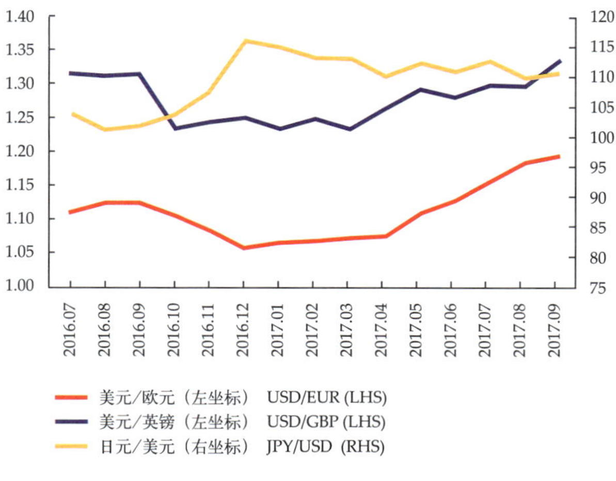

数据来源：国际货币基金组织《国际金融统计》(2017年12月)。
Source: *International Finance Statistics*, IMF, December, 2017.

实际有效汇率（月平均，2010年=100）
Real effective exchange rates
(monthly average, year 2010=100)

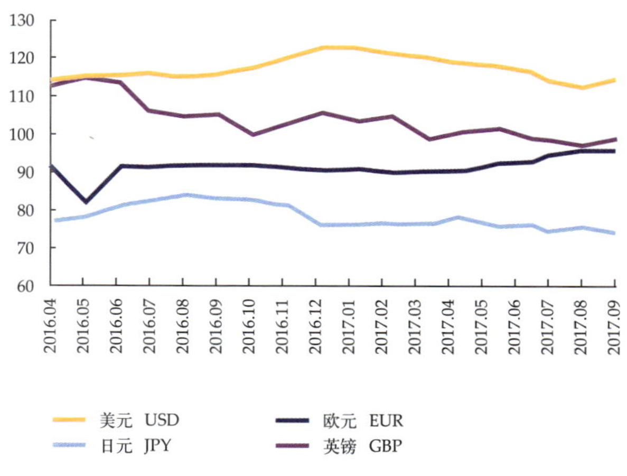

数据来源：国际货币基金组织《国际金融统计》(2017年12月)。
Source: *International Finance Statistics*, IMF, December, 2017.

七、股票市场指数
7. Stock Market Indices

主要股票市场指数（期末）
Major stock market indices (end-period)

年/月 Year/Month	美国道琼斯30种股票平均价格指数 Dow Jones 30	纳斯达克综合指数 NASDAQ	日本日经225种股票平均价格指数 Nikkei 225	道琼斯欧元区STOXX50股票指数 Dow Jones EURO STOXX 50
2016.07	18 432	5 162	16 569	2 991
2016.08	18 401	5 213	16 888	3 023
2016.09	18 308	5 312	16 450	3 002
2016.10	18 142	5 189	17 425	3 055
2016.11	19 124	5 324	18 308	3 052
2016.12	19 763	5 383	19 114	3 291
2017.01	19 864	5 615	19 041	3 231
2017.02	20 812	5 825	19 119	3 320
2017.03	20 663	5 912	18 909	3 501
2017.04	20 941	6 048	19 197	3 560
2017.05	21 009	6 199	19 651	3 555
2017.06	21 350	6 140	20 033	3 442
2017.07	21 891	6 348	19 925	3 449
2017.08	21 948	6 429	19 646	3 421
2017.09	22 405	6 496	20 356	3 595

主要股票市场指数（期末）
Major stock market indices (end-period)

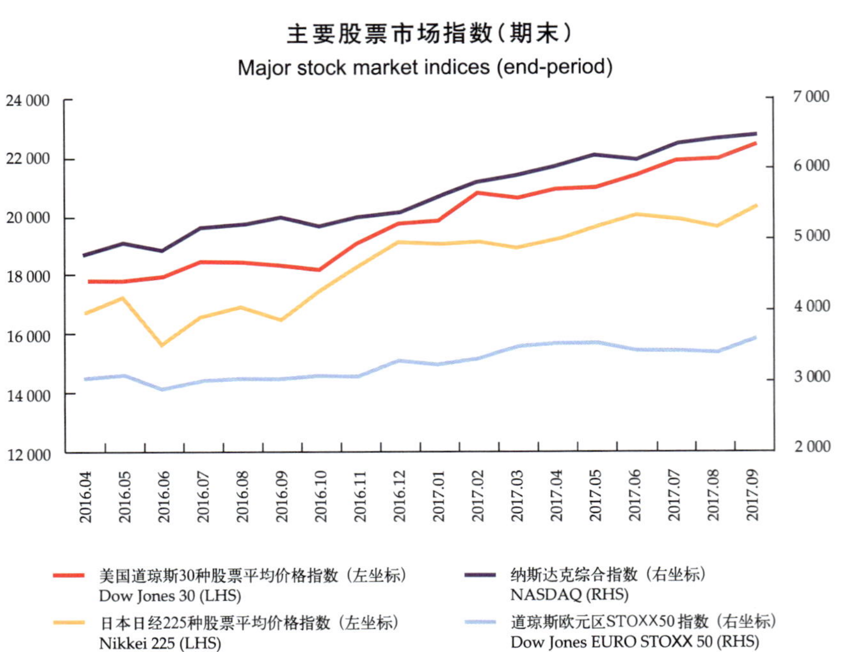